高等职业教育“十三五”规划教材



# 项目管理实务

PROJECT MANAGEMENT PRACTICE

主　编　于广天

副主编　陈　琳

中国轻工业出版社

**图书在版编目（CIP）数据**

项目管理实务 / 于广天主编. —北京：中国轻工业出版社，2019.1

高等职业教育“十三五”规划教材

ISBN 978-7-5184-2193-0

Ⅰ. ①项… Ⅱ. ①于… Ⅲ. ①项目管理－高等职业教育－教材 Ⅳ. ①F224.5

中国版本图书馆CIP数据核字（2018）第285627号

责任编辑：李　红　　责任终审：张乃柬　　整体设计：锋尚设计
策划编辑：张文佳　　责任校对：吴大鹏　　责任监印：张　可

出版发行：中国轻工业出版社（北京东长安街6号，邮编：100740）
印　　刷：三河市国英印务有限公司
经　　销：各地新华书店
版　　次：2019年1月第1版第1次印刷
开　　本：787×1092　1/16　印张：15
字　　数：380千字
书　　号：ISBN 978-7-5184-2193-0　定价：45.80元
邮购电话：010-65241695
发行电话：010-85119835　传真：85113293
网　　址：http://www.chlip.com.cn
Email：club@chlip.com.cn
如发现图书残缺请与我社邮购联系调换
180438J2X101ZBW

# 前 言

项目作为一种一次性和独特性的社会活动而普遍存在于我们人类社会的各项活动之中。如今项目管理已深入到各行各业，并且以各种不同的类型、不同的规模出现。这种行业领域及项目类型的多样性，导致了各种各样的项目管理理论和方法的出现，从而促进了项目管理的多元化发展。

项目管理作为一门管理技术已经深刻地影响着我们的工作与生活，以前我们从未像今天这样全面、深入地把它作为专门的学科来研究。项目管理不仅已发展成一个新的专业和学科，形成了从学士、硕士到博士的学历教育体系，而且还成了一种职业，建立了从基层项目管理人员到高层项目经理的职业技能训练体系。

现代企业工作中对员工的岗位能力要求和职业能力要求更集中在团队合作能力、沟通能力等综合职业素养，以及跨专业协作，根据商贸类专业就业岗位需要，项目管理能力作为毕业生岗位重要的能力参考，为提升在校大专学生基础的项目管理能力。而目前还没有针对高职院校的学生编写的相应参考教材，我们组织具有丰富企业管理经验的教师团队编写该教材。高职学生的实际学情，比较适合CDIO项目化教学方式，为了提升高职学生的团队合作能力、沟通交流能力、项目构思和基本的项目管理能力，编者团队根据近10年的企业项目管理经验和9年的项目化教学实践，编写出该教材。

本书设计以实际项目为学习载体，学习的过程就是从项目构思到项目结尾的项目管理全过程，以项目小组的形式完成项目构思、团队构建、可行性研究、项目计划与进度管理、项目实施、项目质量管理、成本管理、项目风险管理、项目综合管理和项目结束整个项目管理全过程。项目小组编写项目报告并进行课程互动展示。实现课程学习的“做中学”“玩中学”，能够极大地提升技能获取和课程效果。

本书建议授课总学时64课时，各子项目学时见下表。

| 教学内容 | 学时数 | 教学内容 | 学时数 |
|---|---|---|---|
| 任务 1 构思一个项目 | 4 | 任务 6 项目成本管理 | 6 |
| 任务 2 组建项目团队 | 6 | 任务 7 项目风险管理 | 6 |
| 任务 3 项目可行性研究 | 6 | 任务 8 项目综合管理 | 6 |

续表

| 教学内容 | 学时数 | 教学内容 | 学时数 |
|---|---|---|---|
| 任务 4 项目计划与进度管理 | 8 | 任务 9 项目结束管理 | 6 |
| 小组项目报告演示 | 2 | 小组项目报告总结 | 2 |
| 任务 5 项目质量管理 | 8 | 课程回顾复习 | 2 |

本书由于广天主编，并完成本书任务1至任务8的编写和全书的通稿工作。陈琳担任副主编，并完成任务9的编写工作。编写过程中借鉴和吸收国内外专家和学者的大量研究成果，在此表示由衷感谢。

本书的编写出版，得到苏州工业园区职业技术学院项目管理教学团队的老师们和中国轻工业出版社的领导和朋友们的大力支持，在此一并表示感谢。

由于编者水平和经验有限，书中难免存在疏漏和错误之处，恳请同行和读者批评指正。

编者

2018年12月

# 目 录

实训操作·任务1

# 构思一个项目

**任务目的** 了解项目基本概念，能够识别项目和日常工作。

**实训任务内容** 通过对相关信息及背景资料的调研分析，进行项目构思，结合专业知识、工作活动等方面构思一个小型项目，进行项目整体概述及项目目标说明。

- ❑ 子项目1 身边的项目与项目管理
- ❑ 子项目2 项目的概念与特征
- ❑ 子项目3 项目管理的概念与特征
- ❑ 子项目4 项目生命周期与项目管理内容
- ❑ 子项目5 项目管理发展过程

## 子项目1 身边的项目与项目管理

所谓“项目”，在两千多年前就已经存在，如闻名世界的埃及金字塔、中国的万里长城都是众人称颂的罕见典型项目。随着社会经济发展，经济全球化程度日益加深，一方面，社会经济活动规模越来越大，也越来越复杂，各类组织面临的不确定因素越来越多，风险日益加大；另一方面，组织面临的竞争强度也日益增大，这导致了很多工作的动态化、独特化以及临时化。

在资源有效的前提下，如何在快速变化、高度复杂、风险大的环境下，以结果为导向，以尽可能高的效率完成预定目标，成为当前各类工作所面临的一项重要任务。而项目制运作因其目标明确、责任明确、资源集约使用、有利于协调等种种优势，成为各类组织所普遍采取的一种管理模式。

我们也已经快速进入项目化的社会。各类项目时刻伴随着我们的工作、生活。不管您是否感觉到、是否认识到，项目总是存在于我们身边；无论您是有体会还是没有体会、主动运作还是被动执行，项目管理总是作用于我们的周围。我们甚至可以把人的一生都当作一个项目。人生的目标决定了项目范围，目标的高低直接关系到项目的成本、质量、时间、风险等诸多因素。人的出身不同，则决定了项目的背景以及外部资源可获取的程度，最终也会影响到项目目标的可达成性。

项目可大可小，有些项目涉及国计民生，如2008年的奥运会项目，南水北调等项目。这些项目规模大，投资金额多，实施周期长。也有一些与我们工作紧密相关的项目，如开发新产品、新扩生产线、技术研发等项目。还有一些与我们的生活息息相关，如城市建地铁、城中村改造、装修房子、进行培训等。这些项目的规模差异巨大，持续时间长短不一，所需资金或多或少都需要采用专门的方法和工具进行管理。

### 项目实例

**大型项目：2008年奥运会**

| | |
|---|---|
| **项目目标** | 在北京成功召开奥运会，宣传中国正面形象 |
| **项目组织** | 由某常委为项目经理组织实施 |
| **项目周期** | 7年（2001年申办成功开始） |
| **项目成本** | 2000亿元人民币以上 |
| **项目风险** | 投资不能到位，建设不能按时完工，敌对势力进行政治对抗，发生安全事故，遭受恐怖袭击，气象、地质灾害…… |

从上面这组数据，我们可以想象这个项目有多难。可以说，当项目规模大到一定程度的时候，现在的一些项目管理方法论已经都不适用了。所以项目管理是人必须用一生去掌握的一门学问。

**小型项目：某公司办公楼升级改造**

| | |
|---|---|
| **项目目标** | 20世纪80年代建设的办公楼加盖一层并彻底装修，实现办公环境的现代化 |
| **项目组织** | 总经理助理为项目经理组织实施 |
| **项目周期** | 半年 |
| **项目成本** | 400万元 |
| **项目风险** | 加盖方案得不到建设局批准，不能按时完工，施工质量不合格…… |

**微型项目：结婚**

| | |
|---|---|
| **项目目标** | 买婚房，办婚礼 |
| **项目组织** | 我，准老婆，爸爸妈妈，我牵头负责 |
| **项目周期** | 1年 |
| **项目成本** | 200万元（买房180万元，婚礼20万元） |
| **项目风险** | 房价波动，无法按时完成准备工作…… |

这个项目是我们每个人都会经历的。当我们开始规划时一定会觉得脑袋都大了，有那么多事要处理。但如果我们按项目管理的思路首先进行规划，列出任务清单，根据各人时间和能力进行分工，对风险进行预防，原本一头雾水的事情也变得清晰起来了。

为什么会进入项目化时代？具体原因有如下几种：

（1）企业和组织面临的竞争压力在不断增大，而传统的应付竞争的手段不能满足需要。当前，企业必须不断地推出新产品，研发新产品需要项目管理。传统的科层式组织机构是为适应大规模批量生产而发展起来的，这种机构对外界反应迟钝，无法应对客户需求的变化。而项目管理的矩阵式组织灵活得多，虽然矩阵式组织每个成员受到双重指挥，但它的灵活性弥补了这一缺陷，并且在知识社会中作用更明显。项目组织不是常设组织，它针对特定的客户需求而产生，项目任务结束后，项目组织即解散。这种项目化的运作方式可迅速适应市场需求的变化，从而赢得优势地位。

（2）经济系统的日益复杂性需要多个不同的知识领域的协作才能适应，而项目管理正是管理这种复杂性工作的有效工具。

（3）经济的全球化浪潮到来，使传统组织面对全球化浪潮的挑战力不从心。例如，一个跨国公司总部在纽约，销售部门在新加坡，制造厂在天津，对于这样一个企业，项目化的运作是其最佳的管理方式。

（4）按项目组织资源是一种有效的资源配置方式，到目前为止，人类发现了三种资源配置方式：计划配置资源、市场配置资源、企业配置资源。企业配置资源是一种计划的方式，它能有效降低交易费用，但目前遭遇到知识经济的冲击，交易费用的降低要依靠一种新的生产关系来降低——项目管理。

（5）随着组织规模日益扩大，不可避免地产生官僚主义，行动缓慢，内部交易成本提高，难以适应激烈竞争等情况。随组织规模不断扩大，组织内部搭便车行为也会产生，强调组织内部竞争机制也非常必要。而项目制能够在组织内部引入竞争机制，强调组织成员的责任意识、竞争意识，项目成员具有更大的自主性与能动性。

## 子项目2　项目的概念与特征

分析工作及生活中的项目实例，发现它们具有一些共同的特征，如都是一些临时性的工作或活动，都具有明确的目标，由一系列相关的工作、任务组合而成。我们可以简单地把具有这些特征的工作、任务或活动称为项目。对于项目，不同的学者和组织从不同的视角做出了相应的界定。

美国项目管理协会（PMI）：项目是为创造独特的产品、服务或者成果而进行的临时性工作。以下活动都可以称为一个项目：

（1）建造一栋建筑物。

（2）开发一种新产品。

（3）计划举行一项大型活动（如策划组织婚礼、大型国际会议等）。

（4）策划一次自驾游。

克利福德 · F.格雷（Clifford F. Gray）认为，项目就是以一套独特而相互联系的任务为前提，有效地利用资源，为实现一个特定的目标所做的一次性的努力，它受时间、预算和资源的限制。

Martino认为，项目为一个具有规定开始和结束时间的任务，它需要使用一种或多种资源，具有许多个为完成该任务所必须完成的相互独立、相互联系、相互依赖的活动。

R.K.威索基（R.K. Wysocki）：项目是由一些独特的、复杂的相关活动所组成的一个序列，它有一个必须在特定的时间内、在预算之内及根据规范完成的目的或目标。

德国标准化研究所（DIN）：项目是指在总体上符合如下条件的唯一性任务，即具有预定的目标，具有时间、财务、人力和其他限制条件，具有专门的组织。

中国项目管理协会：项目是由一组有起止时间的、相互协调的受控活动所组成的特定过程，该过程要达到符合规定要求的目标，包括时间、成本和资源约束的条件。

综合以上有关界定，将项目定义为：在资源因素及客户限定下，由多人按照事先确定的目标及时间周期进行的，由多项相互独立、相互联系、相互依赖的工作任务共同组合起来的一次性工作。资源因素限制是项目及项目管理存在的前提条件。资源不仅是物质资源，也包括时间资源、人力资源、资金，乃至信息资源等。客户是指提供资源，确定需求并拥有项目成果的组织或个人；目标则是满足要求的产品和服务，有时它们是不可见的。多人共同完成表明了项目需要进行合理分工、协作才能有效完成。一些只是由单人完成的活动，例如刷牙、洗脸等活动并不能称为项目。

### 项目小知识

**项目与日常运作的不同点**

| 比较名称 | 项目 | 日常运作 |
|---|---|---|
| 目的 | 特殊的 | 常规的 |
| 责任人 | 项目经理 | 部门经理 |
| 时间 | 有限的 | 相对无限的 |
| 管理方法 | 风险性 | 确定型 |
| 持续性 | 一次性 | 重复性 |
| 特性 | 独特性 | 普遍性 |
| 组织机构 | 项目组织 | 职能部门 |
| 考核指标 | 以目标为导向 | 效率和有效性 |
| 资源需求 | 多变性 | 稳定性 |

现实中，不同组织或不同专业领域的项目虽千差万别且各有特性，但项目具有共同的特性，可以概括为如下特征：

（1）明确的目标。任何项目都要为实现一个组织的特定目标服务，任何项目都必须根据组织的既定目标确定和设计项目目标与内容。项目的目的性使项目涉及两个方面的目标：其一是有关项目产出物的目标；其二是有关项目工作的目标。前者是根据组织的既定目标分解得到的，后者是根据项目的产出物要求得到的。例如：建设一栋教学楼就是一个项目，目的是为了扩大学校规模，该项目的产出物指标包括建筑物规模、功能、特性和使用寿命等，而该项目的工作指标包括项目工期、成本、质量和范围等指标，如一个项目的目标可能是在10个月内把一种满足预先规定的性能规格的新炊具，按300万元的预算推向市场。在许多情况下，项目的目的性是项目最为重要和最需要关注的基本特性。

（2）独特性。项目目标、项目产出物和项目工作等与其他项目或项目产品与服务相比而具有的独特之处，可以表现在项目的目标、环境、条件、组织、过程等诸多方面。实际上任何一个项目的目标、产出物和工作在某些方面总是有别于其他项目的，每个项目都会在某些方面是全新的和独特的，如每个人的婚礼都是一个项目，因为每个人的婚礼与别人的婚礼相比都有许多独特的地方。实际上即使人们建造了成千上万座办公大楼，每一栋大楼也都会有一定的独特性，这种独特性可以表现在不同的业主、不同的设计、不同的位置和方位、不同的承包商、不同的施工方法和施工时间等。

独特性是项目可交付成果的重要特点。各项目之间可能有一些相似或重复的地方，但这并不能改变项目的独特性。例如，某网络公司承接了A省公安厅110报警联动项目的实施工作，又承接了B省公安厅110报警联动项目的实施工作，表面上看起来，好像是同一个项目，但事实上，这是两个不同的项目，因为两个项目的目标各有特点，项目干系人不相同，项目环境不一致等，导致了项目的独特性。在项目执行过程中，独特性正是项目的风险之所在，也是项目最容易出问题的地方，因此，项目经理（特别是有经验的项目经理）必须要特别注意，不要“依葫芦画瓢”。

（3）周期性。项目的周期性（或称时限性）是指每个项目都有自己的起点和终点，并且每个项目必须是有始有终的。一次性是项目与其他重复性运行或操作工作最大的区别。在英文中，项目“project”有“一次抛出或者投入”的含义，“project”这个词本身就有一次性的含义。需要注意的是，尽管有的项目实施周期长，但项目的周期性与项目持续时间的长短无关，不管项目持续多长时间都必须是有始有终的。例如，装修一间房子的项目持续时间较短而建造一座大桥所用的时间较长，但是这两个项目都有自己的起点和终点。正是因为项目的一次性这一特性，使得项目只有一次成败的机会。项目的一次性也是项目不同于一般日常运营的关键特性。

项目有明确的起点和终点，没有可以完全照搬的先例，也不会有完全相同的复制。项目的其他属性也是从这一主要的特征衍生出来的。

（4）制约性。项目是在一定的组织机构内以及相关约束条件下，在特定的时空环境下，利用有限的资源（人力、财力、物力等）在规定的时间内完成的任务。任何项目的实施都要受到各种客观环境与条件的约束，这些条件是多方面的，如环境、资源、项目管理方法等，在诸多约束条件中，质量、进度、费用是项目普遍存在的主要约束。

项目的制约因素包括项目所需的人力、财力、物力、时间、技术和信息资源等各方面的资源制约以及其他的限制。因为任何一个项目都是有时间、预算、人员、技术、信息和设备等方面的制约或限制的。项目的制约性也是决定项目成败的关键特性。世界上没有不受资源和时间约束的项目。但这并不意味着项目不能突破约束。斯坦地什集团（Standish Group）统计表明：30%的项目能在工期、预算和质量标准内实现项目目标。

（5）渐进明细性。渐进明细指项目的成果性目标是逐步完成的，是指项目的各项工作及面临的各种条件，不确定性因素等随着项目开展逐渐确定下来。因为项目的产品、成果或服务事先不可见，在项目前期只能粗略进行项目定义，随着项目的进行才能逐渐完善和精确。这意味着在项目逐渐明细的过程中一定会有修改，产生相应的变更。因此，在项目执行过程中要对变更进行控制，以保证项目在各相关方同意下顺利开展。

项目的很多方面都需要渐进明细，特别是大型、复杂的项目，其渐进明细性更加突出，如在项目管理计划方面，项目立项阶段可以编制初步的项目管理计划，然后随着项目的进展逐渐明细，一直到具体的可实施的计划；在项目范围确定方面，项目前期项目范围并不十分明确，用户的需求也不十分清晰，而是随着项目工作的开展而逐渐变得明细；在项目目标方面，有些项目在初期虽然有目标，但通常是方向性的大目标，然后逐渐细化到明确的、可度量的目标。

（6）风险性。风险性指由于项目各种条件和环境的发展变化以及人们认识的有限性而使项目后果出现非预期的损失或收益的可能性。项目都包含有一定的不确定性，其各种资源条件和环境因素会有各种不同的情况发生（不确定性），当有利情况发生时，项目就有可能获得非预期的收益，而当不利情况发生时，项目就可能会遭受非预期的损失。例如：需要露天施工的建筑项目，如果实际下雨天数比预计的多就有造成损失的可能，如果实际下雨天数比预计的少就有节约成本的可能。项目的风险性是使项目不同于日常运营活动的最重要特性之一，也是项目管理不同于日常运营管理的关键所在。

（7）过程性。过程性是指项目是由一系列项目阶段、工作包和项目活动所构成的完成过程，在项目过程中，人们通过不断地计划、组织、实施、控制和决策而最终生成项目的产出物并实现项目目标。项目过程性决定了项目和项目管理必须要基于活动的方法开展管理和控制。如，每一个博士的培养过程都是一个项目，项目的过程性表现在每个学生先要修完课程学分，然后进入学位论文研究和撰写，最终在完成每项活动并且合格后才能最终获得学位。项目的过程性使人们在项目管理中需要先将项目划分成阶段，再将项目阶段分解成项目工作包，进一步将项目工作包划分成一系列的项目活动。项目的过程性使得项目管理可以分解为各个阶段进行，也使得项目控制可以落实到各过程，强化项目的过程管理。

## 子项目3 项目管理的概念与特征

在资源约束条件下，项目要取得预期的成果和成功就需要进行必要的管理。项目管理的思想是随着人类社会的项目实践逐步发展成熟的。从管理学的角度来看，项目管理就是针对项目，管理主体采取的计划、组织、领导、协调、控制等工作。PMI对项目管理做出了定义：项目管理是通过应用和综合诸如启动（起始）、规划、实施、监控和收尾等项目管理过程而开展的。国际标准化组织给出了自己对于项目管理的定义：项目管理包括在一个连续的过程中为达到项目目标而对项目各方面所进行的规划、组织、检测和控制。这些有关项目管理的定义分别从不同的角度给出了项目管理的内涵和特性。

综合项目的特征以及管理的本质，我们将项目管理定义为：项目管理是管理主体在有限的资源约束下，为了满足甚至超越项目干系人对项目的需求和期望，在项目活动中运用知识、技能、工具和技术，在规定的具体目标和指标的时间内等，对组织机构资源进行计划、引导和控制的一系列工作。

第一，项目管理的前提是有限资源约束。如果资源是无限的，就没有人关注项目的进展的效率和效果，项目管理活动也就失去了存在的基础。

第二，项目管理的目的是“满足或超越项目有关各方对项目的要求与期望”。这既包括明确的要求与期望，也包括隐含的要求和期望。同时既包括项目有关各方对项目的共同要求与期望，也包括项目有关各方独自的要求与期望。在这个项目管理的定义中，满足和超越项目干系人对项目的要求和期望是项目管理的根本所在。

第三，指明了项目管理的工具性。项目管理需要“运用各种相关知识、技能、方法与工具”，这包括项目管理、项目所属专业领域管理以及一般管理等方面的相关知识、技能、方法与工具。

第四，阐述项目管理的内容。该定义认为项目管理的内容包括“所开展的各种计划、组织、领导和控制等方面的活动”，这既包括符合一般性管理原理中的计划、组织、领导和控制活动，也包括针对具体项目的各种独特的计划、组织、领导和控制活动。

正是有限资源的约束，使得项目管理主体往往要在上述要求中寻求合理的平衡，如图1-1所示：

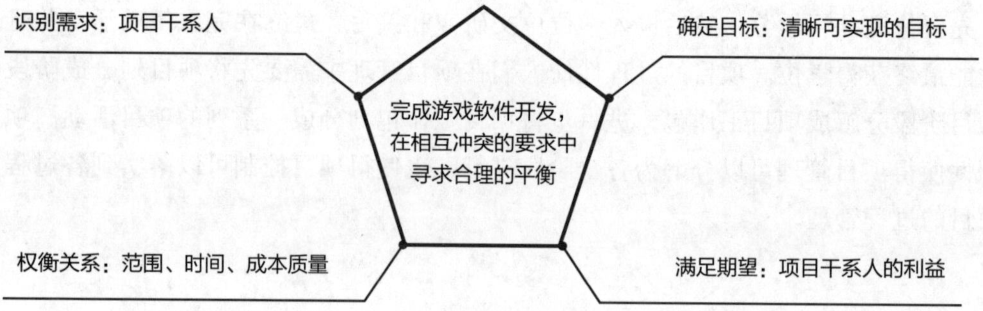


图1-1 项目管理的平衡

现代管理项目认为，项目管理的基本特性主要包括如下几个方面：

（1）项目管理的普遍性。项目是一种一次性和独特性的社会活动，普遍存在于人类社会的各项活动之中，甚至可以说人类现有的各种物质文化成果最初都是通过项目的方式实现的。由于项目本身所具有的这种普遍性，使得项目管理也具有了普遍性。在人类社会中，小到个人的婚礼，大到阿波罗登月计划都属于项目的范畴，而这些大大小小的项目都需要通过项目管理实现既定的组织与项目目标。实际上，不管是企业、政府、社团，还是个人，只要有一个新的想法并开始了将这种新的想法付诸实践现实的行动，人们就有了一个新的项目并且需要开展实行项目管理了。

（2）项目管理的目的性。一切项目管理活动都是为实现“满足或超越项目有关各方对项目的要求与期望”这一目的的服务特性。其中，项目有关各方对项目的要求就是已经明确规定的项目目标或指标，而项目有关各方对项目的期望则是一种人们并未明确表达但客观存在的潜在追求。项目管理的目的性就是要通过开展项目管理活动去保证满足及超越项目有关各方明确提出的项目目标或指标和满足或超越项目有关各方未明确规定的潜在需要和追求。

（3）项目管理的独特性。是指项目管理既不同于一般的企业生产运营管理，也不同于常规的政府行政管理，是一种完全不同的管理活动。项目管理既有其自己独特的管理内容，又有其独特的管理目的和管理方法与工具。虽然，在项目管理中，也会使用某些一般管理的原理和方法，但是每个项目的具体管理都有许多自己独特的管理要求、内容、方法和工具。例如，在项目进度计划管理中所使用的关键路径法，在项目成本管理中所使用的挣值管理方法，这些都是项目管理独特性的管理方法。在很大程度上，由于项目本身的独特性而使得项目管理也具有了很强的独特性。

（4）项目管理的集成性。是指在项目管理必须根据具体项目各要素或各专业之间的配置关系做好集成性的管理，而不能孤立地开展项目各个专项或专业的独立管理。相对于运营管理的职能性而言，运营的重复性和相对确定性使人们可以根据职能分工开展管理，因为在运营的管理之中生产管理、质量管理、成本管理、供应管理、市场营销管理等各种职能管理是独立运行的，他们分别针对一个企业的或组织的生产经验活动中的某个方面的职能开展管理。项目管理则完全不同，项目管理要求基于团队合作的集成性管理，集成性的管理好项目范围、时间、成本、质量、风险、采购等各个方面，集成性地管好各个子项目、各个项目工作包和项目活动。虽然在项目管理中也有一定的分工合作要求，但是整个项目的管理则要求必须开展集成管理。

（5）项目管理的创新性。包括两层含义：其一是指项目管理的对象（即每个具体项目）本身都具有一定的创新性，所以对于项目的管理也包括很好的创新性；其二是指每个项目的管理都没有一成不变的管理模式和工作方法，必须通过管理创新，才能实现具体项目的有效管理。现实生活中，即便是类似的工业或民用建设项目，由于建设项目的地点、业主或客户、建设材料与施工方法、项目实施环境条件等各种全新的因素，具体项目仍然需要开展各种管理创新才能实现有效的项目管理。当然，对于企业项目研发这类独特性、创新性和不确定性很强的项目，人们必须开展管理创新并使用创新性的项目管理方法。

### 项目管理小知识

#### 项目管理与其他管理方式的联系

产品管理与项目管理的相同点：

（1）产品管理与项目管理的执行过程大体相同，都要经过计划，执行，调整，控制这几个步骤。

（2）产品管理中包含项目管理，可以把产品的每一个版本的开发过程用项目管理的方式进行管理。

产品管理与项目管理的不同点：

（1）产品策略与公司总体策略相吻合，直接影响公司战略；项目则没有这样大的影响力。

（2）产品的目标客户有很多，项目一般只有一个。

（3）产品是否成功需要长时间来考验，并且有些时候根本就看不出来，例如：某产品开发出来，卖了500万元，大家感觉还算满意，可是实际如果产品再完善一些可以卖2000万元，实际效果可能只有在回顾历史的时候才能看出来。做项目则不然，好还是不好，项目做完，系统一上线，客户的反馈立马就来了。

（4）产品的需求来自于客户，竞争对手，发展趋势（其实是客户，与竞争对手需求的一种宏观体现）等途径；项目的需求主要来自于客户。

（5）产品管理是包含的生命周期要长，一个产品可能要开发很长一段时间，有很多版本的升级；项目一般只开发一次。

（6）产品包含市场研究，产品定义与设计，产品开发，对内对外的产品宣传四个步骤；项目一般是先签单，明确客户，然后再做，一般不需要市场研究与产品宣传。

（7）产品一般需要适应多种环境（不同操作系统，应用服务器，数据库等），项目一般只适应一种环境就可以了。

（8）产品管理人员一般固定，项目管理一般会根据具体项目情况决定人员，变动可能较大。

从上面的比较我们可以看出，产品经理一定是个好的项目经理，但反之则不成立。

## 子项目4　项目生命周期与项目管理内容

项目具有不可重复的周期性，具有确定的阶段性。这些阶段先后衔接，组合在一起便构成为项目生命周期。因具有唯一性，项目不能够周而复始地重复进行，所以项目从始到终的整个过程构成了一个项目的生命周期。

生命周期是项目的一个重要属性。生命周期管理也是项目管理的一个思想方法和重要管理过程。项目生命周期是通常按顺序排列而有时又相互交叉的各项目阶段的集合。阶段的名称和数量取决于参与项目的一个或多个组织的管理与控制需要、项目本身的特征及其所在的应用领域。生命周期可以用某种方法加以确定和记录。可以根据所在组织或行业的特性，或者所用技术的特性，来确定或调整项目生命周期。虽然每个项目都有明确的起点和终点，但其可交付成果以及项目期间的活动会因项目的不同而有很大差异。但无论项目涉及什么具体工作，生命周期都能为管理项目提供基本框架。

与项目生命周期联系较为紧密的一个概念是产品生命周期。产品生命周期包含通常顺序排列且不相互交叉的一系列产品阶段。产品阶段由组织的制造和控制要求决定。产品生命周期的最后阶段通常是产品的退出。故此，项目生命周期往往包含在一个或多个产品生命周期中。

区分项目生命周期与产品生命周期。任何项目都有自己的目的或目标。如果项目的目标是创造一项服务或成果，则其生命周期应为服务或成果的生命周期，而非产品生命周期。如果项目产出的是一种产品，那产品与项目之间就有许多种可能的关系。如，新产品的开发，其本身就可以是一个项目；或者，现有的产品可能得益于某个为之增添新功能或新特性的项目，或可以通过某个项目来开发产品的新型号。产品生命周期中的很多活动都可以作为项目来实施，例如，进行可行性研究，开展市场调研，开展广告宣传，安装产品，召集焦点小组会议，试销产品等。在这些例子中，项目生命周期都不同于产品生命周期。由于一个产品可能包含多个相关项目，所以可通过对这些项目的统一管理，来提高效率。项目生命周期具体包括下述几个方面的主要内容：

（1）项目时限。包括项目的起点和终点，以及项目各个阶段的起点和终点。项目生命周期确定了项目的开始和结束。例如，当组织看到一次机遇，它通常会做一次可行性研究，以便决定是否应该就此设立一个项目。对项目生命周期的设定会明确这次可行性研究是否应该作为项目的第一个阶段，还是作为一个独立的项目。

（2）项目阶段。包括具体项目主要阶段的划分和各个主要阶段中具体阶段的划分，这种阶段划分将一个项目分解成一系列前后接续，并且便于管理的项目阶段。每个项目阶段都以一个或一个以上的工作成果的完成为标志，这种工作成果是有形的，可鉴定的。如一份可行性研究报告、一份详尽的设计图或一个工作模型。这些中间过程，项目的各阶段都是总体逻辑顺序安排的一部分，制定这种逻辑顺序是为了确保我们能够正确的界定项目的产品。一个项目阶段的结束通常以对关键的工作成果和项目实施情况的回顾为标志，有两个目的：①决定该项目是否进入下一个阶段。②尽可能以较小的代价查明和纠正错误。

（3）项目的任务：包括项目各个阶段的主要任务和项目各阶段主要任务中的主要活动等。每个项目阶段通常都规定了一系列工作任务，设定这些工作任务使得管理控制能达到既定的水平。大多数工作任务都与主要的阶段工作成果有关，这些阶段通常也根据这些工作任务来命名：识别需求、设计、构建、测试、启动、运转，以及其他恰当的名称。

（4）项目的成果：项目生命周期同时还需要明确给出项目各阶段的可交付成果。这同样包括项目各个阶段和项目各个阶段中主要活动的成果。

### 项目管理小知识

在项目生命周期中有三个与时间相关的重要概念，即检查点（Check point）、里程碑（Mile Stone）和基线（Base Line）。它们描述了在什么时候（When）对项目进行什么样的控制。

检查点是指在规定的时间间隔内对项目进行检查，比较实际与计划之间的差异，并根据差异进行调整。可将检查点看作是一个固定“采样”时点，而时间间隔根据项目周期长短不同而不同，频度过小会失去意义，频度过大会增加管理成本。常见的间隔是每周一次，项目经理需要召开例会并上交周报。

里程碑是完成阶段性工作的标志，不同类型的项目里程碑不同，里程碑在项目管理中具有重要意义。

基线。指一个（或一组）配置项在项目生命周期的不同时间点上通过正式评审而进入正式受控的一种状态。基线其实是一些重要的里程碑，但相关交付物要通过正式评审并作为后续工作的基准和出发点。基线一旦建立后变化需要受控制。

不同的项目有不同的阶段划分。有的项目的生命周期可以分为四个阶段，也可以分成五个、十个、甚至更多的项目阶段。以下给出几个较为典型的项目生命周期划分实例。这些划分实例既不是推荐的方法，也不是首选的方法。在每一个案例中，阶段的名称和阶段的主要工作成果是根据项目实际情况进行确定的。以下是几个较为典型的项目生命周期。

（1）美国国防部项目的生命周期。美国国防部1993年修订的项目管理规程中，给出了如图1–2所示的项目阶段划分和对阶段性的里程碑说明和描述。

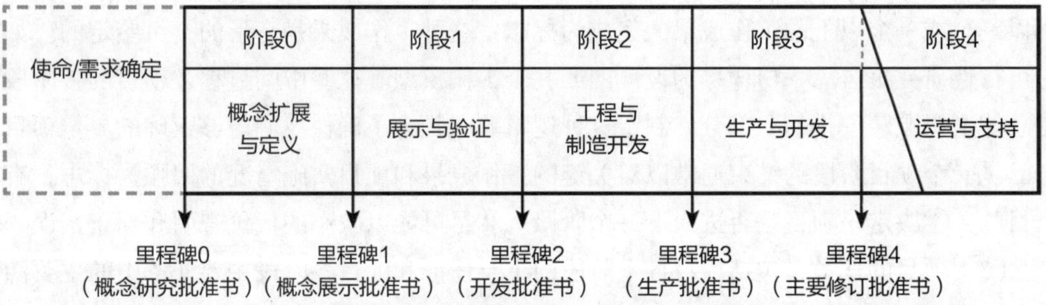


图1–2　美国国防部的项目生命周期示意图

资料来源：根据PMI, *A GUIDE TO THE PROJECT MANAGEMENT BODY OF KNOWLEDGE*，翻译整理

图1–2不但给出了项目的阶段和时限，而且给出了项目各个阶段的任务和里程碑性的成果。这些内容的详细说明如下：**使命与需求确定阶段**［完成项目的“概念研究批准书”（Concept Studies Approval），并使该文件获得批准］、**概念扩展和定义阶段**［完成项目的“概念展示批准书”（Concept Demonstration Approval），并使该文件获得批准］、**展示与验证阶段**［完成项目的“开发批准书”（Development Approval）并使该文件获得批准］、**工程与制造开发阶段**［完成项目的“生产批准书”（Production Approval）并使该文件获得批准］、**生产与开发阶段**（完成项目的生产条件建设和生产技术的开发工作，以便能够使整个项目投入日常运营，并获得相应的技术支持）。

（2）美国新药物开发项目的生命周期。在新产品研究与开发项目中，新药物研究与开发项目的生命周期是最具代表性的。图1–3给出了美国食品与药品管理局（Food and Drug Administration, FDA）规定的新药开发项目生命周期的流程图描述。这一项目生命周期的描述方法较为详细地给出了新药开发项目生命周期的全过程。这种项目生命周期包括如下几个阶段：发现和搜寻阶段（包括通过基础研究和应用研究，发现可用于前期临床应用的药物原型）；临床前开发阶段（包括通过实验室试验和动物实验以决定药物的效果和安全性，同时准备和提交新药研究调查申请）；注册实验阶段（包括药物的一期临床实验，二期临床实验，三期临床实验，以及有关准备和递交新药申请的工作）；后期审验阶段（包括由食品与药品管理局对递交的新药申请的审查中所做的各种工作）。

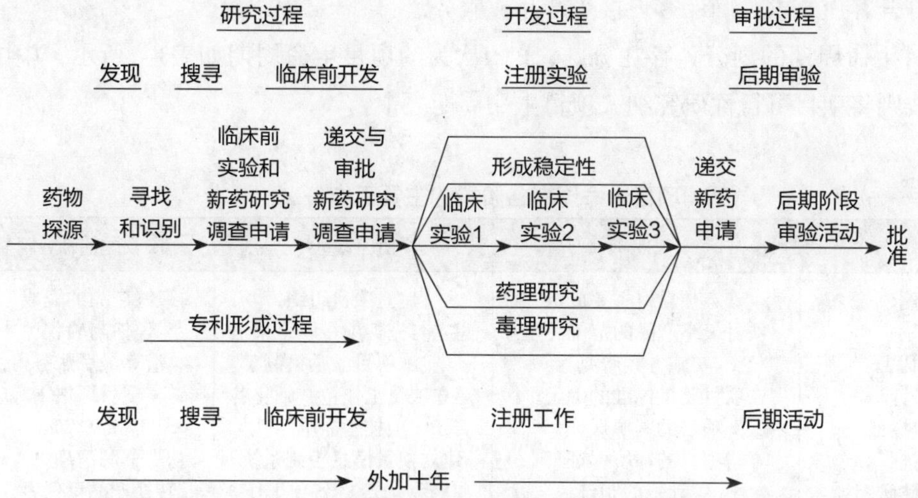


图1-3 美国新药开发项目生命周期示意图

（3）我国项目周期。与西方不同，我国将项目可行性研究、项目评估也纳入到项目生命周期中来，如图1-4所示。

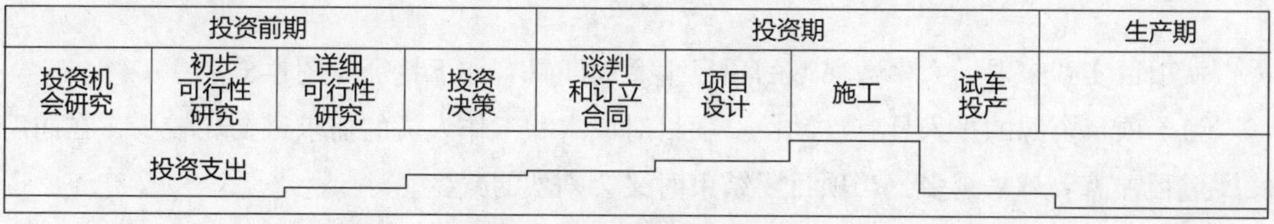


图1-4 我国项目周期划分

不同专业领域的项目会有不同的项目工作内容，会有不同的项目阶段划分，会有不同的项目管理过程和不同的生命周期。因此，除了要学习和认识项目管理的一般规律、通用的项目理论和方法，还要学习和掌握与项目所属专业领域有关的方法和技能。

尽管现实中项目周期存在各种划分方式，但还是有其共性的。通过共性的提炼，PMI提出了较为普遍的生命周期模式。较为典型的项目生命周期描述分为四个阶段：启动阶段、规划阶段、执行阶段、结束阶段。

启动阶段：主要涉及对项目需求或问题的识别、发现和确认，进而提出解决方案，主要任务是提出并确定项目是否可行。

规划阶段：在第一阶段的基础上，针对客户需求，提出具体的解决方案，并详细估算所需资源的种类、数量、时间和成本，主要目的是为可行项目做好开工前的人财物及软硬件准备。

执行阶段：按计划启动实施项目工作。

结束阶段：是移交项目结果和评估项目绩效的过程。在移交之前，应检查、测试项目的结果是否符合客户要求，确保客户接受产品或服务。

对于项目生命周期的划分，存在分歧，PMI认为的项目生命周期如表1–1所示，中国项目管理实践则将项目可行性研究纳入项目生命周期之中。

表1–1　PMI项目生命周期各阶段的主要工作

| 启动阶段 | 计划阶段 | 执行阶段 | 收尾阶段 |
|---|---|---|---|
| 明确需求<br>项目识别<br>项目构思<br>调查研究<br>收集数据<br>确立目标<br>进行可行性研究<br>明确合作关系<br>确定风险等级<br>拟订战略方案<br>进行资源测算<br>提出组建项目组方案<br>提出项目建议书<br>获准进入下一阶段 | 确定项目组主要成员<br>项目最终产品的范围界定<br>实施方案研究<br>项目质量标准的确定<br>项目的资源保证<br>项目的环境保证<br>主计划的制订<br>项目经费及现金流量的预算<br>项目的工作结构分解（WBS）<br>项目政策与程序的制订<br>风险评估<br>确认项目有效性<br>提出项目概要报告，获准进入下一阶段 | 建立项目组织<br>建立与完善项目联络渠道<br>实施项目激励机制<br>建立项目工作包，细化各项技术需求<br>建立项目信息控制系统<br>执行 WBS 的各项工作<br>获得订购物品及服务<br>指导 / 监督 / 预测 / 控制：范围、质量、进度、成本<br>解决实施中的问题 | 最终产品的完成<br>评估与验收<br>清算最后账务<br>项目评估<br>文档总结<br>资源清理<br>转换产品责任者<br>解散项目组 |

从项目实践来看，大多数典型的项目生命周期具有如下特征（图1–5）：

（1）项目资源的投入具有波动性。项目对成本和工作人员的需求最初比较少，在向后发展过程中需要越来越多，当项目要结束时又会剧烈的减少。

（2）项目风险程度逐渐变小。在项目开始时，成功的概率是最低的，而风险和不确定性是最高的。随着项目逐步地向前发展，成功的可能性也越来越高。

（3）项目干系人对项目的控制力逐渐变弱。在项目起始阶段，项目涉及人员的能力对项目产品的最终特征和最终成本的影响力是最大的，随着项目的进行，这种影响力逐渐削弱了。这主要是由于随着项目的逐步发展，投入的成本在不断增加，而出现的错误也不断得以纠正。

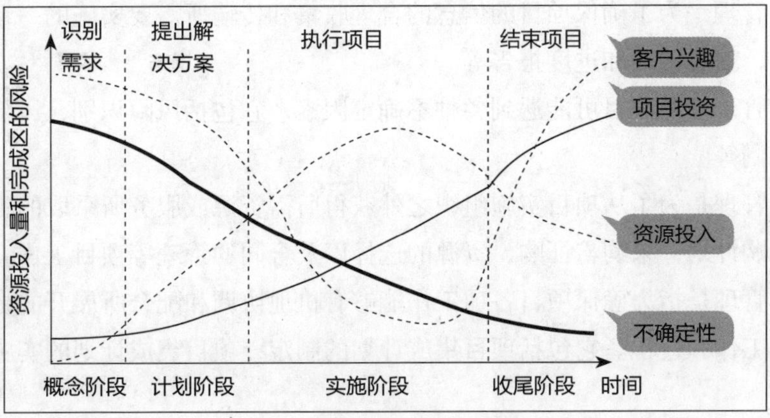


图1-5 项目生命周期特征

项目管理是项目管理实践的高度总结，综合性管理，内容广泛。按项目运行过程，项目管理包括项目发起管理、项目规划管理、项目实施管理、项目控制管理以及项目结尾管理。按照项目管理所涉及的具体职能内容，项目包括成本管理、质量管理、时间管理、范围管理、人力资源管理、沟通管理、风险管理、采购管理和综合管理。这些内容也可以按照不同线索进行组织，常见的形式主要有2个层次，4个主体、5个过程、9大职能和40个要素。

（1）项目管理的2个层次：①企业层次。②项目层次。

（2）项目管理的4个主体：①业主。②各承包商。③监理。④用户。

（3）项目生命周期4个阶段：①概念阶段。②开发阶段。③实施阶段。④收尾阶段。

（4）项目管理的5个基本过程：①启动过程。②计划过程。③执行过程。④控制过程。⑤结束过程。

（5）项目管理的9大职能领域：①范围管理。②时间管理。③成本管理。④质量管理。⑤人力资源管理。⑥沟通管理。⑦风险管理。⑧采购管理。⑨整体管理。

项目范围管理是为了实现项目的目标，对项目的工作内容进行控制的管理过程。它包括范围的界定，范围的规划，范围的调整等。

项目时间管理是为了确保项目最终的按时完成的一系列管理过程。它包括具体活动界定，活动排序，时间估计，进度安排及时间控制等项工作。

项目成本管理是为了保证完成项目的实际成本、费用不超过预算成本、费用的管理过程。它包括资源的配置，成本、费用的预算以及费用的控制等项工作。

项目质量管理是为了确保项目达到客户所规定的质量要求所实施的一系列管理过程。它包括质量规划，质量控制和质量保证等。

项目人力资源管理是为了保证所有项目关系人的能力和积极性都得到最有效地发挥和利用所做的一系列管理措施。它包括组织的规划、团队的建设、人员的选聘和项目的班子建设等一系列工作。

项目沟通管理是为了确保项目的信息的合理收集和传输所需要实施的一系列措施，它包括沟通规划，信息传输和进度报告等。

项目风险管理涉及项目可能遇到各种不确定因素。它包括风险识别，风险量化，制订对策和风险控制等。

项目采购管理是为了从项目实施组织之外获得所需资源或服务所采取的一系列管理措施。它包括采购计划，采购与征购，资源的选择以及合同的管理等项目工作。

项目整体管理是指为确保项目各项工作能够有机地协调和配合所展开的综合性和全局性的项目管理工作和过程。它包括项目集成计划的制定，项目集成计划的实施，项目变动的总体控制等。

按照与项目目标的联系的程度，项目管理体系可以分为直接管理子系统与服务支持子系统。直接管理子系统主要是指在项目管理体系中直接负责项目实施与完成的有关项目业务模块。主要包括：项目综合管理、项目范围管理、项目质量管理、项目进度管理、项目费用管理、项目沟通管理、项目采购管理、试运行和正式运营管理、项目营销管理。项目服务支持子系统是指项目管理体系中为保证项目的完成，在项目组织、人力资源配备、行政与后勤等方面提供服务与支持的部门单元。主要包括：项目人力资源管理、项目财务管理、项目行政与后勤管理、项目合同管理、项目信息管理。后者为前者提供服务，提供人力、物力、财力及信息等方面的支持，离开后者前者将无法开展工作；前者为后者提出工作需求与方向，后者离开前者就无工作目标与存在价值。前者是整个团队存在的价值中心，直接实现项目合同的目标与价值；后者是前者的必要保障，后者的价值通过前者的工作得以体现。

## 子项目5　项目管理发展过程

### 一、项目管理的发展

远古时期，就有了项目管理实践活动。数千年以前的古埃及金字塔、古罗马尼姆水道、古代中国都江堰和长城，都是人类早期的项目杰作。有项目，就有项目管理问题。西方有人提出，人类最早的项目管理是埃及金字塔和中国长城。但是这个阶段，项目管理还没有行之有效的计划方法，没有科学的管理手段，没有明确的操作规程和技术标准。人们对项目的管理还只是凭个别人的经验、智慧和直觉，依靠个别人的才能和天赋，根本谈不上科学性。从远古到20世纪30年代以前的项目管理可以看作是经验式管理。

20世纪30年代初期，一直到50年代初期，是项目管理的萌芽期。第二次世界大战前夕，亨利L·甘特发明甘特图，又称横道图。甘特图直观而有效，便于监督和控制项目的进展状况，成了计划和控制军事工程与建设项目的重要工具，时至今日仍是管理项目，尤其是建筑项目的常用方法。由于甘特图难以显示各工作环节的逻辑关系，不适应大型项目的需要。在此基础上，卡洛尔·阿达梅茨基于1931年研制出协调图以克服上述缺陷，但没有得到足够的重视和承认。但同时，规模较大的工程项目和军事项目中已广泛采用里程碑系统。里程碑系统的应用虽未从根本上解决复杂项目的计划和控制问题，但却促进了网络概念的产生。应该指出的是，这一阶段之前，人们虽然对如何管理项目进行了广泛的研究和实践，但没有明确提出项目管理的概念。项目管理的概念是在第二次世界大战后期，在实施曼哈顿项目时提出的。

20世纪50年代开始，直至20世纪70年代，项目管理获得了突破性的发展，是项目管理的形成期。1957年，由于生产过程的要求，美国的路易斯维化工厂必须昼夜连续运行。因此，每年都不得不安排一定的时间，进行全面检修。开始时检修时间一般为125个小时。后来，他们把检修流程精细分解，发现在整个检修过程中所经过的不同路线上的总时间是不一样的。缩短最长路线上工序的工期，就能够缩短整个检修的时间。经过反复优化，只用了78个小时就完成了检修，节省时间达到38%，当年产生效益达100多万美元。这就是至今还在应用的著名项目管理技术"关键路径法"，简称CPM。一年后，美国海军开始研制北极星导弹。这个军用项目技术新，规模巨大，参与者多，时间长，对项目管理提出了更高要求。项目组织者想出了一个方法，为每个任务估计一个悲观的、一个乐观的和一个最可能情况下的工期，在关键路径法技术的基础上，用"三值加权"方法进行计划编排。该工程最后只用了4年的时间就完成了预定6年完成的项目，节省时间也达到了33%以上。

1969年，美国成立一个国际性组织PMI（Project Management Institute），即美国项目管理学会，它是一个有着近5万名会员的国际性学会，是项目管理专业领域中最大的由研究人员、学者、顾问和经理组成的全球性专业组织。这个组织的出现极大地推动了项目管理的发展。

巨大成功使得项目管理得到世界各国的广泛重视与运用。日本于1961年引进了美国的网络计划技术，认为此项技术是最优方法，并规定全面推广。日本专家认为，"时间就是金钱，网络就是专利"。苏联在1970—1975年的第九个五年计划期间，在建筑业推行了这一技术。英国推广应用网络计划技术则比较普遍，除建筑业外，工业方面的应用也很多，他们为各级企业管理人员举办不用类型的短期培训班，使各级管理人员都能掌握和应用这种管理方法。原联邦德国、法国、加拿大等国家应用网络计划技术也卓有成效。经验表明，应用网络计划技术，可节约投资的10%～15%，缩短工期约15%～20%，而编制网络计划所需要的费用仅为总费用的0.1%。

20世纪60年代初期，我国引进和推广了网络计划技术。华罗庚教授结合我国"统筹兼顾，全面安排"的思想，将这一技术称为"统筹法"，并积极组织深入重点工程推广应用，取得了良好的经济效益。

从20世纪70年代开始，直至20世纪80年代末，项目管理的应用范围进一步扩展，与其他学科进行更深入的融合与交叉，知识体系得到进一步完善与发展。PMI一直致力于项目管理领域的研究工作。1976年，PMI提出了制定项目管理标准的设想。经过近10年的努力，1987年，他们推出了项目管理知识体系指南（Project Management Body of Knowledge），简称PMBOK。这是项目管理领域又一个里程碑。因此，项目管理专家们把80年代以前称为“传统的项目管理”阶段，把80年代以后称为“新的项目管理”阶段。这个知识体系把项目管理归纳为范围管理、时间管理、费用管理、质量管理、人力资源管理、风险管理、采购管理、沟通管理和整合管理九大知识领域。其后，PMBOK又分别在1996年和2000年进行了两次修订，使该体系更加成熟和完整。

20世纪80年代以后，特别是90年代以后，以信息系统工程、网络工程、软件工程等为代表的高新技取得了突飞猛进的发展，相应地，项目管理所涉及的领域与方法也不断发展，带动了项目管理现代化。此阶段，计划和控制技术与系统理论、组织理论、经济学、管理学、计算机技术等以及项目管理的实际结合起来，并吸收了控制论、信息论及其他学科的研究成果，发展成为一门比较完整的独立学科。项目管理的职业发展和学术发展是现代项目管理的突出表现。

目前，PMI制定的项目管理方法得到全球公认，PMI也成为全球项目管理的权威机构，其组织的项目管理资格认证考试（PMP）也已经成为项目管理领域的权威认证。每年全球都有大量从事项目管理的人员参加PMP资格认证。同时，全球的PMP人员也在为保持其项目管理的科学性和权威性进行着不懈的努力。

## 二、我国项目管理发展的历程

尽管我国早在数千年前就已经开始了项目和项目管理的实践并创造了许多好的项目管理方法和实践经验。而我国现代项目管理在职业化发展、学术性发展、学科发展与管理实践方面都相对比较落后，但是近两年的发展迅速并逐步与国际水平看齐。

现代项目管理方面，我国较早地从原苏联引进了一些项目管理的理论和方法，随后在20世纪70年代中后期，一些高校和科研机构开始引进和介绍世界银行等国际组织的项目管理理论和方法。因此，现代项目管理的理论和学科的发展只是近10年来的事情。如我国在1997年教育部新编学科目录中根本就没有列入项目管理这个学科，直到2004年我们才有项目管理工程硕士教育并在2005年成为我国国家教育部批准的第一个正式的项目管理专业教育项目。

我国正式的引进现代项目管理知识体系始于1999年，由国家外专局组织会同南开大学等单位共同向国内引进和介绍（美国）PMI的现代项目管理知识体系（Project Management Body of Knowledge, PMBOK）及项目管理职业认定（Project Management Professional, PMP）。最初，国家外设局培训司组织于1999年夏天在南开大学东方艺术系礼堂召开了“中国现代项目管理首次推广发布会”，PMI认证委员会的官员在会上做了有关PMBOK和PMP的介绍。然后由国家外设专局出资资助，按照PMI的PMBOK知识体系在出版了《现代项目管理》。

此后，我国在现代项目管理教育、研究和实践等各个方面都获得了很大的发展。如2004年国务院学位办公室开始试办项目管理工程硕士教育，短短几年时间内，全国举办项目管理工程硕士教育的学校和单位已经达到96所。同时，我国现代项目管理的研究工作也普遍开展并取得了很好的成果。甚至，现在我们已经同国际同步开展了关于项目导向型社会、项目导向型组织、项目导向型企业、项目管理成熟度模型以及企业级项目管理理论等国际上最新的现代项目管理理论与方法的研究。

但不管是在学术研究还是专业教育方面，或是在职业化发展与管理实践方面，我国的现代项目管理理论和实践水平与国际水平相比还有较大的差距。我们还需要各方面共同努力以做好现代项目管理学科的引进、消化、培养人才、开展学术研究等各方面的工作，而且更需要进一步研究在中国国情下的现代项目管理的特殊问题，逐步形成有中国特色的现代项目管理理论和方法体系，以及相应的职业化和学术发展道路。

## 三、项目管理的发展趋势

（1）全球化发展趋势。知识经济时代的一个重要特点是知识与经济的全球化。因为竞争的需要和信息技术的支撑，促使了项目管理的全球化发展。具体体现是：①国际的项目合作日益增多。国际的合作与交流往往都是通过具体项目实现的。通过这些项目，使各国的项目管理方法、文化、观念也得到了交流与沟通。②国际化的专业活动日益频繁。目前，每年都有许多项目管理专业学术会议在世界各地举行，少则几百人，多则上千人，吸引着各行各业的专业人士。③项目管理专业信息的国际共享。由于Internet的发展，许多国际组织已在国际互联网上建起了自己的站点，各种项目管理专业信息可以在网上很快查阅。美国PMI的“A Guide to the Project Management Body of Knowledge”整本书都可以从网上查阅或下载。④项目管理的全球化发展既为我们创造了学习的机遇，也对项目管理提出了高水平国际化发展的要求。

（2）多元化发展趋势。当前，人类社会的大部分活动都可以按项目来运作，项目管理已深入到各行各业，以不同的类型，不同的规模而出现。在行业性方面，从建筑业发展到国防工业，继而是各行各业，现在在高科技产业及各种社会大型活动开始广泛运用。在项目类型方面，项目管理也呈现多样化，有各种不同角度的理解，如宏观、微观，重点、非重点，工程、非工程，硬项目、软项目等。正是因为项目类型的多样化，有的项目是指大类，如城市建设项目，技术改造项目，有的项目则是指一件小的具体任务，如筹办一次运动会，举办一个培训班等，莫衷一是，很不规范。反映在项目的规模上，也有类似情况，项目的范围有大有小，时间有长有短，涉及的行业、专业、人员也差别很大，难度也有大有小，因此出现了各种各样的项目管理方法。

（3）专业化学科发展趋势。该趋势近十年来项目管理有了明显的进展：①项目管理知识体系（PMBOK）在不断发展和完善之中。美国PMI从1984年提出至今，数易其稿，并已将其作为该组织专业证书制考试的主要内容。欧洲IPMA和其他各国的项目管理组织也纷纷提出了自己的体系。②学历教育从学士、硕士到博士，非学历教育从基层项目管理人员到高层项目经理形成了层次化的教育培训体系。③对项目与项目管理的学科探索正在积极进行之中，有分析性的，也有综合性的；有原理概念性的，也有工具方法性的。国际项目管理组织目前正在积极筹备建立有关国际机构与论坛，以求发展全球项目管理的专业化与标准化问题。世界各国关于项目管理的专业书籍大量涌现，有关学科发展问题的呼声也很高。

（4）项目管理理论、方法、手段的科学化、现代化趋势。科学化是项目管理现代化的显著特点。现代项目管理吸收并使用了现代科学技术的最新成果，其具体表现是：①现代管理理论的应用。例如系统论、控制论、信息论、行为科学等在项目管理中的应用奠定了现代项目管理理论体系的基石。可以说，项目管理方法实质上就是这些理论在项目实施过程中的综合运用。②现代管理方法的应用。如预测技术、决策技术、网络技术、数理统计方法、线性规划、排队论等，它们可以用于解决各种复杂的项目问题。③管理手段的现代化。最显著的是计算机的应用以及现代图文处理技术、多媒体技术的使用等。由于各种复杂的项目有大量的信息、数据需要动态管理，以提高工作效率，就必须使用先进的方法和工具，包括使用项目管理软件。

## 复习与思考

1. 请列举出日常生活中的项目或者可以当成项目来运作的任务或工作。
2. 项目的特点有哪些？
3. 项目和日常的生产运作有什么区别？
4. 什么是项目管理？项目管理的特点和要求是什么？

实训操作 · 任务 2

# 组建项目团队

任务目的　　掌握项目团队组建及项目负责人选择的基本原则和要领。

实训任务内容　　根据项目技术等方面的需要，结合成员的特征和优势，合理组建项目团队，形成一个 4 ～ 6 人的项目小组，推选一名项目小组负责人；对每位组员构思的项目进行讨论，形成统一的意见，最终形成小组课程项目，小组成员相互充分了解，进行任务分工，明确职责。

- ❑ 子项目 1　项目相关利益主体
- ❑ 子项目 2　项目组织工作与原则
- ❑ 子项目 3　项目组织的一般形式
- ❑ 子项目 4　项目人力资源管理
- ❑ 子项目 5　项目组织的规划与设计
- ❑ 子项目 6　项目人员的获得与配备
- ❑ 子项目 7　员工的发展与团队建设

## 子项目1 项目相关利益主体

项目可以是一个公司、一个政府机构、一个国际组织或专业团体，以及其他一些组织的一次性和独特性的工作，也可以是涉及许多个组织的一项一次性与独特性的活动。由于项目本身的特性使得项目组织管理对于项目的成功而言十分重要，而项目经理作为项目组织的领导者就变得更为重要了。一个项目的相关利益主体是指那些参与项目或者是其利益会受项目成败影响的个人或组织。一个项目的管理者必须全面地识别出项目的相关利益主体，分析、确认和管理好项目相关利益主体的需求和期望，才能使项目获得成功。

### 一、项目主要的相关利益主体

一个项目会涉及许多组织、群体或个人的利益，这些组织、群体或个人都是这一项目的相关利益主体或叫相关利益者，不管项目是直接涉及还是间接涉及这些人或组织的利益。对于项目相关利益主体的识别有时是非常困难的，如一个新产品开发项目的结果可能会影响某替代产品生产线工人们的未来就业状况，也会影响到一些人的经济利益和福利。根据人们在项目中所承担的角色去命名和划分项目利益相关主体是一种识别项目相关利益主体的基本方法。通常在项目管理中，一个项目的主要相关利益主体包括下述几个方面。

#### 1. 项目的业主

项目的业主是项目的投资人和所有者。项目业主是一个项目的最终决策者，他拥有对于项目的工期、成本、质量和集成管理等方面的最高决策权力，因为项目是属于他所有的。项目业主有时还是项目的直接用户，有时甚至还是项目的实施者。例如，对于一个住宅建设项目而言，房地产开发商只是项目的业主，一般不是项目的用户（它不是房屋的住户）和实施者（它也不是房屋建筑承包商）；对于一个管理信息系统集成项目而言，业主一般就是系统的最终用户；而对于一个企业的技术攻关项目或技术改造项目而言，项目的业主、用户和实施者就有可能都是企业自身。对于任何一个项目的管理，首先要确认谁是一个项目的业主，因为业主将对项目的管理起决定性的影响作用。

#### 2. 项目的客户

项目的客户是使用项目成果的个人或组织。任何一个项目都是为项目客户服务的，都是供项目客户使用的，所以在项目管理中必须认真考虑项目客户的需要、期望和要求。一个项目的客户可能是非常单一的，也可能是非常广泛的。例如，一个具体的管理信息系统开发项目的客户可能只是一个企业，而一个大型体育比赛或文娱演出项目的客户可能会有许多，既包括现场观看的观众，也包括观看电视转播的观众等。一个项目的客户有时可能会是多层次的，如一种新药开发项目的客户会包括：药厂、医生、病人和负担药费的企业与保险商等层次的项目客户。同样，一个项目的成功需要识别和确认项目的客户，对于那些客户涉及面广而且层次多的项目，更需要很好的确认项目的各种客户。

3. 项目经理

项目经理是负责管理整个项目的人。项目经理既是一个项目的领导者、组织者、管理者和项目管理决策的制定者，也是项目重大决策的执行者。一个项目经理需要领导和组织好自己的项目团队，需要做好项目的计划、实施和控制等一系列的项目管理工作，而且还需要制定各种决策。但是在有关项目工期、质量和成本等方面的重大决策上，项目经理就需要听命于项目业主/客户或者项目最主要的相关利益者了。项目经理对于一个项目的成败是至关重要的，所以他必须具有很高的管理技能和具有较高的素质，他必须能够积极与他人合作并能够激励和影响他人的行为，为实现项目的目标与要求服务。

4. 项目实施组织

项目的实施组织是指完成一个项目主要工作的企业或组织。一个项目可能会有很多个实施组织，也可能只有一个实施组织。例如，举办奥运会这种项目会涉及很多不同的项目实施组织，但是一栋住宅的建设项目可能只需要一家建筑承包商。一个项目的实施组织可能是项目业主委托的业务项目实施组织，也可能是项目业主自己内部的单位或机构。例如，一个企业管理信息系统开发项目的实施组织，可以是外部的某个信息系统集成公司，也可以是企业内部的信息部或计算机中心等部门。项目实施组织是项目产出物的生产者，它们的工作效率和质量对项目的成败是至关重要的。

5. 项目团队

项目团队是具体从事项目全部或某项具体工作的组织或群体。项目团队是由一组个体成员，为实现项目的一个或多个目标而协同工作的群体。一个项目可能会有为完成不同项目任务的多个项目团队，也可能只有一个统一的项目团队。例如，一个建设工程项目至少要有一个工程设计的项目团队和一个工程施工的项目团队，这两个团队在许多情况下是由两个不同的项目实施组织各自的人员组成的。一般工程设计项目团队是由建筑设计院或建筑事务所的成员组成，而工程施工的项目团队是由建筑施工单位（承包商）的人员组成。然而，对于一个企业自行完成的技术改造项目来说，它的项目团队就是一个由企业内部人员组成的团队。

6. 项目的其他相关利益主体

除了上述各种项目相关利益主体之外，一个项目还会有像供应商、贷款银行、政府主管部门，项目涉及的市民、社区、公共社团等方面的相关利益主体或相关利益者。这些不同的项目相关利益主体的需要、期望、要求和行为都会对项目的成败发生影响，都需要在项目管理中给予足够的重视。例如，政府主管部门对于项目的管理规定，供应商的竞价能力，贷款银行的各种政策，环保组织或社团的要求，项目所在社区的利益等都是项目管理中需要考虑的要素，因为这些要素都会直接或间接地影响到项目的成败。

## 二、项目相关利益主体之间的关系

项目相关利益主体之间的关系既有相互一致的一面，也有相互冲突的一面。项目相关利益主体的要求和期望有时是不统一的，这就造成了项目相关利益主体会有一些不同的目标，有时这些目标还会发生相互冲突。通常，项目相关利益主体之间的关系有下列几个方面。

### 1. 项目业主与项目实施组织之间的利益关系

项目业主与项目实施组织之间的利益关系在很大程度上决定了一个项目的成败。通常，二者的利益关系既有相互一致的一面，这使项目业主与项目实施组织最终形成了一种委托和受托，或者委托与代理的关系（如果项目业主和项目实施组织之间没有这种利益一致就无法形成项目业主与实施组织之间的合作关系）；也有利益相互冲突的一面（因为双方各自都有独立的利益、期望和目标），这会影响到项目的成功实施。例如，在一个管理咨询项目中，项目业主与管理咨询公司之间由于有共同的利益而形成了委托与受托的关系，但是项目业主会希望尽量降低管理咨询的成本，使自己获得更多的利益；但是管理咨询公司则希望尽量提高管理咨询项目的成本或造价，从而获得更多的业务收入。通常，如果不能够正确地处理这种双方利益的冲突，就会形成项目实施组织被迫中止合作或被迫采取偷工减料的做法，使整个项目出现问题。项目业主与项目实施组织的这种利益冲突一般需要按照互利的原则，通过友好协商的方法，运用委托代理合同的方式来解决。因此，在项目管理中，项目业主与项目实施组织之间都需要通过签署各种合同去保障双方的利益和调整双方的利益关系。

### 2. 项目业主与项目其他相关利益主体之间的利益关系

项目业主与项目其他相关利益主体之间同样存在着利益一致的一面和利益冲突的一面。通常，项目业主与其他项目相关利益主体之间利益一致的一面使得项目得以成立，而利益冲突的一面使得项目出现问题或失败。例如，一条高速公路项目的业主与该项目的客户在满足交通需求方面的利益是一致的，但是在过路收费方面的利益会出现冲突，过低的收费会使道路投资的回收出现问题而使业主受损，过高的收费会使客户利益受损，而出现一部分客户放弃使用该道路，从而使道路的投资回收同样出现问题的后果。与此同时，项目的业主会与道路经过地区的居民户发生利益冲突，这包括居民户会提出高额补偿费（拆迁费）和增设高速公路的防噪音设施等，这同样会使项目的成功出现问题。另外，项目业主还会与城市基础设施管理部门和一些环保组织发生利益冲突，这些也会直接影响项目的成功。对于这些可能发生的项目业主与项目其他相关利益主体之间的利益冲突，项目的管理者必须在项目管理中予以充分的重视，设法做好事前的预测和控制，努力合理地协调这些利益关系和解决这些利益冲突，以保障项目的成功。

### 3. 项目实施组织与项目其他相关利益主体之间的利益关系

项目实施组织与项目其他相关利益主体也会发生各种利益关系，也包括利益一致和利益冲突两个方面。虽然项目实施组织与项目其他相关利益主体的利益关系没有项目业主与其他相关利益主体之间的利益关系那么直接和紧密，但是同样会有许多利益冲突的地方，也存在着由于利益冲突会导致项目失败的危险。例如，一个信息系统集成公司不仅会与项目业主发生项目预算方面的利益冲突，而且会与系统的最终用户发生利益冲突，因为项目业主单位的中层管理者和下层信息处理者会因为项目实施组织所开发的信息系统改变了他们原有的权力分配（有的人拥有了更多的信息，从而拥有了更大的权力，而有的人因此而失去了一部分权力），威胁到他们的地位，改变了他们的工作和他们的未来发展（有的人可能会因为不适应系统的挑战而失去工作或提升的机会）而与项目实施组织发生冲突，甚至会人为地给信息系统开发设置障碍（如，在系统的用户需求调查中不提供真实的需求等），会设法抵制信息系统项目的开发（如，在系统转换中不提供支持，或反对在本部门使用信息系统等）从而使整个系统的开发失败。项目实施组织与项目其他相关利益主体之间的利益关系和冲突也需要项目管理者采取各种方法进行合理的协调，努力地消除利益冲突，从而使项目获得成功。

现代项目管理的实践证明，不同项目相关利益主体之间的利益冲突和目标差异可以通过采用合作伙伴式管理（Partnering Management）和其他解决方案予以解决。这意味着在一个项目管理中，从项目的定义阶段开始就要充分了解项目相关利益主体各方面的要求和期望，就应该充分考虑项目全部相关利益主体的利益关系；而在项目的计划阶段要合理安排和照顾好项目各方面利益相关主体的利益，协调好项目相关利益主体们在项目目标方面的冲突和差异；同时在项目的实施阶段要努力维护好项目各相关利益主体的不同利益，设法达到甚至超过各方面的需要和期望，从而最终成功地完成整个项目。

## 子项目2 项目组织工作与原则

组织是由诸多要素按照一定方式相互联系起来的系统。巴纳德认为，正式组织是有意识地协调两个以上的人的活动与力量的体系。卡斯特认为组织一个属于更广泛环境的分系统，并包括怀有目的并为目标奋斗的人们；是一个技术分系统——人们使用的知识、技术、装备和设施；一个结构分系统——人们在一起进行整体活动；一个社会心理分系统——处于社会关系中的人们；一个管理分系统——负责协调各分系统，并计划与控制全面的活动。作为组织，要建立起适当的职位体系，并制定出切实的目标，明确权责范围，对各职位的主要任务，职责应有清楚的规定，而且还应明确与其他部门、人员的工作关系，以便于相互协调，组织理论的一般性内容如图2-1所示。

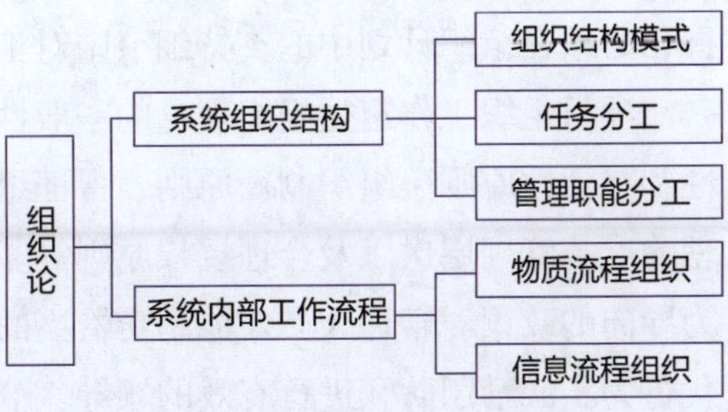


图2-1 组织论包括的内容

所谓项目组织工作，就是按照项目目标，为保证项目的良好开展，有关项目人员、职责的设置构架。项目的组织工作在项目经理任命后就开始进行了。同时，项目组织工作也不是一成不变的，而是随着项目的具体开展，不断地进行调整。项目组织的目的是按任务或职位制定一套合适的组织结构，以使项目人员能为实现项目目标而有效的工作。项目组织工作通常包括四个方面的内容：角色和职责安排、人员管理计划、组织图表和有关说明。

（1）角色和职责安排。为了做好项目组织计划工作，首先要进行工作分析。工作分析是人力资源管理的最为基础性的工作，在制订人力资源组织计划前，先对每一项工作的职责、任务、工作环境、任职条件等进行审定，并对目前、近期及中远期的工作量进行预测分析。在项目组织工作包括对项目角色、职责和其相互关系等内容进行识别、文件化和安排，尤其是项目经理的角色，在大部分项目中总是很关键的，但绝不是不可改变的。项目角色与职责与项目范围的确定是紧密联系的。职责安排矩阵通常就用于这一目的。对于一个大型项目，项目职责安排矩阵可能在各种不同的层次上开发。

（2）人员配备管理计划。人员管理的任务就是根据已确定的机构中的各个角色和职责的要求，以需配人，以岗定人。在项目组织工作中，要进行两项工作：①人员需求。根据各工作单元工作任务及未来发展，确定人力资源在专业技能、质量、数量、时间、合作精神等方面的需求，并对各工作单元的人力资源需求情况进行汇总和协调，最后制订出人力资源需求计划。②人员配备。人员配备管理计划描述人力资源何时加入项目工作及何时脱离项目工作，以及如何加入和离开项目团队。根据项目的具体情况，人员配备管理计划可以是正式的，也可以是非正式的，可以是详细的，也可以是框架式的。人员计划是整个项目计划的一部分。

（3）组织关系图表。组织关系图就是通过某种图形形式来确定和形象体现项目组织内各组织单元或个人之间的相互工作关系。根据项目的需要，它可以是正式或非正式的，详细的或粗线条的。组织分解结构图是一种特殊的组织关系图，它展示了各组织单元负责的具体工作。

（4）有关说明。有关说明包括一些信息也常常作为支持细节而提供，主要包括：①组织的影响——在项目组织形式的选择确定过程中，决策者往往在正式或非正式地进行了一定的比选后，才确定了项目的组织形式。②工作描述——为了使项目团队在人力资源选择时有一个清晰的目标，并为将来被安排在这一职位的人对其工作有一个明确的了解与把握，必须在组织计划中的支持细节中对工作进行必要的描述。

项目组织工作遵循组织理论的一般性原则，如目标统一原则、责权利平衡原则、适用性和灵活性原则、组织制衡原则、保证组织人员和责任的连续性和统一性、建立适度的管理跨度与管理层次以及合理授权原则等。针对项目而言，应当实行“自下而上”的以项目为导向的政策。管理人员才能制定恰当的政策：设定目标、提供目标导向、降低风险、强化行为、激励团队和进行有效的领导。恰当的实施以下项目导向的政策，会极大地提高完成项目的成功概率。

（1）建立有意义的组织目标。有意义的目标规定了组织的愿景规划，并使上层管理者在共同意愿的基础上进行管理。他们帮助员工在公共价值观上建立起一套道德体系，并强化与这些价值观相关的行为。由于每个项目目标都应符合企业的组织目标，所以该体系决定了项目的选择方向。

（2）工作说明中纳入项目责任。工作说明要抓住项目工作的本质。项目责任越来越被组织推向底层。建立项目导向的工作说明，使人们可以通过建立期望的项目行为来联系人员和项目。有效的工作说明常常与招聘、个人技术、绩效评估标准相关联。

（3）采用建立在团队基础上的绩效评价。用诸如“团队成员共同工作，共同管理，共担风险”等来取代对个人的描述，这种团队评价方式相当有效。对整个团队的评价给予参与者肯定的信息，告诉大家团队成员是同一条战线上的。基于团队基础上的绩效评价建立了人与人之间成功的度量标准，在项目开始前应明确提出。

（4）确立职业生涯。为确保项目经理的职业发展不受限制，必须对全体项目人员确立职业生涯。如，个人发展的可从项目沟通者到项目经理再到程序经理。职业晋升政策是每位项目成员都有晋升的机会，这样可以确保他们不至于永远处于最底层。

（5）根据任务划分项目与子项目。如今的组织常从事多个项目，可以通过建立相关项目的程序把项目看成许多有始有终的子项目的集合，这就创立了一种层级制度，能更好地完成项目组织任务。

（6）充分利用所有资源。建立项目优先级，定义项目相关性，着手资源的分配，由于大多数项目经理认为他们并没有足够的资源用以成功地完成项目，因此，必须制定一个合理的资源分配政策。在项目伊始，就应分配资源，而不是假定资源充足。合理的资源分配政策能促使多种项目间的分配达到平衡。

（7）协调组群间的传递关系。要想恰当地应用此政策，必须就主要项目阶段的期限达成共识。另外，应定义每阶段所期望得到的特定的期间交付物。通过定义期间交付物，组织的各部门就能建立超有效的保证政策。建立期间交付物是项目的里程碑，它使管理者通过协调组群来加速项目的完成。

在项目组织工作中，应注意以下几个方面的问题：

（1）项目界面的问题。具体包括：①组织界面。组织界面是指项目组织内部各组织单元之间职责与任务相互交叉中的分工与衔接。在项目组织计划中要正式或非正式地明确不同组织单元之间的这种组织界面关系。在实际工作中可根据项目的具体情况或繁或简地进行这一工作。例如，一个大型水利工程的项目组织管理系统内各组织单元之间的相互关系和一个简单的饮料生产项目相比，前者的复杂程度远远大于后者。②技术界面。技术界面是指项目内部各专业之间的“接口”，包括在专业交叉与衔接点上如何进行相互分工与协作等。在项目组织计划中，对于不同专业之间的界面关系应当正式或非正式地予以明确。技术界面既可能发生在项目阶段内部，也可能发生在项目阶段之间。③人际关系界面。人际关系界面是指项目组织内部不同个人之间工作交叉中的分工与衔接。在项目工作当中正式或非正式地明确不同个人之间的这种人际关系界面，对于项目团队中每个人很好地完成各自的任务与职责，对于高质量地完成项目团队的整体目标都是非常必要的。

（2）人员配备计划与需求一致的问题。人员配备计划是整个人力资源计划的重要部分，在进行计划的制订时，一定要尽可能按项目对人力资源在时间、技能、合作、数量等方面的要求来安排，以保证项目的进度与质量。在研究需求时要注意明确项目在各时间阶段、各不同组织单元中或小组内的具体要求。

（3）约束条件问题。项目组织选择可能在很多方面受到制约。这种约束就是指限制项目团队选择的各项因素。制约项目团队组织的因素主要包括：①项目的组织结构。不同的组织结构形式，对项目的人力资源有不同的要求。例如基本组织结构为强矩阵式时，对项目管理者的领导和组织能力方面的要求与弱矩阵形式下相比则有较大的不同。②共同达成的有关协议。在项目角色安排与职责分工时，有时会受到一些特殊的协议与有关规定的影响与制约。例如，同工会或其他雇员团体之间的协议可能要求在项目中给某些特定群体中的人员或具体某人以一定的角色或明确一定的关系。③项目管理层的偏好。对于以往取得的成功经验或方法，人们不由自主地会产生一种依从心理。如果项目管理层成员在过去的项目中用某种组织方式取得了成功，他们在将来很可能主张采用类似的组织方式。④预期的人员安排。在项目所涉及的各类群体中，每个人对项目产生的影响都可能有所不同。在理论上，项目的组织计划应根据项目的具体情况和项目管理理论等来确定，但实际上项目如何组织实施常常受到一些特殊个别人的能力和水平影响，由于这种影响的存在使项目的组织计划与行为不得不进行改变和调整。

## 子项目3　项目组织的一般形式

任何一个组织都是为完成一定的使命和实现一定的目标而设立的，由于每个组织的使命、目标、资源条件和所处的环境不同，所以他们的组织结构也会不同，因此人们无法找到一种适合于各种使命和目标的理想组织结构。对于项目组织管理而言，由于不同项目有不同的目标和要求，所以人们同样无法给出一个适合于各种项目的理想组织结构，因此，会有许多不同的项目实施组织结构的类型。项目组织形式多种多样，随着社会生产力水平的提高和科学技术的发展，还将不断产生新的结构。这里介绍几种典型的基本形式。

### 一、职能型组织

如图2-2所示，职能型组织结构是按职能设立的一种层级结构，人员按专业分组，每位雇员都有一位明确的上级。项目的领导班子没有明确的组织界定，因此有关项目的事务则在职能部门的负责人这一层次上进行协调。各职能部门均承担项目的部分工作，而涉及职能部门

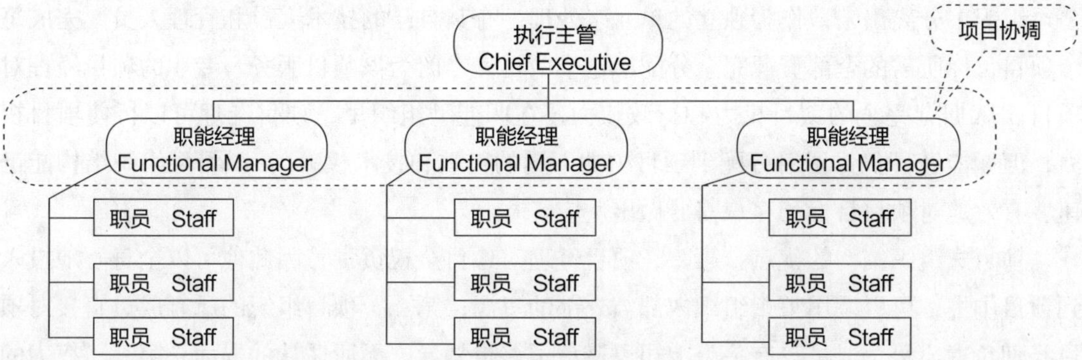


图2-2 职能型组织

之间的项目事务和问题由各个部门负责人负责处理和解决，在职能部门主管层进行协调。

职能型结构优点是：首先，人员使用灵活，只要选择了一个合适的职能主管作为项目的上级，从各职能部门选择所需要的专业技术人员，且技术专家可以同时被不同的项目所使用；其次，在人员离开项目组甚至离开公司时，职能部门可作为保持项目连续性的基础；最后，职能部门可以为本部门的专业人员提供一条正常的晋升途径。

职能型结构缺点：第一，技术复杂的项目通常需要多部门协作进行，但这种结构在跨部门之间的合作与交流方面存在一定困难；第二，这种结构使得客户得不到应有的关注，因为技术人员从事项目工作的同时还要进行职能部门的日常工作，使项目和客户的利益不能得到优先考虑；第三，职能部门的工作方式常常是面向本部门活动的，而一个项目要取得成功，其工作方式必须是面向问题的；第四，责任不明确，没有一个人承担项目的全部责任，往往是项目经理只负责项目的一部分，另外一些人则负责项目的其他部分，最终导致协调困难的局面，这种困难局面会对客户要求的响应变得迟缓和艰难。

职能型结构适合于进行公司的内部项目。然而，由于项目并非职能部门日常工作的一部分，因此须使分派到项目任务的每个员工明确理解他们的角色和职责。如果项目经理没有充分的权力做出项目决策，他（她）就要靠领导能力和说服能力来建立共识、处理冲突，使项目团队成员团结起来实现项目目标；项目经理要花一些时间经常向公司的其他职能经理反映项目最新情况，感谢他们对项目工作人员的支持。

采用职能型组织结构一般从事公司内部项目，因为这种组织结构没有专门的项目经理来管理客户出资。相反，职能型组织主要集中力量生产自己的产品，销售给各个客户。

## 二、项目型组织

如图2-3所示，项目型组织结构与职能化组织结构完全相反，其系统中的部门全部是按项目进行设置的，每一个项目部门均有项目经理，负责整个项目的实施。系统中的成员也是以项目进行分配与组合，接受项目经理的领导。在项目型组织里，每个项目将项目从公司组织中分离出来，作为独立的单元来处理，有其自己的技术人员和管理人员。完成每个项目目标所需的全部资源完全分配给这个项目，专门为该项目服务。专职的项目经理对项目团队拥有完全的项目权力和行政权力（在职能型组织里，项目经理可以行使项目权力，但职能经理仍保留对分配到项目中的下属的行政和技术权力）。项目型组织结构能迅速、有效地对项目目标和客户需要做出反应。

项目式组织结构的优点：第一，项目经理对项目全权负责，因此他可以全身心地投入到项目中去，可以调用整个组织内部与外部的资源；第二，项目组织的所有成员直接对项目经理负责，每个成员只有一个上司，避免了多重领导、无所适从的局面；第三，权力的集中加快了决策的速度，使整个项目组织能够对客户的需要和高层管理的意图做出更快的响应；第四，项目的目标是单一的，项目组成员能够明确理解并集中精力于这个单一目标，团队精神能充分发挥；第五，由于项目从职能部门中分离出来，使得沟通途径变得简洁，易于操作，在进度、成本和质量等方面的控制较为灵活。

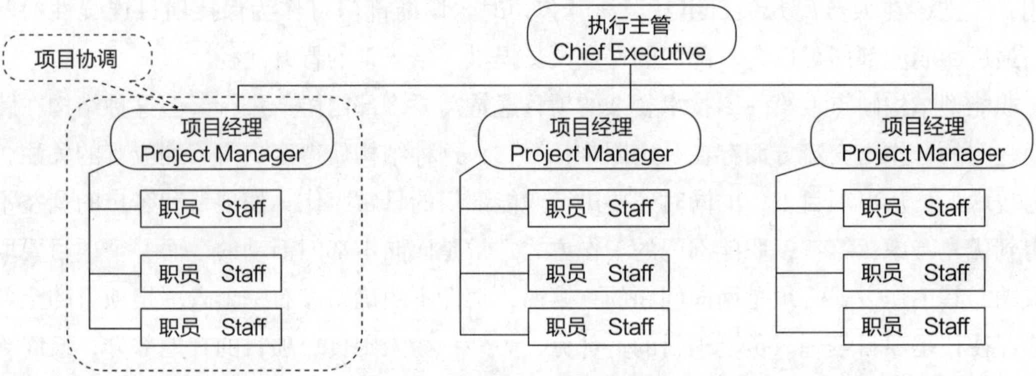


图2-3 项目型组织

这种组织结构的缺点：第一，成本低效，当一个公司有多个项目时，每个项目有自己一套独立的班子，这会造成人员、设施、技术及设备等资源的重复配置；而且为了保证在项目需要时能马上得到所需的专业技术人员及设备等，项目经理往往会将这些关键资源储备起来，使得具有关键技术的人员聘用的时间比项目需要他们的时间更长。第二，当项目具有高科技特征时，由于职能部门对于不属于本部门的项目成员不直接开放，因而调用某些专业领域有较深造诣的人员阻力较多。第三，对项目组成员来说，缺乏一种事业的连续性和保障，项目一旦结束，项目组成员就会失去他们的“家”。

在项目型组织中，为了最大限度地利用资源，保证在预算范围内成功地完成项目，需要制定详尽而准确的计划和一个有效的控制系统。项目型组织结构常见于一些涉及大型项目的公司。这类大型项目价值高（数百万美元），期限长（几年）。例如主要应用于建筑业及航空航天业。有时也用到非营利机构，如资源组织的募捐活动、一些百年庆典、聚会，以及各种演出等。

## 三、矩阵型组织

矩阵型组织结构兼具项目职能组织结构和项目型组织结构的特征。按项目经理和职能经理之间的权力和影响力的影响程度，可分为弱矩阵组织、平衡矩阵组织和强矩阵组织。弱矩阵组织（图2-4）基本保留项目职能组织结构的主要特征，在弱矩阵组织结构中并未明确对项目目标负责的项目经理，即使有项目负责人，他的角色也只不过是一个项目协调者或项目监督者，而不是一个管理者。

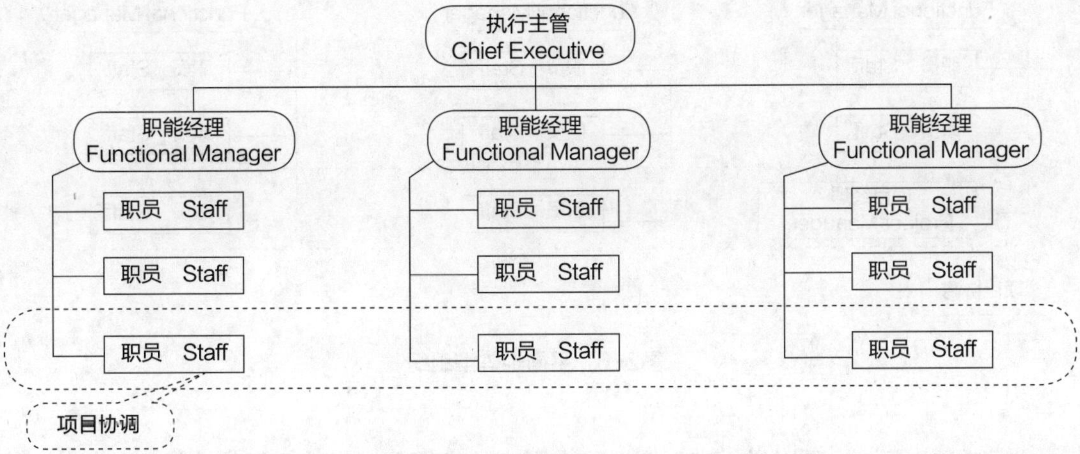


图2-4 弱矩阵型组织

强矩阵组织结构具有项目型组织结构的主要特征。强矩阵组织结构在系统原有的职能组织结构的基础上，由系统的最高领导任命对项目全权负责的项目经理，项目经理直接向最高领导负责，即强矩阵组织结构拥有掌握较大职权的全职项目经理和全职项目行政人员。如图2-5所示。

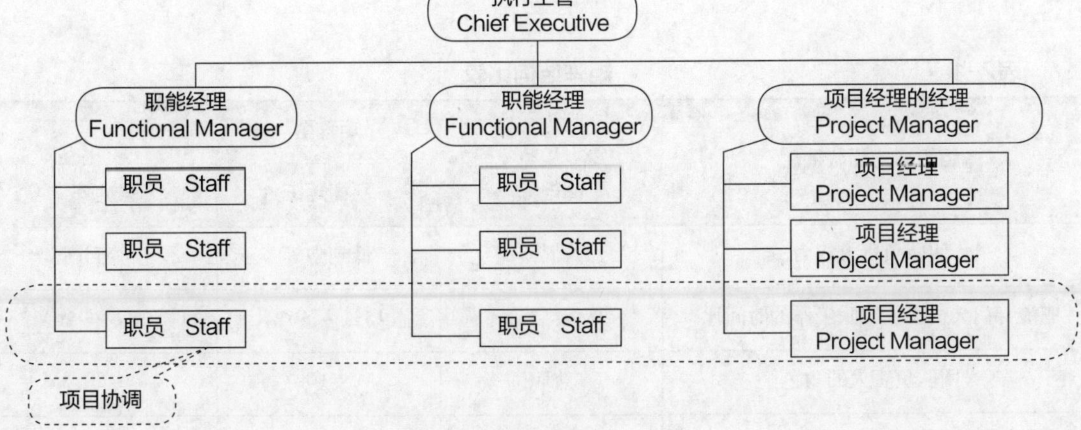


图2-5 强矩阵型组织

平衡矩阵组织结构是对弱矩阵组织结构的改进，为强化对项目的管理，在项目管理班子内，从职能部门参与本项目活动的成员中任命一名项目经理。项目经理被赋予一定的权力，对项目整体与项目目标负责，但并未授予其全权管理项目和项目资金，如图2-6所示。

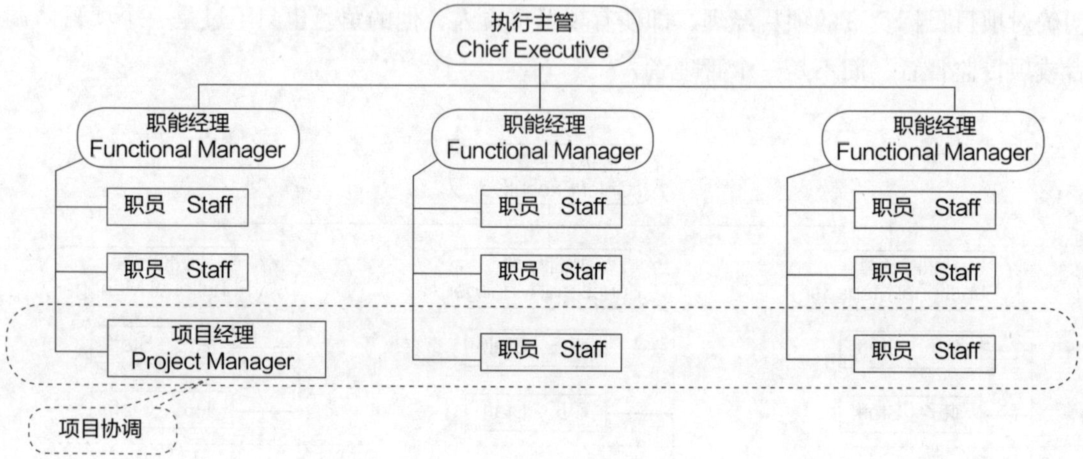


图2-6 平衡矩阵型组织

矩阵式组织结构可以说一定程度上最大限度地发挥了项目式和职能式组织的优势，它是在职能式组织的垂直层次结构上叠加了项目式组织的水平结构。作为职能式组织和项目式组织的结合，矩阵式组织可采取多种形式，每一种矩阵型组织结构有其各自的特点（表2-1），如需要一个强矩阵形式，则它类似于项目型组织，但项目并不从公司组织中分离出来作为独立的单元。项目经理向项目经理的主管报告，项目经理主管同时管理着多个项目，项目中的人员根据需要分别来自各职能部门，他们全职或兼职地为项目工作。这里，项目经理决定什么时候做什么，而职能部门经理决定将哪些人员派往哪个项目，要用到哪些技术，与此同时，职能部门一直进行着它们各自的工作。

表2-1 矩阵结构比较

| 组织形式团队特性 | 矩阵型 | | |
|---|---|---|---|
| | 弱矩阵 | 平衡矩阵 | 强矩阵 |
| 团队负责人权力 | 低 | 低到中等 | 中等到高 |
| 职能部门人员投入团队工作的时间比率 | 0% ~ 25% | 15% ~ 60% | 50% ~ 95% |
| 团队负责人的角色 | 兼职 | 专职 | 专职 |
| 团队负责人的头衔 | 团队协调人 | 团队经理 | 团队经理 |

如需要弱矩阵形式。项目可能只有一个全职人员，项目经理和项目组成员不是从职能部门直接调派过来，而是利用他们在职能部门为项目提供服务，项目所需要的计算机软件，产品测试及其他的服务，都可由相应职能部门提供。

在以上这两个极端之间是平衡矩阵形式。项目和职能部门的职责组合可以有多种形式，当一个部门的某个小组经常为项目提供服务时，一般可将小组作为一个独立的职能单元，例如，多产品制造企业中的质量保证小组可以像承包商一样承担项目的工作，如果将项目作为某个职能部门的一部分显得太勉强，而将项目作为一个独立的单元又太昂贵时，则采取矩阵式组织，项目经理可以从相应的职能部门临时抽调所需要的资源。

矩阵式组织结构的优点可以概括为：一是项目是工作的焦点，有专门的人即项目经理负责管理整个项目，负责在规定的时间、费用、质量要求条件下完成项目；二是由于项目组织是覆盖职能部门的，它可以临时从职能部门抽调所需的人才，所以，项目可以分享各个部门的技术人才储备。当有多个项目时，这些人才对所有项目都是可用的，可大大减少像项目式组织中出现的人员冗余；三是当有多个项目同时进行时，公司可以平衡资源以保证各个项目都能完成其各自的进度、费用及质量要求；四是对客户要求的响应与项目式组织一样快捷灵活，对公司组织内部的要求也能做出较快的响应；同时，在矩阵组织的项目中会有来自行政部门的人员，他们会在公司规章制度的执行过程中保持与公司的一致性；五是项目组成员对项目结束后的忧虑减少，他们一方面与项目有很强的联系；另一方面他们对职能部门也有一种“家”的感觉。

当然，矩阵式组织结构的缺点也是明显的，首先，多个项目在进度、费用与质量方面能够取得平衡，这既是优点，也是缺点，因为事实上，在多项目中有主次之分，资源在项目之间流动容易引起项目经理之间的争斗；其次，在矩阵式组织中，项目经理主管项目的行政事务、职能部门经理负责项目的技术与资源支持，但在项目执行过程中，项目经理必须就各种问题，如资源分配、技术支持等与部门经理进行谈判，如果项目经理在这方面没有很强的能力，就会影响到项目的成功；最后，矩阵式组织违反了命令单一性的原则，项目组成员有两个上司，即项目经理和部门经理，当他们的命令有分歧时，会令成员感到左右为难，无所适从。

## 四、复合型组织结构

在很多企业中，在不同的组织层级上用到上述的组织结构，如图2-7所示，这就是复合型组织结构。在这种复合式组织结构中，公司可先将刚启动且尚未成熟的项目放在某个职能部门的下面，当其逐渐成熟并具有一定地位以后将其作为一个独立的项目，最后也有可能发展成为一个独立的部门。例如，有时在那些典型的职能组织结构中，也有可能建立专门的项目团队，以实施重要的项目。该团队可能具备项目型组织结构中的许多特征，在项目期间它可能拥有来自各职能部门的人员，可以单独制定自己的工作流程，或可以在标准化的正式汇报结构之外运作。

这种复合式组织结构使公司在建立项目组织时具有较大的灵活性，但也有一定的风险。同一公司的若干项目采取不同的组织形式，由于利益分配上的不一致性，容易产生矛盾。

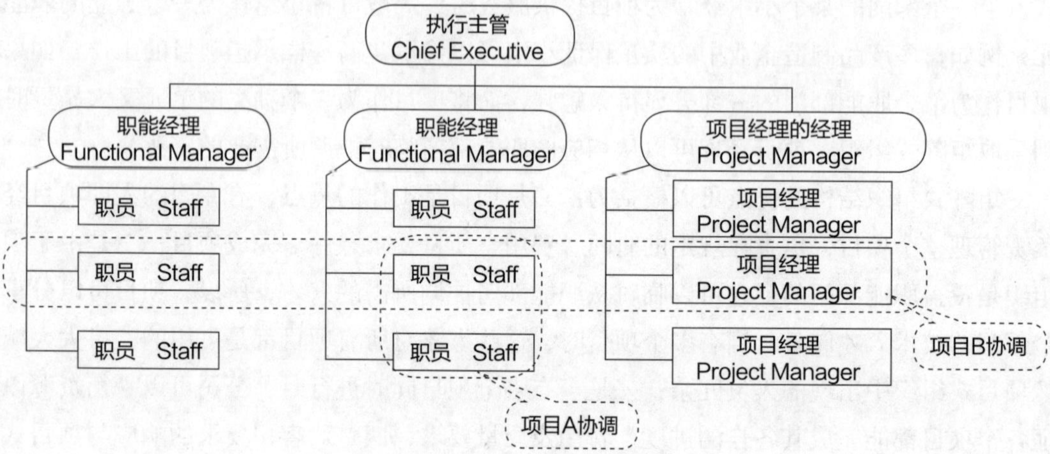


图2-7 复合型组织结构

在很多组织结构中，都存在战略层、中级管理层和操作层。项目经理与这三个层级的协作互动取决于下列因素：①项目的战略重层面。②干系人对项目施加影响的能力。③项目管理成熟度。④项目管理体系。⑤组织沟通体系。

## 项目组织小知识

### 华为公司项目研发组织模式

1988年，华为公司创立于中国深圳，从成立到现在，20年的时间里，华为公司高速稳健发展，截至2006年公司销售收入达656亿元人民币。华为在印度、美国、瑞典、俄罗斯以及中国的北京、上海和南京等地设立了多个研究中心，65000多名员工中的48%从事研发工作。华为长期坚持不少于销售收入10%的研发投入，并坚持将研发投入的10%用于预研，对新技术、新领域进行持续不断的研究和跟踪。华为研发组织的发展变迁分为三个主要阶段：

第一阶段：职能式研发组织模式，1988－1995年。初期的华为研发组织结构完全是职能式研发组织，分为中研、中试和生产三大部门，部门工作是交接，不是协同，部门间扯皮严重，产品设计人员不懂生产过程；无项目管理，无可行的计划；成本、质量、沟通等管理基本没有；无产品数据管理，无版本管理，文档不标准，文档质量差；没有技术管理，无企业标准，设计只对一个个产品，不考虑复用，造成极大混乱；无企业知识库，同样的错误经常反复出现。造成的后果表现为产品设计缺陷多，设计经常升级，试验跟不上，到处救火，30%的收入用于救火。

第二阶段：弱矩阵式项目研发组织模式，1995－2000年。华为研发组织通过向弱矩阵式研发组织过渡，职能组织结构变化不大，仍分为中研、中试和生产三大部门，有产品经理（相当于项目经理），负责产品中研、中试和生产；对项目进行管理，开始进行计划，有项目管理雏形；建立企业标准、CBB和基本开发过程，流程重组；后续部门为研发设计制定出许多规范、标准、核检表；开始有简单数据管理、版本管理、更改管理、质量管理。华为公司通过向弱矩阵式项目研发模式转变，使产品开发质量有了很大提高。

第三阶段：强矩阵式项目研发组织模式，2000年至今。职能组织结构变化明显，打破原部门设置，建立企业管理平台，技术平台，运作支持平台三大类部门；实行全面的项目管理，建立许多跨部门矩阵组织；建立起企业知识库，企业资源有规划引入；建立起基本企业标准；建立了企业基本标准过程，可以定制过程，更加合理的流程体系；完善的技术管理。华为公司有了良好的项目管理环境，实现了公司范围内跨部门协作，极大地提高了华为公司产品在全球市场的竞争力。华为公司研发项目团队组织结构如图2-8所示：

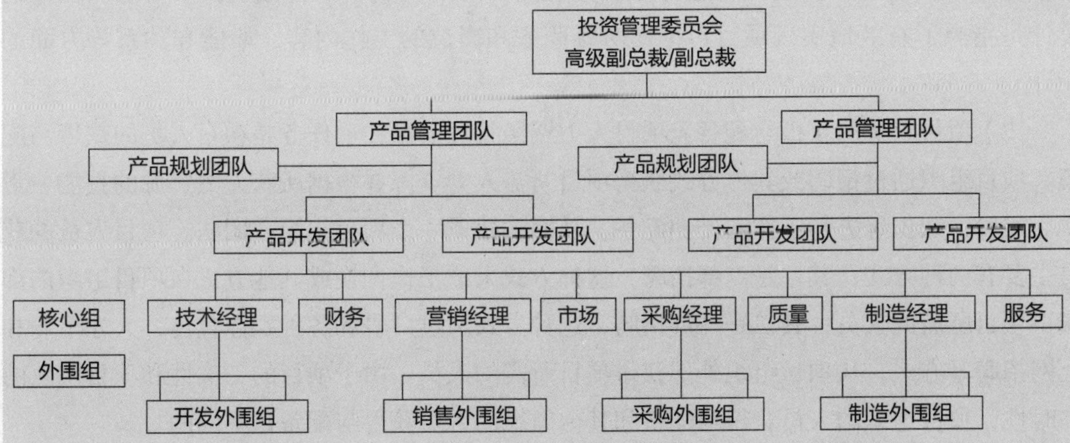


图2-8 华为公司项目团队组织模式图

在确定或使用项目组织形式时，应综合考虑项目的规模、业务范围、复杂性等因素，分析业主对项目的要求、标准规范、合同条件等情况，结合企业的类型、员工素质、管理水平、环境条件、工作基础等，选择适宜的项目管理组织形式。一般来讲，可按下列思路选择：①人员素质高、管理基础强、可以承担复杂项目的大型综合企业，宜采用矩阵式、工作队式、事业部式组织形式。②简单项目、小型项目、承包内容单一的项目，宜采用直线式、部门控制式组织形式。③在同一企业内部，可以根据具体情况将几种组织形式结合使用，如事业部式与矩阵式、工作队式与事业部式结合使用，但不能同时采用矩阵式与工作队式，以免造成混乱。

## 子项目4 项目人力资源管理

项目人力资源管理是指对于项目的人力资源所开展的规划、开发、合理配置、准确评估、适当激励、团队建设、资源能力提高等方面的管理工作。这种管理的根本目的是充分发挥项目组织各方面的主观能动性，以实现既定的项目目标和提高项目效益。

### 1. 项目人力资源管理的内容

项目人力资源管理的内容与一般生产运营组织人力资源管理的内容有一致和不一致的地方。项目人力资源管理的基本内容包括：

（1）项目组织规划。项目人力资源管理的首要任务是项目组织的规划。项目组织规划是项目整体人力资源的计划和安排，是按照项目目标通过分析和预测所给出的项目人力资源在数量上、质量上的明确要求，具体安排和打算。项目组织规划包括：项目组织设计、项目组织职务与岗位分析和项目组织工作的设计。其中，项目组织设计主要是根据一个项目的具体任务需要，设计出项目组织的具体组织结构；职务与岗位分析是通过分析和研究确定项目实施与管理特定职务或岗位的责权利和三者关系；项目组织工作的设计是指为了有效地实现项目目标而对各职务和岗位的工作内容、职能和关系等方面的设计。

（2）项目人员的获得与配备。项目人力资源管理的第二项任务是项目人员的获得与配备。项目组织通过招聘或其他方式获得项目所需人力资源并根据所获人力资源的技能、素质、经验、知识等进行工作安排和配备，从而构建成一个项目组织或团队。项目人员的获得主要有两种方式：其一是内部招聘，这种方式采取工作调换或其他方式在项目组织内部获得项目所需的人员；其二是外部招聘，这种方式通过广告和各种媒体宣传，人才市场和上网招聘等方式，从项目组织外部获得项目所需的人员。由于项目的一次性和项目团队的临时性，项目组织的人员获得与配备和其他组织的人员获得与配备是不同的。

（3）项目组织成员的开发。项目人力资源管理的另一项主要任务是项目组织成员的开发和项目团队的建设。项目组织成员的开发包括：项目人员的培训、项目人员的绩效考评，项目人员的激励与项目人员创造性和积极性的发挥等。这一工作的目的是使项目人员的能力得到充分开发和发挥。

（4）项目团队建设。项目团队建设主要包括：项目团队精神建设、团队效率提高、团队工作纠纷、冲突的处理和解决，以及项目团队沟通和协调等。项目人力资源管理的这项工作是贯穿整个项目全过程的一项日常的人力资源管理工作，它需要针对具体的项目、具体的项目团队、具体的团队成员去开展实际有效的管理工作。项目人力资源管理工作的核心内容如图2-9所示。

### 2. 项目人力资源管理的特性

项目组织是一个十分特殊的组织，它有自己特定的组织形式和要求，在完成项目任务的过程中它需要全体成员的通力协作，所以通常项目组织以项目团队为最基本形式。项目团队具有一些独立的特性，这造成了项目人力资源管理与一般人力资源管理的不同。所以要了解项目人力资源各管理的特性，首先需要了解项目团队的特性。项目团队的主要特性有：

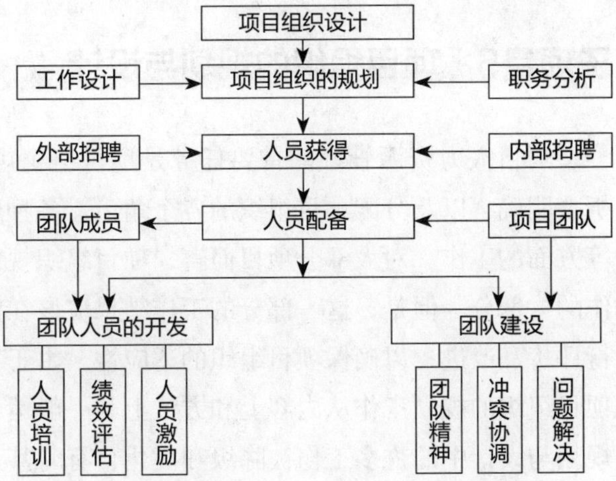


图2-9 项目人力资源管理工作的主要内容

（1）团队性。项目工作是以一种团队合作的形式完成的，项目团队的工作是全体成员为实现项目目标而同心协力，协调一致，共同努力完成的。项目工作的绩效很大程度上取决于项目团队所具有的团队精神和团队合作的工作与管理模式。

（2）临时性。项目工作是一次性的，所以项目团队在项目完成以后就会解散，因此项目团队具有临时性。一般项目完成后项目团队即告解散，项目团队成员会重新回到原来的工作岗位或者组成新的项目团队去从事新的项目。

（3）渐进性。一个项目从立项到实施和完成，项目团队成员是逐渐进入项目团队并开展工作的，而不是同一天所有团队成员都到齐后才开展工作的。同样，随着项目的实施，那些已经完成自己任务的项目团队成员是分期退出项目团队的。所以项目团队还有渐进性这一特性。

项目团队的这些主要特性使得项目人力资源管理与一般组织运营管理中的人力资源管理大不相同。这主要表现在：

（1）项目人力资源管理强调团队建设。在项目人力资源管理中，建设一个和谐、士气高昂的项目团队是首要任务。因为项目工作是以团队的方式完成的，因此项目团队建设是项目人力资源管理的一个首要任务。项目人力资源管理中的组织规划与设计和人员配备和人员开发都应该充分考虑项目团队建设的需要。当然，在项目经理确定和项目团队成员的挑选方面也要考虑项目团队建设的需要，在项目绩效评价和员工激励方法选用等各方面也都要考虑项目团队建设的需要。

（2）项目人力资源管理强调高效快捷。由于项目团队是一种临时性的组织，所以在项目人力资源管理中十分强调管理的高效和快捷。除了一些大型和时间较长的项目（像三峡工程等），一般项目团队的存续时间相对于运营组织而言是很短的，所以必须在项目团队建设和人员开发方面采取高效快捷的方式方法，否则很难充分发挥项目人力资源管理的作用。因此，不管是项目人员培训与项目人员激励，还是项目团队建设与人员冲突解决都需要采用高效快捷的方法去完成。

# 子项目5 项目组织的规划与设计

项目人力资源管理的首要任务是项目组织规划与设计。项目组织规划与设计包括分析、明确，以及分配项目组织的各个角色、各种职责和确定项目团队成员之间的报告关系等方面的工作。对大部分项目而言，项目组织规划与设计的主要工作属于项目定义阶段工作的一部分。但是，这一部分的工作结果应该在整个项目人力资源各管理过程中不断地进行评价和改进，以确保项目组织的适应性。由于项目的一次性和项目组织的临时性，所以项目组织的规划工作从内容上和方法上与一般运营组织的规划有所不同。例如，项目组织规划与设计中的许多工作被降级和简化，有时甚至只有项目组织的人员配备工作。

## 一、项目组织的规划与设计

一般运营组织人力资源管理中的组织规划与设计是通过研究：组织目标、组织任务、组织结构、组织职位、组织职位间的责、权、利关系、组织协调和组织信息沟通等方面的各种要素之间的关系，以及合理地安排和配置这些要素，从而完成一个运营组织的设计。同样，项目人力资源管理中的组织规划与设计也需要研究项目目标、项目任务、项目组织结构、项目组织的职位、组织职位间的责、权、利关系、组织协调和组织信息沟通等方面的各种要素之间的关系，也需要合理地安排和配置这些要素，从而完成项目组织的设计。由于项目目标、资源和环境的不同，所以不可能为所有的项目设计一个理想的组织结构。为了确保项目工作在预算范围内按时、优质地完成，每一个项目都需要根据项目的具体情况进行科学的组织规划与设计。项目组织规划与设计还必须考虑项目所处环境的影响，项目组织通常有三种不同的组织环境，即直线职能型、项目型和矩阵型组织环境与组织结构。在这三种不同的组织环境与组织结构中，项目组织规划与设计分别具有下列的特殊性。

### 1. 直线职能型组织环境下的项目组织规划与设计

对于采用直线职能型组织结构的企业或组织而言，通常为一个具体的项目组织的项目团队或项目小组多数是在直线或职能部门内部。这种项目团队或项目小组通常是部门内部一种松散的、临时性的项目团队组织，这种项目团队的责、权、利都十分有限，这种项目团队中的项目经理权力也十分有限。因为这种项目组织只是负责企业甚至部门内部项目的实施工作，所以这种项目团队或小组受制于公司直线职能型组织环境的强力约束，多数是一种不健全的项目团队组织。在直线职能制的组织环境下，很少有跨部门的项目团队，很少从组织环境外部获取项目团队成员（人力资源）。在设计这种环境下的项目组织时必须充分考虑它所处直线职能型组织结构环境，全面考虑企业或部门内部开发项目的特性，合理安排项目经理的权限，安排好项目经理与团队成员和上级的各种报告关系，以便使项目团队能够顺利地完成任务和实现项目目标。

### 2. 项目型组织环境下的项目组织规划与设计

在采用项目型组织结构的企业或组织中，通常会同时存在多个相对稳定的项目团队，因为这种组织是专门为完成各种业务项目（替他人完成的项目）而建立的，所以它们是以项目作为主要生产方式的。这种组织中的每个项目团队会专门从事一类项目，多数项目团队成员都具有一定的专长，所以他们在一个业务项目完成后会被分配到另一个业务项目。这种项目团队通常是一种比较紧密的和相对稳定的项目组织，这种项目组织的责、权、利相对较大，项目经理在项目预算、工期和人力资源管理方面的权力都较大。因为这种项目组织需要负责各种业务项目的全部工作，所以它们多数是一种健全的项目团队，它们可以从企业或组织的各个部门获取各种人力资源。在设计这种项目组织时必须充分考虑它所处的项目型组织环境和它的外部业务项目的特性，给项目经理以充分的授权，并使项目团队有足够的权利。同时，要充分考虑这种项目团队的管理人员配备和职能部门的设计，以便使项目团队能够顺利地完成业务项目的任务，实现业务项目的既定目标。

### 3. 矩阵型组织环境下的项目组织规划与设计

在采用矩阵型项目组织中，一个项目团队的成员来自于不同的职能部门或机构。当一个项目团队的成员完成了某个项目以后会首先回到原来的职能部门，等有了新项目以后他们又会组成新的项目团队。这种方法使职能部门人员的职能工作和项目工作得到了最充分的利用，减少了人力资源的浪费。这种项目团队所处的组织环境是一种兼具直线职能型和项目型的组织环境，在这种环境下的项目团队具有的责、权、利比较对等，项目经理在项目预算、工期和人力资源管理方面的权力也比较均衡，项目团队在获得各种资源方面的权利也比较均衡。由于矩阵性组织可以进一步分为弱矩阵、均衡矩阵和强矩阵三种不同的情况，所以矩阵性组织中的项目团队也会随企业组织的情况而变化，它们获取各种人力资源的能力也会因为它们所处的组织环境而变化。这种项目团队的组织规划与设计也要充分考虑项目工作的范围和内容，以确定项目团队的管理人员配备和管理职能部门设置。特别要注意不能追求齐备的项目部门和人员，在许多情况下，项目团队可以采用一套管理人员和一个综合管理部门的办法，去实现对于项目的全面管理。

## 二、职务与岗位分析

项目组织规划与设计工作中的另一项任务是项目组织中的职务与岗位分析。这是在初步确定了项目组织基本结构以后所开展的一项项目组织规划与设计工作。

### 1. 职务与岗位分析的基本概念

职务与岗位分析也称为职位分析，它是通过分析和研究来确定项目组织中各个管理职务的角色、任务、职责等内容的一种专门的项目组织规划与设计工作。职务与岗位分析的结果最终形成了一系列有关项目组织职务或岗位的工作描述和任职要求说明等文件。换句话说，职务与岗位分析就是将项目组织中每个职务或岗位的工作加以分析，以便清楚地把握该职务或岗位的特性，以及它在项目组织中与各职务和岗位之间的相互关系，从而确定出该职务或岗位的工作规范和考核标准，同时确定出这一职务或岗位为履行职责所需要的技术、知识、能力与责任。职务与岗位分析的根本目的是确定项目组织中所需的职务与岗位和这些职务与岗位所需的任职条件，以便选拔和任用合格的人员去构成一个项目团队。职务与岗位分析的主要工作有：

（1）分析项目将需要完成什么样的任务。这需要根据项目的工作分解结构和项目组织分解结构所给出的信息，去进一步明确项目所要完成的具体任务，特别是项目工作中所涉及的各种管理任务。

（2）分析项目需要在什么时候完成这些任务。这需要根据项目的计划安排进一步明确各项任务需要在何时完成以及如何衔接。特别是各项管理工作的具体任务、时间和衔接关系，以便使用这些信息去确定具体职务或岗位的责任和要求。

（3）分析项目需要些什么样的职务或岗位。在上述两项分析的基础上，需要进一步明确项目管理与实施需要安排哪些具体的职务和岗位。这项工作是项目组织规划与设计中最为重要的工作，是项目组织规划与设计要解决的核心问题。

（4）分析这些职务或岗位需要什么样的人。在确定了项目组织各职务和岗位以后，还需要进一步分析给出这些职务和岗位所需的人员以及他们的条件、知识、技能与专业要求。这也是项目组织规划与设计中一项非常重要的工作。

2. 职务与岗位分析的内容

职务与岗位分析的主要内容包括两个方面：一是对职务或岗位的工作说明与描述；二是对职务或岗位任职人员的要求。

（1）职务或岗位工作说明与描述。这包括对于项目组织或团队各个职务与岗位的名称、所需技能、所负责任、所拥有的权力、工作环境，以及一个职务或岗位所涉及的其他特征的说明和描述。这种工作说明与描述的主要内容有：工作名称（对各岗位或职务的工作进行命名，同时要给出相应的职务或岗位名称），工作责任、任务和程序说明（包括职务或岗位所要完成的工作任务、责任、所需资源、工作流程、工作与其他职务的正式联系以及上下级报告关系等），工作条件（包括工作场所正常的温度、光照、通风、安全措施等），工作环境（包括项目组织环境和项目团队的情况，团队成员相互关系和各部门之间的关系等），职务或岗位的条件（包括工作或岗位的工资报酬、奖金制度、工作时间等）。

（2）任职条件与要求。这是对于项目组织或团队各职务与岗位的任职条件和要求的说明，这需要详细地说明具体职务或岗位所需的各种资格和技能要求与必要条件。任职条件与要求包括：学历和工作能力（根据具体职务和岗位所涉及工作的特性说明具体职务或岗位所需的学历和工作能力要求，对于一些特殊项目管理或专业的技术岗位，必须明确给出所需的管理技能和专业技能的特殊要求与条件），工作经历（这是职务或岗位在工作实践经验方面的要求，在项目管理和实施工作中的许多职务和岗位需要有这种工作经历方面的要求），身体条件要求（这包括具体职务或岗位对于身体健康状况的一般要求和特殊要求，如不能有恐高症的要求等），基本素质要求（包括项目职务或岗位所需各方面素质的要求，如综合素质、特殊素质、团队精神与合作等方面的要求），其他要求（针对具体项目组织或团队的特定职务或岗位提出的一些其他方面的要求）。

### 3. 职务与岗位分析的工作过程

职务与岗位分析是对项目所需职务与岗位所进行的全面研究，它对项目人力资源管理后续的人员选拔与配置起着决定性的作用，同时也对项目团队成员的奖惩、晋升、调配、解雇等提供一个客观的评估标准。这一工作的全过程可以分成四个阶段，它们分别是：准备阶段、调查阶段、分析阶段和完成阶段。这一过程的流程如图2-10所示：

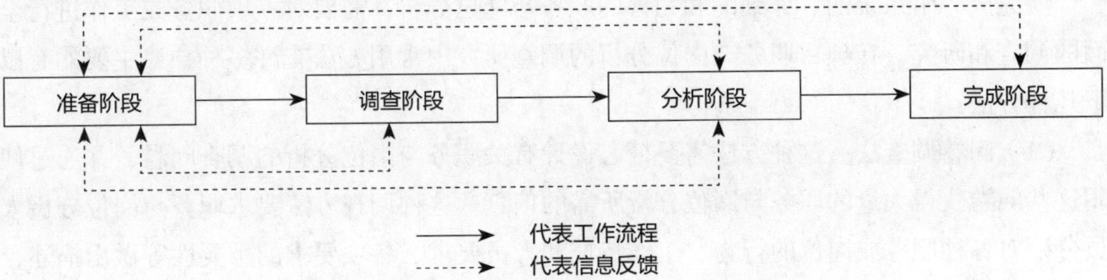


图2-10 职务与岗位分析的工作流程图

职务与岗位分析各阶段工作的详细内容说明如下：

（1）准备阶段。这一阶段主要的任务是了解情况，收集信息，建立关系，组建项目职务与岗位分析工作小组。这一阶段的具体工作包括：建立由项目职务与岗位分析专家以及项目组织的上级领导等人员参加的职务与岗位分析工作小组；确定职务与岗位分析对象，即究竟要对哪些项目组织或团队的职务与岗位进行分析；利用各种资料与信息对项目组织中的职务或岗位的主要工作任务、具体责任、工作流程进行分析和研究；提出职务与岗位分析过程中所要解决的主要问题和拟定职务或岗位说明书中所需涉及的主要问题。

（2）调查阶段。这是对各个职务或岗位的工作过程、工作环境、工作内容、工作职责和任职要求所做的全面调查。具体的工作内容包括：编制职务与岗位分析调查提纲；分析和调查项目各个职务或岗位的工作现场，工作流程，关键事件，工作所需的工具和设备，以及工作的环境和条件；与相关人员进行面谈，收集有关职务或岗位工作的特征以及职务与岗位分析所需要的各种信息，做好记录。

（3）分析阶段。这是对职务与岗位分析调查阶段所获得信息的全面整理和分析的阶段。这一阶段需要对各个职务和岗位的工作特征和人员要求等方面的调查结果进行全面的总结分析。具体的工作内容包括：认真审核、汇总和整理调查阶段所获得的各种信息；分析具体职务或岗位有关工作的要求和任职人员的要求；汇总、归纳、总结职务与岗位分析的各种信息和资料。

（4）完成阶段。根据职务与岗位分析工作的调查和分析所获得的信息，编制出项目组织各项“职务或岗位说明书”与“任职说明书”。这一阶段工作的主要内容包括：根据职务与岗位分析的各种信息，草拟“职务或岗位说明书”与“任职说明书”等文件；将草拟的“职务或岗位说明书”与“任职说明书”与实际项目工作及组织要求进行对照比较；根据对照比较的结果，对“职务或岗位说明书”与“任职说明书”进行必要的修订；重复上述工作，直到达到标准和要求以后，审定并批准“职务或岗位说明书”与“任职说明书”。

在上述整个过程中，不管进行到哪个阶段，在需要或获得新的信息时都可以回到前一个阶段去进一步收集必要的信息。

4. 职务与岗位分析中常用的方法

要完成一个系统的、详细的和完善的职务与岗位分析，需要对一项职务或工作进行全面的调查和研究。在项目职务与岗位分析的调查研究中常用方法有许多种，最主要的有以下几种方法：

（1）问卷调查法。这种方法需要精心设计有关职务与岗位分析的调查问卷，并通过使用这些问卷获得大量的职务与岗位分析所需的信息。这种调查方法要求职务与岗位分析人员分别对各种职务或岗位的行为、工作特征和人员要求、各项要求的重要性等做出描述，然后对问卷结果进行统计分析。这类调查问卷可以分成“职务或岗位信息问卷”和“任职要求问卷”等。前者调查职务或岗位工作本身的信息；后者了解对任职人员要求方面的信息。问卷调查法比较规范化、数据化，但是问卷的设计比较费时费工，而且这种方法不易了解被调查者的思想想法和感受等深层次的信息。

（2）文献资料分析法。在进行职务与岗位分析的过程中应当尽量利用现有职务与岗位分析方面的各种资料，为进一步的详细调查奠定基础。例如，参阅以前项目工作的各种岗位责任制等，虽然这些岗位责任制只是规定了职务或岗位工作的责任与任务，没有规定该工作的其他要求，但还是很有参考价值的。根据文献资料分析的信息再添加一些必要的内容，就有可能形成一份相对完整的职务或岗位描述与任职说明书。但是文献资料分析法也有一系列的缺点，包括文献资料多数是过时的，甚至是废弃不用的文件，从中分析找出有用信息非常困难。

（3）面谈法。面谈法是职务与岗位分析中大量运用的一种调查方法，它可以通过面对面的交流信息，了解调查对象的思想想法、感受和动机等深层次的内容。职务与岗位分析中的面谈应该主要围绕：职务或岗位的工作目标和报酬，职务或岗位的工作内容，职务或岗位的责任性质与范围，职务或岗位在项目组织中的各种关系，职务或岗位所负担的责任等内容展开。面谈法是一种很好的调查方法，但是需要有很高的沟通技巧，而且需要花费的时间比较长，费时费力。尤其是整理面谈结构要求有很高的技术，所以这种方法的运用有一定的限制条件。例如，何时和对于何种问题可以采用结构化的面谈，哪些可以采用非结构化的面谈必须认真分析，而这时有一定难度的。

（4）现场观察法。许多项目职务或岗位的工作是一种经验性的和习惯性的，人们经常是在工作中并未充分意识和记录下工作的程序和细节。因此，在职务与岗位分析过程中，有时还需要采用现场观察法对相同或相似项目工作人员的工作过程进行现场观察，并记录其工作和行为各方面的特点；同时观察和了解其工作中所使用的工具、设备；了解其工作的程序、工作环境和体力消耗等方面的内容。观察时可以用笔记录，也可以事先预备好观察记录核检表，一边观察一边核对检查。在观察时要注意的一个问题是人们被观察时，他们的行为可能和平常不同，因此职务与岗位分析者要尽量在被观察者不自觉的情况下进行观察。

（5）关键事件法。关键事件法是请从事项目管理的人员回忆、报告他们在过去相似或相同项目工作中影响工作绩效的关键事件，以及这些关键事件的特征和要素，从而获得职务与岗位分析所需的信息资料。这种方法要求项目组织的管理人员以及其他工作人员在项目工作中记录各种工作中的“关键事件”（使工作成功或者失败的事件），以供未来新项目的职务与岗位分析使用。关键事件法记录的内容包括：导致关键事件发生的原因和背景，关键事件中工作人员特别有效的或错误的行为，关键事件的后果，人们能否支配或控制关键事件出现的后果。在大量收集关键事件的信息以后，可以对它们进行深入的分析，并总结出一个职务或岗位的关键特征和行为要求。关键事件法既能获得有关的静态信息，也可以了解动态信息，是一种有效的职务与岗位分析调查了解和收集信息的方法。

## 三、工作设计

工作设计是指为了有效地实现项目目标和满足项目工作者的个人需求而开展的，有关工作内容、工作职能和工作关系的设计。

### 1. 工作设计的概念

项目组织规划与设计中的工作设计与职务及岗位分析是既有联系又有区别的两个概念。职务与岗位分析是对项目组织职务或岗位的客观描述，而工作设计则是对各个职务或岗位的工作内容、工作方法和工作关系的设计、认定、修改或调整。工作设计需要利用职务与岗位分析所得到的信息，做出各个项目职务或岗位的工作任务的规定。工作设计主要包括如图2-11所示的五个方面的工作：

有关工作设计的主要内容具体说明如下：

（1）工作内容。工作设计首先要确定一个职务或岗位的工作内容。这包括：确定一个职务或岗位工作的主要内容和范围，确定这些工作的自主性、复杂性，工作难度和整体性等一系列有关工作内容方面的设计。这是对一个职务或岗位的全部工作与工作过程的设计。

（2）工作职能。工作设计的第二项内容是设计和确定每个职务或岗位的工作基本要求和方法。这包括：一个职务或岗位的工作责任和工作权限，所承担的具体工作和信息沟通责任，工作方法的要求，以及职务或岗位在团队协作与配合方面的要求等内容。

（3）工作关系。工作设计的第三项工作是设计和确定每个职务或岗位在工作中与他人之间的关系。这包括：工作中与其他人相互联系和交往的范围，与他人建立友谊的机会，

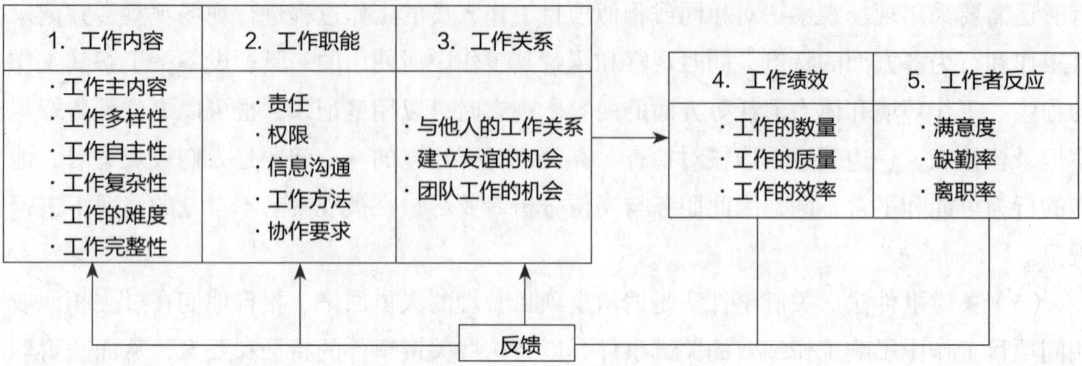


图2-11　项目组织规划与设计中的工作设计内容示意图

参加团队集体工作的机会和相互协作配合的要求等。

（4）工作绩效。工作设计还需要设计和确定出对于每个职务或岗位工作的成绩与工作效果的高低大小的要求，以及衡量这个职务或岗位工作完成情况的具体指标、标准和要求。这包括：工作的数量要求、质量要求、范围要求和效率要求等。

（5）工作者反应。工作设计还需要考虑每个职务或岗位的工作者对于工作设计的反应和要求。这是涉及对工作环境和工作强度的主观评价标准和客观评价标准的满足程度。这包括：工作者对工作的满意度高低、出勤率高低和一个职务与岗位的离职率高低等。

（6）工作设计结果的反馈与修改。工作设计的结果，尤其是对于工作内容、工作关系和工作绩效的设计结果，需要根据实际项目组织各个职务和岗位在实际实施中进行反馈与修改。反馈包括两个方面内容：一方面是工作本身的结果所给出的直接反馈；另一个方面是人们对工作设计的意见反馈，据此要进行工作设计的修改。

2. 工作设计的方法

不同职务和岗位的工作设计方法是不同的。一般常用的工作设计方法包括下面几种。

（1）专业化分工的工作设计方法

专业化分工的工作设计方法是项目组织规划与设计中经常采用的一种工作设计方法，这主要适用于那些专业性很强的职务和岗位的工作设计。这种方法将项目的主要工作按照劳动分工的办法，分解成一系列单一化、标准化和专业性很强的工作职务或岗位，然后设计出各个职务或岗位的工作内容、作业程序、岗位职能、工作关系与工作绩效等方面的要求，以便按照这些设计对员工进行培训和激励，使项目的专业性工作能够具有较高的效率。

（2）职能化分工的工作设计方法

职能化分工的工作设计方法也是项目组织规划与设计中经常采用的一种工作设计方法，这种方法主要适用于那些项目管理工作职务或岗位的工作设计。这种方法将项目的主要管理工作按照职能分工的办法，分解成一系列承担不同管理职能的职务和岗位，设计出各个职务或岗位的具体管理职能和工作范围，然后再进一步确定出这些职务或岗位的工作内容、工作职责、管理工作关系与工作绩效等。按照这些设计去对项目管理人员进行监督管理和激励，就可以使项目的管理工作具有较好的效果。

### 3. 其他的工作设计方法

专业和职能分工的工作设计方法会因为分工过细等问题而造成员工厌烦情绪的不断增长、工作效率下降，因此，在项目组织规划与设计中还需要采用一些其他的工作设计方法。这包括在管理职务或岗位的设计中采取工作轮换和工作扩大化、工作丰富化的方法等。对于这些工作设计方法的基本要求说明如下：

（1）工作轮换法。这是一种项目团队成员分期轮换不同职务和岗位的工作设计方法。实施工作轮换工作设计方法的前提是，项目成员能够从一个职务或岗位换到另一个职务或岗位而不使工作受到损失。

（2）工作扩大化。工作扩大化是指在对项目管理职务或岗位进行工作设计时，可以尝试横向扩大一个职务或岗位的工作范围，使每个职务或岗位的工作内容更为多样化。采用这种工作设计方法的前提是项目组织具备能够胜任多方面管理的人员。

（3）工作丰富化。工作丰富化是一种在工作的深度方面扩展一个职务或岗位的工作内容的工作设计方法。在采用这种工作设计方法时要考虑的因素有：工作责任、决策机制、信息反馈、工作考核等。采用这种工作设计方法的根本目的是培养和提高项目团队成员对工作的成就感和价值感。

## 子项目6 项目人员的获得与配备

项目人员的获得是指项目人员的招聘工作，这是项目人力资源管理工作中非常重要的一项工作。这项工作关系到项目的成败和项目组织的兴衰，如果这项工作做不好，无论是后续项目人力资源管理工作如何完善，都无济于事。项目人员获得的主要目标是要确保项目组织能够获得所需的人力资源。一个项目组织要想生存并完成项目就必须选拔和获得合格的人力资源去担负相应的项目工作，因为“人存事兴、人亡事废”，没有合格的人力资源，就无法保证项目目标的实现。同时，项目组织还必须赋予项目团队成员合适的工作，实现项目人员配备的科学与合理，确保使团队成员与团队工作相匹配、团队成员与项目组织相匹配。

### 一、人员招聘

### 1. 人员招聘的基本内容与程序

人员招聘是项目人力资源管理的一个重要环节，其主要任务是采取内部和外部招聘的方式，运用各种各样的方法和手段使项目组织获得足够的、高质量的人力资源。一个项目组织需要采用各种方法吸引内部和外部更多的人来应聘，以便使项目组织有更大的选择余地。否则会出现因内部和外部应聘人员过少而降低录用标准，或者根本就无法获得足够的人力资源的情况。同时在招聘过程中还要使应聘者更好地了解项目组织，减少因盲目加入项目组织，而后又离职的情况发生。项目组织人员招聘的主要工作内容和程序如下：

（1）招聘计划的制定与审批。招聘计划是整个招聘工作的依据，制定招聘计划的目的在于使项目组织的招聘工作合理化和科学化。项目组织的招聘计划是根据项目组织规划与设计中所确定的职务和岗位，以及项目各个职务或岗位的任职说明书等信息制定的。项目组织需要根据整个组织规划与设计的人力资源需要，从数量、质量和时间等方面做出详细的人力资源招聘计划。

（2）招聘信息的发布。根据制订出的人力资源招聘计划的要求，根据项目组织所处的内部、外部环境与条件，选择和确定发布招聘信息的时间、方式、渠道与范围。由于招聘方式、招聘的职务和岗位、每次招聘的数量和时间、招聘对象的来源与水平以及人员到位时间和招聘预算的不同，招聘信息的发布时间、方式、渠道与范围也不同。项目组织的多数人员是通过内部招聘或调配的方式获得的，项目组织有时也需要从外部招聘人员，所以需要使用内部和外部两种渠道发布各种招聘信息。

（3）应聘者提出申请。内部或外部的应聘者在获得招聘信息后，可向项目组织的招聘机构提出应聘申请。这种申请多数是书面的。应聘的主要资料包括：应聘申请表、个人简历、各种学历、技能和成果证明（证明自己的知识水平、能力水平和所取得的成就）；各种身份证明（包括身份证、以前的聘书等）。

（4）人员选拔。人员选拔对项目组织来说是至关重要的，因为项目组织的生命周期相对较短，一旦招聘的人员存在问题或不能胜任工作，就会使整个项目的工作受到影响，项目组织一般较少有机会去改正人员选拔的问题。这就意味着在招聘人员时必须进行严格的人员选拔。通过人员选拔对应聘者进行辨别和甄选，挑出能力、知识和经验都符合项目招聘计划的，同时又愿意为项目组织工作的优秀人才。

（5）人员录用。人员录用是整个人员招聘工作的最后一步，这项工作的全过程包括：项目组织与选拔出的应聘者首先要签订试用合同，然后安排录用的人员上岗试用，在试用到期并经评估合格后，即可签订合同并正式录用了。对于项目组织而言，特别是那些短、平、快的项目，有时是没有试用阶段的，多数是直接正式录用。

2. 招聘的方式

根据招聘对象来源的不同，项目组织的人员招聘可以分为内部招聘与外部招聘两各种方式，这两种招聘方式所采取的人员招聘方法是不同的。这两种人员招聘的具体内容如下：

（1）内部招聘。内部招聘是指从项目组织或团体的内部人员中招聘项目组织所需的人力资源的一种招聘方式。这种方式可以为组织现有员工提供发展的机会，从而调动公司内部员工的积极性。同时，与外部招聘相比，内部招聘也可以节约大量的费用，省去许多不必要的培训。由于项目组织对内部人员有充分的了解，所以内部招聘能够保证人员招聘的质量。内部招聘的主要做法有三种：其一是从组织内部提拔一些合适人员做项目经理和管理人员（因为通过提拔获得的项目经理和管理人员对企业或组织的情况了解，对项目工作环境适应得比较快）；其二是从组织内部人员中调配一部分人去做项目管理或实施的工作人员（这些人的职务或岗位、级别不变，只是从原有的工作岗位变动到项目团队的某个工作岗位或职务或岗位上）；其三是内部人员的重新聘用（在内部招聘中要求被录用人员与原部门解除聘约，然后与项目组织签署聘用合约）这是一种介于内部和外部招聘之间的做法，人的来源虽然是内部的，但聘用合同方式与外部招聘相似。

内部招聘的具体方式也有许多，当时主要有三种方式：其一是内部公告的方式（在确定了项目组织所需职务和岗位的性质、责任及其要求等条件后，在公司或组织一切可以利用的墙报、布告栏、内部刊物上公告，尽可能使公司或组织的全体员工都能获得项目招聘信息，以便参加应聘）；其二是推荐的方式（根据项目组织的人员需要计划，由企业或组织内部的单位和员工推荐其熟悉的合适人员，供项目组织的人力资源部门进行选择和聘用）；其三是查阅档案加面谈的方式（根据员工档案资料，了解员工的教育、培训、经验、技能等方面的信息，并从中寻找合适的招聘人选，然后可以通过面谈的方式，在招聘双方同意的基础上获得所需的人力资源）。

（2）外部招聘。外部招聘是指从项目组织所在公司或团体以外招聘项目组织所需人力资源的一种招聘方式。这种方式与内部招聘相比，虽然需要花费较多的费用，但是人员选择的范围要比内部招聘宽许多，而且采用这种方式招聘的人员能够给项目组织带来许多创新思想。特别是通过外部招聘可以获得许多公司或组织内部没有的特殊人才。外部招聘的主要做法也有三种。其一是广告招聘（通过各种媒介向社会广泛告知项目招聘人员的信息，从而获得使应聘者能够知情并应聘的方法），这种做法的特点是范围广、速度快、应聘人员数量大、项目组织选择的余地大。这种招聘广告的基本内容应包括：项目组织的基本情况；招聘的职位；数量和条件；招聘范围；薪资和待遇；报名时间、地点、方式及所需资料和其他有关注意事项。其二是就业中介（主要是通过一些人才交流中心、职业介绍所等中介机构，获得项目组织所需人力资源），在这些方式中，就业中介机构承担着双重的角色，既为项目组织择人，也为前去求职的人择业，项目组织使用这种方式主要是获得那些大量需要的熟练工和短期聘用的人员。其三是信息网络招聘（这是近几年随着计算机通信和网络技术的发展而新兴的一种人员招聘方式），这种外部招聘的方式通过信息网络传播项目组织招聘的信息，并且通过网络获得应聘者的各种信息。这种方式的招聘信息传播范围广、速度快、成本低，不受地域限制，因此现在已经获得了广泛的采用。

## 二、人员的选拔

人员选拔是指对应聘者的资格审查和挑选的工作过程。项目组织的人力资源部门需要采用：初选、面试、笔试、体检、个人资料核实等方法选拔和筛选出合格的人员，以供项目组织聘用。人员选拔是人员招聘工作中十分关键的、技术性很强的一项工作。

1. 人员选拔的意义

人员选拔对项目组织来说是至关重要的。不管是采用内部招聘还是采用外部招聘的方式，在各种应聘人员进入项目组织之前，都必须经过一个识别、甄选的过程，从而挑出具有项目组织需要的相应能力、知识和经验，并乐意为项目组织工作的优秀人才。人员选拔具有的主要意义是：

（1）保证项目组织能够获得所需的人力资源。人员选拔的根本意义是保证项目组织能够获得所需的人力资源。因为如果没有人员选拔这项工作，项目组织仅仅凭着主观臆断和应聘者的自我介绍无法获得需要的、合适的和优秀的人力资源。

（2）人员的选拔可以为项目组织节省费用。人员选拔可以使项目组织挑选到优秀的人才，减少雇用不合格人员和不愿意为项目组织工作的人员，降低了项目组织的人员辞退与辞职比率，这可以为项目组织节约人力资源管理的成本。

（3）为应聘者提供一个公平竞争的机会。通过人员选拔的一系列面试、笔试和各种测试能够使每个应聘者有机会展示才能和条件，通过这种公平竞争还能很好地激励受聘者更加珍惜自己所获得的机会，努力地为项目组织工作。

2. 人员选拔的过程和方法

人员选拔是一个复杂的过程，这一工作的好坏取决于整个工作过程中每一个环节是否有效。因此必须采用恰当的人员选拔方法，以实现人员招聘的预期目标。

（1）资格审查与初选。资格审查是对应聘者是否符合项目组织的职务或岗位说明与任职要求的一种初步审查。初选是项目人力资源管理者对所有通过了审阅的应聘者所进行的首次筛选。资格审查和初选的任务就是从应聘者中选出参加下一步选拔测试的人员。在初选中一般需要做两件事情：其一是体检；其二是申请材料的核实。体检并不仅仅是一般的身体健康检查，项目组织的人员有时还必须具备一些特定的身体能力，如登高的能力等。资料核实是对应聘者提供的证明自己的教育状况、工作经历、工作能力等方面的材料所进行的必要核实和调查。

（2）测试。在项目组织的人员招聘中，通常对通过了资格审查和初选的应聘人员，在面试之前还要进一步进行一系列的测试，这是全面了解应聘者各方面情况的一种重要手段。这类测试可以分成心理测试和智能测试。心理测试主要是对应聘者进行职业能力倾向测试、个性测试、价值观测试、职业兴趣测试、情商测试等。一般情况下，项目组织在人员选拔中最为注重的是有关合作精神、价值观和个性方面的测试，因为这是建设一个项目团队所需要的。智能测试主要对应聘者的智力、技能和专业知识方面的测试，通常在项目组织人员选拔中更为注重技能和专业知识方面的测试。

（3）面试。由于人员资格审查、初选和测试都不能全面反映应聘者的思想深层的信息，因此在人员选拔中还需要进行面试，以便项目组织对应聘者能够有更深层次的了解。特别是对于选拔项目经理和管理人员，面试是一种很重要的手段。面试通常分成以下几类：从面试的目的可分成初步面试（由项目组织的人力资源管理人员对应聘者进行面谈的过程，侧重于应聘者对书面申请材料的补充说明和项目组织对应聘者的动机了解与情况介绍）和最终面试（由项目组织高层管理人员对已通过初步面试的应聘者所做的一种面谈，侧重于对应聘者思想和能力的深层次了解）；从参与面试人员的多少还可以划分出个别面试（一对一的面试，这有利于双方深入地相互了解，但结果容易受面试人员主观因素干扰）、小组面试（由两三个项目人力资源管理人员组成小组对各应聘者分别进行面试，可以从多种角度对应聘者进行考察和克服个人偏见）和成组面试（由面试小组对若干应聘者同时进行面试）；从面试的方法上又分有结构化面试（对所有应聘者提问相同的问题）和非结构化面试（对所有的面试者提问不相同的问题）等。

（4）全面评估。在面试结束以后，项目人力资源管理人员还需要对应聘人员进行一次全面的评价。这种全面评价可采用评语的方式或者评分的方式给出。评语式全面评估的特点是可以对应聘者的不同侧面进行全面而深入的评估，能够反映出每个应聘者的特征，但是不便于进行横向比较。评分式全面评估则可以对每个应聘者的单项评价和综合评价以得分的方式给出，这样不但能够综合全面地评价每一个应聘者，而且可以按照每个应聘者的评价得分，对全部应聘者进行全面的比较。通常在项目组织的人员选拔中，多数是按照两种方法结合的办法进行全面评估，因为项目管理和实施所需的人力资源多数是一些特殊专业和有特殊要求的人，所以需要结合两种方法进行全面评估。

（5）人员甄选。人员甄选是项目组织人员选拔工作的最后一个步骤，同时它也是最为重要的环节。通常，在人员甄选工作中首先要确定人员甄选的标准。这是衡量应聘者能否被项目组织选中的标尺，是以职务或岗位描述和职务或岗位说明书为依据而确定的一些具体的甄选条件和标准。然后，项目组织需要根据标准做出人员甄选的决策。通常有两种人员甄选的决策模式：其一是以单项评价为主的甄选决策模式；其二是以综合评价为主的甄选决策模式。其中，单项评价为主的甄选决策模式主要适用于对特殊专业管理或技术人员的选择，是从众多应聘者中为某一职位或某类性质相似的岗位甄选一个或多个任职者的决策模式；综合评价为主的甄选决策模式主要用于对一般项目管理人员和非专业技术人员的选择。

## 三、人员的录用

项目组织人员招聘的最后一项工作是人员录用，即各项最终录用的手续和工作。人员录用的工作过程包括：签订试用合同、安排员工试用和正式录用三个步骤。

### 1. 签订试用合同

签订试用合同是指由项目组织人力资源管理部门与合格的应聘者之间签订试用一定时期的合同的工作。签订试用合同对应聘者与项目组织双方都有好处，都有约束力和保障。一般情况下，试用合同条款所包括的主要内容有：试用的项目职务或岗位、试用期限、试用期的报酬和福利、试用期应接受的培训、在试用期的工作绩效目标、试用期应承担的义务与责任、试用期应享受的权利、试用转正的条件和要求、试用期项目组织解雇员工的条件与项目组织应承担的责任、试用期员工辞职的条件与义务、员工试用期延长的条件等。

2. 安排员工试用

签订试用合同后，员工就可以在合同规定的时间进入项目组织开展工作了，此时项目组织要为试用人员安排相应的职务或岗位。一般来说，在试用期间，员工应负的责任和义务均是按照人员招聘中项目组织提出的应聘要求和应聘者明确表示的意愿来安排的。员工试用实际上是对招聘来的员工，从实际能力与潜在能力、个性品质与心理素质等方面所进行的进一步考核和审验。对项目组织而言，试用还有一个很重要的作用就是验证招聘的项目团队成员（试用者）能否相互合作，能否构成一个和谐而努力奋斗的项目团队。

3. 正式录用

项目组织成员的正式录用就是通常所说的“转正”，这是指将那些试用合格的应聘者转为项目组织的正式成员的过程。项目组织成员能否被正式录用关键在于试用过程中对其考核的结果如何。项目组织对试用的应聘者应该坚持公平、公正的原则进行录用。在正式录用过程中，项目人力资源部门应完成以下主要工作：试用期的工作考核鉴定；正式录用的决策；签订正式录用合同；提供相应的待遇；提供必要的帮助与咨询和安排他们正式进入角色和岗位等。需要注意的是，在项目组织或项目团队中会有相当一部分人员是不用通过试用而直接正式录用的，因为当项目的周期很短时是无法试用的。

## 四、招聘评估

招聘评估是项目组织对于人员招聘全过程和全部工作所进行的一种评价。其目的是审视项目组织的人员招聘工作，分析招聘工作中的经验和教训，以便为未来的项目组织人员招聘工作提供经验和信息。招聘评估的主要内容包括：人员招聘工作的成本效益评估、录用人员的数量评估、录用人员的质量评估等。其中，人员招聘工作的成本效益评估主要是对人员招聘的成本和效用，人员招聘的收益与成本比率等方面所进行的评估；录用人员数量评估主要是对录用比率、人员招聘任务计划完成比率和应聘比率等方面所做的评估；录用人员质量评估主要是对已被录用人员在能力、素质等方面进行的全面评估。对于招聘方法的评估主要包括：人员招聘方法的信度评估和招聘方法的效度评估。

## 五、项目组织的人力资源配备

合理配备人力资源不但有利于项目目标的实现，也有利于充分挖掘人力资源的潜力，降低人力资源的成本，和不断地改进与完善项目组织的结构，提高项目团队的合作与协调。因此，人力资源配备工作对于一个项目组织而言也是十分重要的。

### 1. 人力资源配备的原则

为了做好人力资源配备工作，在项目人力资源配备工作中应遵循以下原则：

（1）人员配备必须以实现项目目标为中心。项目组织人员配备的第一原则是必须以实现项目目标为中心，即项目组织一切人员配备都必须为实现项目目标而服务。因为项目组织的根本目标就是成功地完成项目，所以项目组织只需要考虑项目的目标即可。

（2）人员配置必须精简、高效、节约。项目组织在人员配备方面必须实现精简、高效和节约的目标，即在项目组织人员配备上不允许为了多招人，必须以先进合理的定额和定员标准为依据，确定项目组织的人员配备。在项目组织中特别提倡兼职，因为一个项目团队中的职能工作种类可能很多，但是每项职能工作的工作量可能较小，所以需要兼职。另外，在人员配备中还需要提倡简化各种职能业务工作的手续，减少项目组织层次，精简项目组织机构，从而降低配备的人员数量，达到精简、高效和节约的目标。

（3）人员配备应合理安排各类人员的比例。项目组织人员配备的另一个原则是要合理安排各类人员的比例关系，包括项目直接工作人员和辅助工作人员的比例，尽量减少辅助工作人员的比重，项目管理人员和项目实施人员之间的比例关系，努力降低项目管理人员的比重。另外，对于一些特殊项目还需要合理地安排不同专业或工种的人员和不同管理人员的比例关系，从而使各个专业或工种之间的人员能力实现合理的平衡，减少和消除窝工和人力资源浪费的现象。

### 2. 人力资源配备的方法

项目组织人力资源的配备方法包括：项目人力资源的需求预测、项目人力资源的供给预测和项目人力资源的综合平衡三个方面。这些方面的具体内容如下：

（1）项目人力资源的需求预测。项目人力资源的需求预测是根据项目所需完成的任务、项目任务所需的组织结构、项目组织所需的各类职务和岗位等，最终预测得出项目的人力资源需求。项目人力资源需求的预测方法与一般运营组织的人力资源需求预测相比要简单一些（仅对小项目而言），除了像三峡工程这样的特大项目以外，项目人力资源的需求预测不用像一般运营组织的人力资源需求预测那样需要对人员的补充、提升、教育、退休、人才储备等各个方面都做出预测，因为项目组织是临时性的，所以它主要涉及的是当前项目人力资源需求的预测。

（2）项目人力资源的供给预测。项目人力资源的供给预测主要涉及两个方面的预测：其一是项目组织内部的人力资源供给能力的预测；其二是外部环境为项目供给人力资源能力的预测。前者是关于现有企业或组织能够提供多少项目团队成员的确定性预测，后者是有关外部环境人力资源供给方面的不确定性预测。这些预测最主要的方法是趋势外推法，即根据历史数据找出这两种人力资源来源的供给发展趋势，然后推断出项目需要的人力资源供给能力即可。同样，由于项目组织的临时性，它并不需要像一般运营组织那样去做未来生产工艺技术的发展预测和各类人员的长期供给能力预测等复杂的趋势预测。

（3）项目人力资源的综合平衡。项目人力资源的综合平衡是指关于项目人力资源需求与供给的综合平衡。这种综合平衡的方法主要包括：总量综合平衡的方法和结构综合平衡的方法。其中，总量综合平衡的方法用于从总体数量上综合平衡项目人力资源的供给和需求，但是不考虑项目管理人员与实施人员的平衡、不同专业或工种人员的综合平衡以及直接工作人员与辅助工作人员的平衡等人力资源构成结构方面的综合平衡。在总量综合平衡的基础上，人们就需要考虑使用结构综合平衡的方法使项目组织各项工作的人力资源实现局部的结构性的综合平衡。

## 子项目7 员工的发展与团队建设

员工的发展是现代人力资源管理中的一项重要职能，它使得员工在一个组织职务或岗位上不但能够拥有必要的技能与知识，同时还能够得到不断发展，从而实现自己的职业生涯规划目标，并获得工作的满足感。项目组织虽然是临时性的，但是它与一般运营组织一样，同样需要制定一系列措施、政策和方法，以便使自己项目团队的成员获得发展。与此同时，项目组织在人力资源管理方面的一项独特任务就是要开展项目团队的建设。这两方面的主要工作内容有。

### 一、员工培训

项目组织的员工发展（或叫开发）工作的首要任务是员工培训。这种培训多数是短期的和针对性很强的专业培训。

#### 1. 员工培训的含义与作用

项目组织中的员工培训是给项目团队成员传授项目工作和任务所需基本技能与素质的过程，它是项目人力资源开发的基础性工作之一。项目员工的培训包含“基本技能培训”和“基本素质教育”两方面。具体地说，项目组织开展员工培训的作用有以下几个方面：

（1）提高项目团队综合素质。通过对于员工的培训，可使项目团队成员的能力有所提高，使他们的综合素质得到加强，以便在以后的项目工作中使整个项目团队能够更好地合作和努力。

（2）提高项目团队工作技能和绩效。通过对于员工的培训可使项目团队成员的工作技能和专业技术水平得到提高，从而使每个人的工作绩效得到提高，这会使整个团队创造出更高的工作绩效。

（3）提高项目团队成员的工作满意度。通过培训可以提高项目团队成员对于工作的满意度，并降低项目成员的流失率。成功的员工培训能够提高员工的知识、技能和素质，这可以在有效地减少心理压力的同时，调动员工的主动性与积极性。这样可以使员工留恋那些能够学习和成长的项目工作岗位，从而减少人员的流动性。

### 2. 项目员工培训的形式

项目员工的培训与一般运营组织的员工培训不但在内容上不同，而且在方式上也不同。项目员工培训主要是一些短期的培训，很少有长期的、使用正规教育体系的培训。项目员工培训的主要形式有两种：一种是岗前培训；一种是在岗培训。

（1）岗前培训。项目员工培训的首要方式是岗前培训。这种培训多数以短训班形式开展，专业针对性强、方式灵活多样、内容具有鲜明的针对性，花费不大，易于组织，见效较快，所以在项目员工培训中已被广泛采用。项目员工在开始项目工作以前，多数人都需要进行岗前培训。例如，建设项目的团队成员在上岗前都需要进行一些岗前培训，至少要进行上岗前的安全培训。

（2）在岗培训。项目员工的在岗培训是指员工在自己岗位职务或工作上所获得的培训。这种培训是以职务或工作的实际需要为出发点，围绕职务或岗位的特点而进行的针对性培训。这种培训偏重于专门技术知识和能力的培训。这种方法在项目员工的培训中运用的较多。不管是项目管理人员还是项目技术人员，特别是一些特殊项目的工作人员，他们需要在特定的工作环境下接受培训。项目中采用最多的是在岗培训，如许多科研项目人员需要在工作岗位上获得培训，并且边培训、边提高、边工作。

## 二、绩效考评与激励

绩效考评与激励也是项目人力资源管理的一项重要工作，它是调动项目员工积极性和创造性最有效的手段之一。绩效考评是通过对项目员工工作绩效的评价，去反映员工的实际能力及其对工作职位的适应程度。激励则是运用有关行为科学的理论和方法，对项目员工的需要予以满足或限制，从而激发员工的行为动机，激发员工去充分发挥自己的潜能，为实现项目目标服务。

### 1. 项目绩效考评的概念、作用和原则

项目组织绩效考评的定义、作用和原则如下：

（1）项目绩效考评的定义。项目组织的绩效考评是按照一定的标准，采用科学方法，检查和评定项目员工对职务或岗位所规定职责的履行程度，以确定其工作成绩的一种管理方法。绩效考评是以项目员工的工作业绩为考评对象，通过对项目员工工作的评价，判断其是否称职，并以此作为采取激励措施的依据和项目人力资源管理活动的基本依据。这一工作的主要目的是切实保证项目员工的报酬、奖励、惩罚、辞退等项工作的科学性。由于绩效考评是对员工工作绩效的考评，考评的依据和标准应该是职务或岗位说明书所给定的工作业绩要求，考核应该全面地反映员工的工作业绩、实际能力以及对某种职务或岗位的适应程度。

（2）项目绩效考评的作用。项目员工绩效考评对项目人力资源管理工作具有很重要的作用，绩效考评的作用具体有三个方面。第一，绩效考评是项目组织编制和修订项目工作

计划与员工培训计划的主要依据，只有通过绩效考评项目组织才能对员工的情况和项目的情况有比较全面和深入的了解，因而可以根据员工实际绩效去编制和修订项目工作计划和培训计划，解决薄弱环节和有针对地对员工进行培训。第二，绩效考评是合理确定工作报酬与奖励的基础，通过绩效考评可以制定或修订工资报酬办法和奖励政策，进一步修订项目员工绩效标准以使它们更加符合实际。第三，绩效考评是判断员工是否称职，以及惩罚、调配或辞退的重要依据，通过绩效考评对员工实际表现做出客观反映和评价，并以此为基础做出提职、惩罚、调配或辞退等方面的决定。

（3）项目绩效考评的原则。为了充分发挥绩效考评的作用，达到绩效评估的目的，在绩效评估中必须遵循以下三项原则：第一是公开原则，项目组织要公开绩效考评的目标、标准、方法、程序和结果，并应该接受来自各方面人员的参与和监督，绩效考评结束之后，项目人力资源管理部门应把评价的结果，通报给每一位被考评的项目员工，这有利于项目人员认清问题和差距，找到目标和方向以便改进工作和提高素质。第二是客观与公正原则，即在制定绩效考评标准时应该客观和公正，通过定量和定性相结合的方法，建立科学的绩效考评标准体系，以减少矛盾和维护项目团队的团结，否则会引发被评价者对于评价结果的怀疑和被评价者之间、被评价者与人力资源管理部门之间的矛盾。第三是多渠道、多层次和全方位考评的原则，因为员工在不同时间和场合往往有不同的表现，因此在进行绩效考评时，应该多收集信息，建立多渠道、多层次、全方位考评体系。

（4）项目绩效考评的内容。由于绩效考评的对象、目的和范围复杂多样，因此绩效考评的内容也比较复杂。一般绩效评估的基本内容包括三个方面。其一是工作业绩考评，这是员工绩效考评的核心，其结果反映了员工对项目的贡献大小，工作业绩考评主要的内容有：工作量的大小、工作效果的好坏、对部下的领导作用（管理者）以及在通过改进与提高而获得的创造性成果。其二是工作能力评价，这一评价的结果反映了员工完成项目工作的能力，工作能力评价包括基本能力、业务能力和素质的评价，其中素质评价主要对员工适应性的考察和评价。其三是工作态度评价，这一评价的结果反映了员工对项目工作的认真程度和积极性，其内容主要包括工作积极性、遵纪守法自觉性、对待本职工作态度和对项目组织与其他成员的热情、责任感等几个方面。

**2. 项目绩效考评的工作程序与方法**

项目组织的绩效考评工作程序和方法包括下属内容：

（1）项目绩效考评的程序。一般来讲，项目组织的绩效考评工作大致需要按照以下程序进行：首先要制订考评工作计划（根据考评目的和要求计划安排好被考评的对象、考评的内容、考核的时间和考核方法等），然后要制定评价标准和评价方法（分为绝对标准和相对标准两类，绝对标准以数据为准，不考虑被考评者的具体情况，相对标准依据每个员工的情况确定考评标准，不同的被考评者会使用不同的标准），再需要进行数据资料的收集（跟踪和收集相关信息，主要的方法有：工作记录法、定期抽查法、考勤记录法、工作评定法等），然后要开展分析与评价（根据评价的目的、标准和方法，对收集的数据资料进行分析、处理和综合以及相应的绩效考评客观评价并给出结果），最后是公告和运用绩效考评的结果（把绩效考评结果反馈给员工，为人事决策提供依据，修订项目管理政策和进一步提高人员的工作效率等）。

（2）项目绩效考评的方法。项目组织绩效考评的方法有很多，不同方法的侧重点不同，所适用的考核目标和考核对象也不同。在开展绩效考评时，要根据具体项目的实际情况，综合使用各种考评方法。主要的绩效考评方法有四种。第一种是评分表法，这种方法用一系列工作绩效的构成指标以及工作绩效的评价等级，在绩效考评时针对每一位员工的工作实际情况对每项考评指标进行打分，然后将得到的所有分数相加，最终得到工作绩效的考评结果。第二种方法是工作标准法，这种方法把项目员工的工作与项目组织制定的工作标准相对照，从而评价并确定出员工的绩效，所以工作标准法需要先有标准，然后才能够对照标准进行绩效考评。第三种方法是排序法，这种方法把一定范围内的同类员工，按照一定的标准进行评价，然后将评价结果采用由高到低，或者由低到高进行排序的方法给出项目绩效考评结果。第四种方法是描述法，这是一种使用一篇简短的书面鉴定给出绩效考评结果的方法，这一方法的考评结果描述从内容、格式、篇幅、重点上是多种多样的，绩效考评者需根据情况予以确定。

### 3. 项目员工激励的作用与原则

项目组织员工激励的原理已经在前面的第三章中做了一些讨论，这里只是从人力资源管理的角度对项目组织员工激励的定义、作用、原则和做法等做进一步的探讨。

（1）项目员工激励的含义。通俗地讲，激励就是激发和鼓励，就是调动人的积极性、主动性和创造性。从心理学角度看，激励就是激发人的行为动机。这是一个将外部一定的刺激（诱因）转化为内部心理动力，使人的动机系统激活，从而产生强大的推动力，去为实现目标而行动的心理过程。从管理学角度看，员工激励就是管理者通过采用各种满足员工需要的措施和手段，去激发员工工作的动机，调动员工潜在的能力和创造性，从而高效地实现项目组织目标的过程。

（2）项目员工激励的作用。激励工作对项目管理是极为重要的，它决定了项目员工履行岗位职责和实现项目目标的积极性，会直接影响到项目组织的工作效果。具体地讲，激励在项目人力资源管理中的作用有三个方面。首先，激励可以提高项目员工的工作效率，使项目员工的潜能得到最大程度的发挥，调动起员工的积极性，从而更好、更快地完成工作任务，提高项目工作的绩效。其次，激励有助于项目整体目标的实现，因为激励可以协调项目员工个人目标和项目组织的目标，这可以提高员工工作的目的性、主观能动性和创造性，使其更自觉地完成工作任务和实现项目目标。最后，激励有助于提高项目员工的素质，通过激励措施可以提高员工素质和改变员工的行为，这种改变是一种真正的学习和提高的过程，是一种项目员工提高自身素质的有效措施。

（3）项目员工激励的原则。在项目组织的激励工作中必须坚持一定的基本原则，具体的激励原则主要有如下几个方面：第一是目标原则，激励是为了鼓励项目员工为实现组织目标而做出更大努力的一种管理手段，如果激励措施不当反而会引起员工相反的行为，危及项目组织目标的实现；第二是公平原则，项目员工常把个人报酬与个人贡献的比率同他人的报酬与他人的贡献比率相比较，判断是否受到公平的待遇，激励中必须坚持公平原则，坚持按照贡献大小予以激励的原则；第三是按需激励原则，激励的关键在于满足项目员工的实际需要，通过满足员工的主导需求使项目实施绩效获得提高；第四是因人而异原则，项目员工的情况千差万别，而且主导需求各不相同，每个员工对各种激励措施的反应程度也不一致，因此采取激励措施必须要充分考虑员工各自的情况，区别对待，力争通过激励提高每个项目员工的积极性。

**4. 项目员工激励的方式与手段**

在开展项目员工激励时，通常采用的激励手段有以下几种：

（1）物质激励与荣誉奖励。这是项目组织最基本的激励手段，也是项目组织采用最多的一种激励手段。其中物质激励手段包括：工资和奖金等。荣誉奖励是众人或组织对个体或群体的高度评价，是满足人们自尊需要，激发人们奋力进取的重要手段。

（2）参与激励与制度激励。这是指尊重员工、信任员工，让他们了解项目组织的真实情况，使其在不同层次和深度上参与决策，从而激发主人翁的精神。一方面，项目组织的各项规章制度，一般都是与物质利益相联系的，因此对员工消极行为也是个约束。但另一方面，规章制度又为员工提供了行为规范和评价的标准。员工遵守规章制度的情况，还与自我肯定、组织舆论等相联系，所以其激励作用是综合的。

（3）目标激励与环境激励。目标激励是项目组织凝聚力的核心，它体现了员工工作的意义，能够在理想和信念的层次上激励全体团队员工。另外，创造一个良好的工作和生活环境，一方面，直接满足了员工的某些需要；另一方面，良好的环境可以形成一定的压力，这对推动员工努力工作，也具有很强的压力和激励作用。

（4）榜样激励与感情激励。榜样激励是通过满足项目员工的模仿和学习的需要，引导其行为达到项目组织目标所期望的方向。而感情激励是利用感情因素对人的工作积极性造成重大影响。感情激励就是加强与员工的沟通、尊重员工、关心员工，与员工建立平等和亲切的感情。

## 三、项目团队的建设

项目团队的建设与发展涉及很多方面的工作，包括项目团队能力的建设，项目团队士气的激励，项目团队与客户的合作，团队成员的奉献精神，团队中各个群体能力的提高等。其中项目团队成员个人的发展（管理的和技术的）是项目团队发展最基本的需要，这一点作为一个项目团队发展的核心，对于项目目标的实现是非常重要的。

（一）项目团队建设的目标

项目团队不同于一般的群体或组织，它是为实现项目目标而建设的，一种按照团队模式开展项目工作的组织，是项目人力资源的聚集体。仅仅把一组人员集合在一个项目中共同工作，并不能形成项目团队，项目团队还特指一组相互信任、相互依赖、齐心协力、共同合作、一起工作的团队成员所构成的一个整体。它是一个有既定项目目标，并为之奋斗的集体。要使一组团队成员发展成为一个有效合作的项目团队，就需要项目经理和项目管理人员积极地开展项目团队的建设工作，不断地为项目团队的完善与提高付出努力。项目团队建设的目标包括以下几个方面：

（1）团队成员对项目目标的清晰理解。为使项目团队工作卓有成效，在项目团队的建设中，首先要高度明确项目的工作范围、质量标准、预算和进度计划，要使每个团队成员对于要实现的项目目标有清晰明确的理解，要使每个团队成员对项目的结果以及由此带来的益处有共同的认识和期望。

（2）团队成员清楚自己的角色和职责。有效的项目团队需要团队成员参与制订项目计划，并使他们知道怎样能够将他们的工作与项目目标结合起来。团队成员应尊重和重视彼此的知识与技能，并且能够相互肯定各自为实现项目目标所付出的劳动。从而使项目团队的每位成员都能承担起责任，完成所承担的任务。

（3）团队成员都要为实现项目目标而努力。有效的项目团队每位成员都强烈希望为实现项目的目标而付出自己的努力。项目团队成员乐于为项目成功付出必要的时间和努力，乐于为项目的成功努力做出贡献。例如，为使项目按计划进行，必要时团队成员愿意加班、愿意牺牲周末或午餐时间来完成工作。

（4）团队成员之间高度的合作与互助。有成效的项目团队通常能够进行开放、坦诚而及时的沟通。团队成员愿意交流信息、思想、想法及感情。他们乐于寻求给与其他成员的帮助，他们希望看到其他团队成员的成功，他们能相互提供并彼此接受各种反馈及建议性的批评和意见。

（5）团队成员之间的高度相互信任。一个有效的项目团队，团队成员相互理解、相互信任并相信依赖。项目团队中的每个成员都是项目成功的重要因素，每个成员都可以相信其他人所做得和所想的事情都是在为项目的成功而努力，而且都会按照标准要求完成它们的任务。项目团队成员相互关心，并承认彼此存在的差异，每个成员就会感到自我的存在，从而构成一个好的项目团队。

（二）项目团队组建

**1．项目团队及发展阶段**

从项目管理过程来对项目团队进行定义："项目团队包括被指派为项目可交付成果和项目目标而工作的全职或兼职的人员，他们负责：理解完成的工作；如果需要，对被指派的活动进行更详细的计划；在预算、时间限制和质量标准范围内完成被指派的工作；让项目经理知悉问题、范围变更和有关风险和质量的担心；主动交流项目状态，主动管理预期事件。”项目团队可以由一个或多个职能部门或组织组成。

B. W. 塔克曼理论认为团队建设通常要经过五个阶段（图2-12）；这些阶段通常按顺序进行，然而有时团队也会停滞在某个阶段或退回到较早阶段，如若团队成员曾经共事过，项目团队建设也可跳过某个阶段。

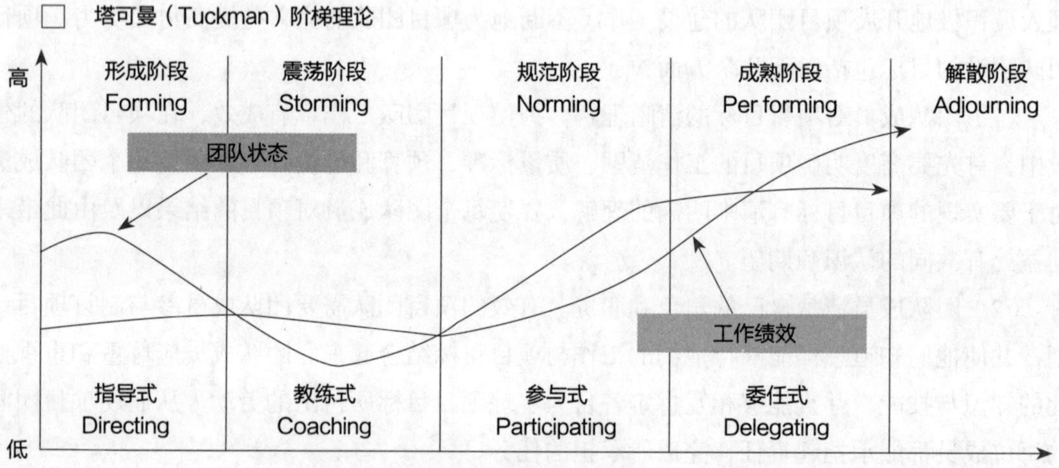


图2-12 团队发展阶段

（1）形成阶段。在本阶段，团队成员开始相互认识，总体上有一个积极的愿望，急于开始工作，并试图对要完成的工作明确划分并制定计划。然而，由于个人对工作本身和他们相互关系的高度焦虑，几乎没有进行实际工作。团队成员并不了解项目情况及他们在项目中的正式角色与职责。团队成员倾向于相互独立，不一定开诚布公。在形成阶段，要项目经理来指导和构建团队，明确团队方向，为使项目团队明确方向，项目经理一定要向团队说明项目目标，并勾画出项目成功的美好前景以及成功所带来的益处，公布有关项目的工作范围、质量标准、预算及进度计划的标准和限制。

（2）震荡阶段。在本阶段，团队开始从事项目工作，制定技术决策和讨论项目管理方法。如果团队成员不能用合作和开放的态度对待不同观点和意见，现实可能变得事与愿违。例如，任务比预计的繁重或更困难，成本或进度计划的限制更紧张。此时，士气较低且起伏不定，冲突产生、气氛紧张，需要为应付及解决矛盾达成一致意见。在此阶段，项目经理仍然要进行指导，但力度较小。他对团队成员个人的职责及其相互间的行为进行明确和分类，使每个成员明白无误。

（3）规范阶段。经历了震荡阶段的考验，项目团队进入规范阶段。在此阶段，项目目标比较明确，团队成员开始协同工作，并调整各自的工作习惯和行为来支持团队，团队成员之间、团队与项目经理之间的关系已经确立，人们的不满情绪也减少了。项目团队成员接受认可了这个工作环境，项目规章制度得以改进和规范化。项目经理开始授权，凝聚力开始形成，有了团队的意识，每个人觉得他是团队的一员，他们也接受其他成员作为团队的一部分。在此阶段，项目经理尽量减少指导性工作，更多地扮演支持者的角色。

（4）成熟阶段。进入这一阶段后，项目经理完全授权，他的工作重点是帮助团队执行项目计划，对团队成员的认可和奖励，集中关注预算、进度计划、工作范围及计划方面的项目业绩。项目经理在这一阶段也要做好培养工作，帮助项目团队成员获得职业上的成长和发展。

（5）解散阶段。在解散阶段，团队完成所有工作，团队成员离开项目。通常在项目可交付成果完成之后，再释放人员，解散团队；或者，在结束项目或阶段过程中解散团队。

某个阶段持续时间的长短，取决于团队活力、团队规模和团队领导力。项目经理应该对团队活力有较好的理解，以便有效地带领团队经历所有阶段。

## 2. 高效项目团队特征

所谓高效团队（The High Performance Team）是指发展目标清晰、完成任务前后对比效果显著增加，工作效率相对于一般团队更高。团队成员在有效的领导下相互信任、沟通良好、积极协同工作的团队。高效团队对项目成功影响巨大。高效团队具有如下特征（图2-13）：

（1）目标清晰。高效的团队对要达到的目标有清楚地理解，清楚地知道领导希望他们做什么工作，并且明确如何共同工作才能实现目标。

（2）成员之间互信。每个成员对其他人的品行和能力都确信不疑。

（3）成员都具有相关技能并且能够优势互补。高效的团队是由一群有能力的成员组成的。他们具备实现目标所必需的技术和能力，并且一定程度上成员的能力可以优势互补，让每个成员在团队中体现他的价值。

（4）高度的忠诚。对成功团队的研究发现，团队成员对他们的群体具有认同感，他们把自己属于该群体的身份看作是自我的一个重要方面。

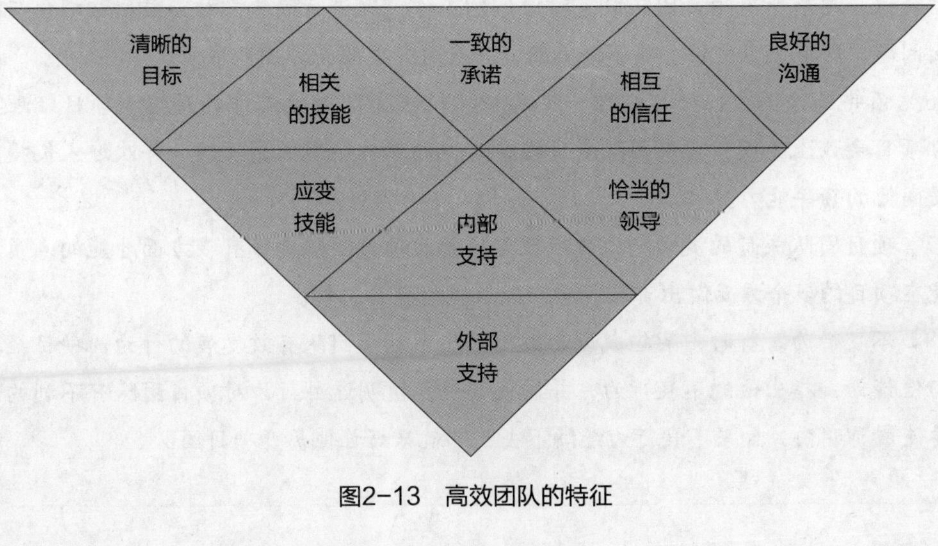


图2-13 高效团队的特征

（5）有效沟通。群体成员通过畅通的渠道交流信息，包括各种言语和非言语交流。

（6）拥有一个优秀的领导。优秀的领导者能够让团队跟随自己共同度过最艰难的时期，因为他能为团队指明前途所在，他们向成员阐明变革的可能性，鼓舞团队成员的自信心，帮助他们更充分地了解自己的潜力。高效团队的领导者往往担任的是教练和后盾的角色，他们对团队提供指导和支持，但并不试图去控制它。

（7）拥有良好的内外部支持环境。要成为高效团队的最后一个必需条件就是它的支持环境。

项目小知识

### 项目团队有效工作的障碍

下面是一些项目团队有效工作的障碍，以及克服这些障碍的建议：

（1）目标不明确。项目经理应该详细说明项目目标以及项目工作范围、质量标准、预算以及进度计划。在第一次项目会议上沟通交流，在项目进展情况总结会议上，项目经理要定期讨论项目目标。

（2）角色和职责不明确。在项目开始时，项目经理要与项目团队的每个成员单独会谈，明确划分每个成员的任务。

（3）项目结构不健全。在项目开始时，项目经理应制定基本工作规程，每期规程以及制定缘由，都要在项目会上向团队作解释说明，并把规程以书面形式传达给团队所有成员。

（4）缺乏工作投入。团队成员可能会对项目目标或项目工作不太投入。项目经理需要向每个成员说明他的角色对项目的重要意义，项目经理也要知道团队成员的个人及职业兴趣，并设法使项目任务能有助于满足这些兴趣。

（5）缺乏沟通。项目经理的一项重要工作是按公布的计划日程定期举行项目工作情况总结会议，要求所有项目团队成员对他们的工作情况进行简要总结，鼓励积极参与，并提出问题。所有项目文件，要不断更新，并及时分发给全体团队成员。

（6）领导工作不力。项目经理一定要积极征求团队对他工作的反馈，项目经理要在早期项目会议上声明，要求团队成员经常对他的工作情况做出反馈，并欢迎人们提建议，提高他的领导能力。

（7）项目团队成员的流动。项目经理要尽量为项目团队选择有多方面才能的人员，以便能在项目的多个方面做出贡献，从而能长期为项目工作。

（8）不良行为。有时，某些成员会做出一些不利于团队有效发展的行为，项目经理就要与他谈话，指出他的不良行为，并向他解释，说明这种行为对项目团队有不利的影响，要使成员明白，如果不良行为继续下去，那就只好让他离开项目团队。

### 3. 项目团队组建

项目团队包括参与到项目规划和决策过程中，为实现项目目标而分派有角色和职责的人员。团队成员的参与将为项目规划过程提供所需的专业技能，同时可以增强他们对项目的承诺。团队成员的组成和人数经常会随着项目的进展而变化。组建项目团队是获取完成项目所需人员，并为开展项目活动而进行人员分派的过程；本过程首先需要定岗，就是确定项目需要完成什么目标，完成这些目标需要哪些职能岗位，然后选择合适的人员的过程，如图2-14所示，信息流如图2-15所示。

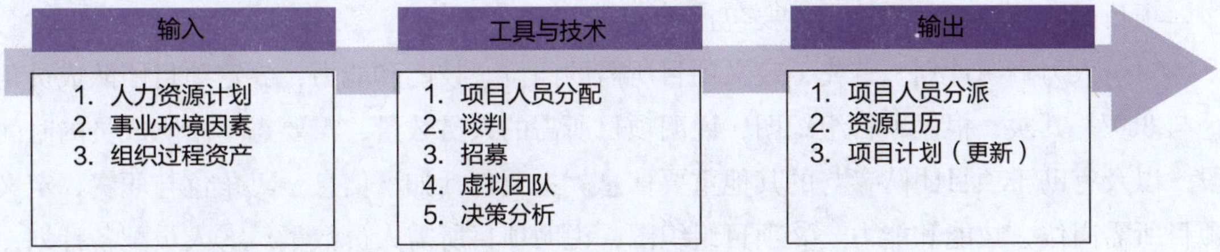


图2-14 项目团队组建过程

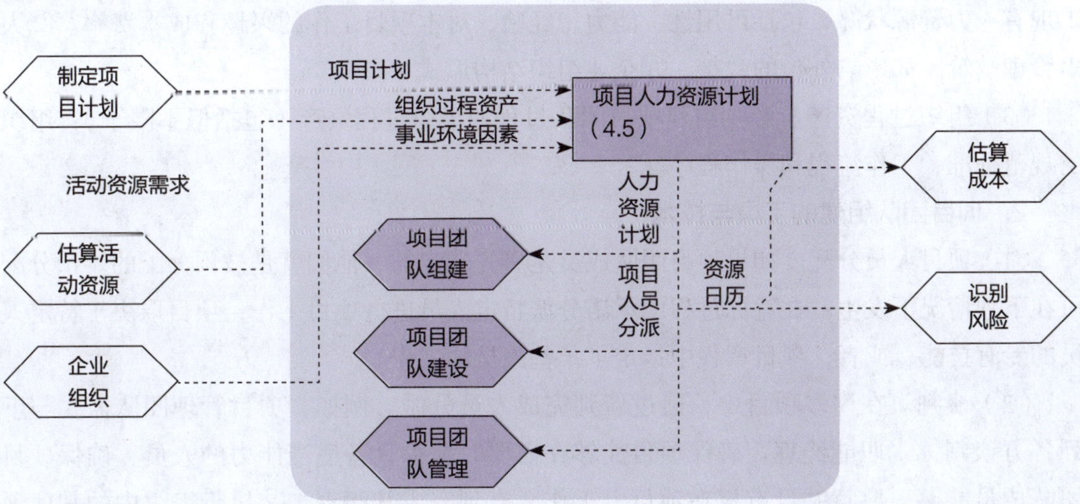


图2-15 项目团队建设过程数据流向图

因为各种原因，项目管理团队不一定对团队成员选择有直接控制权。在组建项目团队的过程中，应特别注意：①项目经理或项目管理团队应该同有关负责人进行有效谈判，将符合要求的人员纳入团队。②不能获得项目所需人员，将会影响项目进度、预算、客户满意度、质量和风险。人力资源不足或人员能力不足会降低项目成功的概率，甚至可能导致项目取消。③如因制约因素（如经济因素或其他项目对资源的占用）而无法获得所需人力资源，在不违反法律、规章、强制性规定或其他具体标准的前提下，项目经理或项目团队可能不得不使用替代资源（也许能力较低）。④项目团队组建是一个动态的过程。即随着项目的发展，对人员的需要是动态变化的。项目经理必须能够监控到这种变化，在人员技能与项目需求不一致的情况下，及时与组织高层、人力资源经理及其他项目人员进行沟通，来保证项目对人员的动态需求。人力资源管理计划要求项目团队成员全部到任投入工作之后，项目团队才算组建完毕。

在项目计划阶段，应该对上述因素予以考虑并提前做出合适的安排。项目管理团队应该在项目进度计划、项目成本计划、项目风险计划及其他相关计划中，说明缺少人力资源的后果。

**1. 项目团队组建的输入**

项目团队组建过程的输入主要包括：

（1）人力资源计划。首先，定义项目所需的岗位、技能和能力，界定项目团队成员角色与职责；其次，根据项目组织图，说明项目所需的人员数量，需要每个团队成员的时间段，以及有助于项目团队参与的其他重要信息。主要包括如下信息：①角色与职责，定义项目所需岗位、技能和能力。②项目组织图，说明项目所需人员数量。③人员配备计划，说明需要每个团队成员的时间，以及有助于项目团队参与的其他重要信息。

（2）事业环境因素。会影响组建项目团队过程的环境和组织因素（包括但不限于）：①现有人力资源状况，包括可用性、能力、经验、对本项目工作的兴趣和成本费率。②人事管理政策，如影响外包的政策。③企业组织结构形式。

（3）组织过程资产。影响组建项目团队过程的组织过程资产（包括但不限于）：组织的规范标准、工作流程和操作程序。

**2. 项目团队组建的工具与技术**

（1）项目人员分配。如果项目团队成员是事先选定的，他们就是被预分配的。预分配可在下列情况下发生：在竞标过程中承诺分派特定人员进行项目工作；项目取决于特定人员的专有技能；或者，项目章程中指定了某些人员的工作。

（2）谈判。在许多项目中，通过谈判完成人员分派。例如，项目管理团队需要与下列各方谈判：①职能经理。确保项目能够在需要时获得具备适当能力的人员，确保项目团队成员能够、愿意并且有权在项目上工作，直到完成其职责。②执行组织中的其他项目管理团队。合理分配稀缺或特殊人力资源。③外部组织、卖方、供应商、承包商等。获取合适的、稀缺的、特殊的、合格的、经认证的或其他诸如此类的特殊人力资源。特别需要注意与外部谈判有关的政策、惯例、流程、指南、法律及其他标准。在人员分派谈判中，项目管理团队影响他人的能力很重要，如同在组织中的政治能力一样重要。例如，职能经理在决定把杰出人才分派给哪个项目时，将会权衡各竞争项目的优势和知名度。

（3）招募。如果团队成员不具备完成项目所需的能力和经验，就要从外部获得所需的服务，这可能包括雇佣独立咨询师，或把相关工作分包给其他组织。

（4）虚拟团队。虚拟团队的使用为招募项目团队成员提供了新的可能性。虚拟团队可定义为具有共同目标、在完成角色任务的过程中很少或没有时间面对面工作的一群人。现代沟通技术（如电子邮件、电话会议、社交媒体、网络会议和视频会议等）使虚拟团队成为可行。虚拟团队模式使人们有可能：①在组织内部地处不同地理位置的员工之间组建团队。②为项目团队增加特殊技能，即使相应的专家不在同一地理区域。③将在家办公的员工纳入团队。④在工作班次、工作小时或工作日不同的员工之间组建团队。⑤将行动不便者或残疾人纳入团队。⑥执行那些原本会因差旅费用过高而被否决的项目。虚拟团队也有一些缺点，例如，可能产生误解，有孤立感，团队成员之间难以分享知识和经验，采用通信技术的成本。在虚拟团队的环境中，沟通规划变得尤为重要。可能需要花更多时间，来设定明确的期望，促进沟通，制定冲突解决方法，召集人员参与决策，理解文化差异，以及共享成功的喜悦。

（5）决策分析。在组建项目团队的过程中，经常需要使用团队成员选择标准。通过多标准决策分析，制定出选择标准，并据此对候选团队成员进行定级或打分。根据各种因素对团队的不同重要性，赋予选择标准不同的权重。

**3. 项目团队组建的输出**

（1）项目人员分派。通过把合适的人员分派到团队，来为项目配备人员。与项目人员分派相关的文件，包括项目团队名录和致团队成员的备忘录，还需要把人员姓名插入项目管理计划的其他部分，如项目组织图和进度计划。

（2）资源日历。根据每个项目团队成员的可用性和时间限制（包括时区、工作时间、休假时间、当地节假日和在其他项目的工作时间），编制出可靠的进度计划；记录每个项目团队成员在项目上的工作时间段。

（3）项目计划更新。项目计划中可能需要更新的内容（包括但不限于）人力资源管理计划。例如，承担某个角色的人员未达到人力资源管理计划所规定的全部要求，就需要更新项目管理计划，对团队结构、人员角色或职责进行变更。

**项目管理小知识**

### 《西游记》中的项目团队建设

《西游记》中的唐僧团队，师徒四人在各方面差异巨大，可他们能相处融洽，且历经八十一难完成了去西天取经的任务。如果缺少他们中的任何一个角色，可能都完不成西天取经的任务。因为他们四个具有优势互补性，领导有权威、有目标，但能力差点；员工有能力，但是自我约束力差，目标不够明确，有时还会开小差。总的来说，这个团队是个非常成功的团队，虽然历经九九八十一难，但最后修成了正果。一个理想的团队就应该有这四种角色。一个坚强的团队，基本上要有四种人：德者、能者、智者、劳者。德者领导团队，能者攻克难关，智者出谋划策，劳者执行有力。

德者——唐僧。唐僧是这个团队的最高领导者，他毫无武功，别说降妖伏魔，他连最普通的山贼都抵抗不了。但他是一个目标坚定的人，对西天取经有着坚定的信念，他受唐王之命，去西天求取真经，以普度众生，广播善缘。同时他又是个品德高尚的人，做人低调、亲和，能把大家团结在一起，当然更主要的是有一位能力更强的观世音愿意让他做领导。这些对一位领导来说就足够了。唐僧为团队设定了坚定的目标和严格的制度（紧箍咒）来管理团队，并且通过“软技能”和“硬技能”的结合来管理整个团队。

能者——孙悟空。孙悟空本领高强，而且此人社会资源极其丰富，也很敬业、重感情，懂得知恩图报，通常能高效率的完成唐僧布置的任务。他个人能力非常高，是团队中本领最高的一个，一路上降妖伏魔立功巨大。但孙悟空也有缺点，首先他性格有点“猴急”，又天性顽皮、直言不讳，经常把玉皇大帝、各大神仙都不放到眼里，注定他无法成为一个卓越的领导。但作为一个团队的成员，有了唐僧，就不需要孙悟空有领导能力，否则唐僧的地位肯定要受到动摇。这也就是为什么团队成员的选择要非常慎重，要能够优势互补、能力互补、个性互补。孙悟空的另外一个缺点就是爱卖弄，有了业绩也就要在别人面前显示，而且得理不让人，这显然也影响了他继续发展的可能。作为一个领导，一定要非常清楚下属的优缺点，量才而用，人尽其才。

智者——猪八戒。猪八戒本领比不上孙悟空，且经常搬弄是非、开小差，背后打小报告。但在整个团队中，他起了很大的作用。猪八戒在整个团队中除了搞活气氛外，还肩负调节内部矛盾的作用。在唐僧与孙悟空的几次矛盾中，孙悟空几度回花果山时，猪八戒屡屡说好话，且前往花果山请回孙悟空。除了协调众人之间的关系，猪八戒本人幽默、滑稽，还充当着润滑剂的角色，功不可没。没有猪八戒的团队是残缺的。

劳者——沙僧。沙僧没有孙悟空的卓越能力，也没有协调关系的润滑本领，但他兢兢业业，克己本分，工作踏实，是劳动的模范。他经常站在悟空的前面说服唐僧，但当悟空有了不敬的言语，他又马上跳出来斥责悟空，护卫师傅，可谓是忠心耿耿，沙和尚忠心耿耿，但属于那种有忠诚度但能力欠缺的人才，老板喜欢用，但如果重用、大用，往往会出问题。

### 复习与思考

1. 合格的项目经理应该具备哪些能力和素质？
2. 矩阵式组织结构的优点和缺点？

实训操作·任务3

## 项目可行性研究

任务目的　学习如何编写项目可行性报告。

实训任务内容　各小组通过资料收集与市场调研，对课程项目进行可行性研究，依据可行性报告的大纲，进行必要工作内容的实施。通过调查、汇总、研究、讨论等过程，确定报告相关内容，完成该项目可行性报告的编写；并画出该项目的里程碑事件。

- ❑ 子项目1　项目来源
- ❑ 子项目2　项目可行性分析概述
- ❑ 子项目3　项目可行性评价指标与方法
- ❑ 子项目4　项目评估
- ❑ 子项目5　项目里程碑

## 子项目1 项目来源

社会公众日益增长和多样化的需要和社会发展的种种需求，是项目产生的重要来源。项目的最终目的是为了满足人们日益增长的消费需要、投资需要和出口需要，是为了增加社会福利，提高人民物质文化生活水平，以及增强国家实力。通常人们总是希望生活水平不断提高，福利越来越好。福利不但包括享用经济活动的有利成果，即产品以及周到的服务，还包括清洁的水、空气、土地、舒适幽雅的环境、美丽的景色、轻松愉快的心情和良好的人际关系等，这些都会提出和产生新的项目。总之，项目来源于满足国内外的需要和解决国内外各种问题的必要性和急迫性，也来源于社会生产、交换、分配和消费等各个环节。项目的来源大致可以分为以下四个方面。

### 1. 人们生活和社会发展的需要

项目来源于各种需求和需要解决的问题。随着社会的发展，人们的需要日益增长并多样化。人民生活、社会发展和国防建设的种种需要常常要通过项目来满足。

经济的快速增长、人口的急剧膨胀以及城市化进程的加快，造成直接经济损失及居住和交通拥挤、水资源短缺以及大量的垃圾和污水等问题，往往使得人们的居住和工作环境不断恶化。要改善城市环境，就需要实施许多项目。例如，要有效地处理城市垃圾，就需要有焚烧、填埋或是用其发电、发热的项目。同样，要解决城市交通和运输的拥挤问题，也需要投入巨资，建设许多桥梁项目。为解决城镇人口的居住问题，就需要实施大量的扩建和旧城区改造项目，还有保障水源供应，处理污水，优化环境等需要，于是出现了南水北调、建设垃圾污水处理厂等项目。

### 2. 科学研究和科学发展的需要

科学研究也是项目的来源，而且是更重要的来源。由科学研究产生的项目常常使国民经济结构发生重大变化，甚至会改变人类的历史。尽人皆知的例子是20世纪初物理学和化学发现的放射性、核裂变以及相对论等，使美国等西方国家提出了许多和平利用核能的项目，如核发电项目。科学发现要变成生产力，中间要经过许多环节。正是这些中间环节，为社会带来了众多的项目。半导体物理学的发现促成了许许多多无线电技术、通信技术和计算机科学技术方面的研究、制造和应用项目。

自然资源的存在和发现当然也是项目的来源。长江流域是中国水能资源最为富集的地区，因此在这一地区就有许多水利水电项目；新油田、新气田的探明，形成了不少的石油天然气开发项目；对农林渔业资源的利用需要建设各种加工项目；还有海洋资源开发项目等。

科学研究和科学发现常常为以前人类无法利用的资源找到新的用途，因而也就能够带来许多新的项目。比如“所谓‘垃圾’，不过是放错地方的资源”，现在已经有许多利用城市垃圾的成功项目。

**3. 国际援助和利用外资项目**

这些项目有的是双边或多边援助机构制订的项目，例如，世界银行或者与联合国粮食及农业组织、联合国教科文组织、联合国世界卫生组织和联合国工业发展组织联合制订的计划中援助国内的项目，跨国公司在国内的投资项目，“三来一补”项目，合资经营项目等。

**4. 政府履行公共管理职能的需要**

政府的基本职能是解决“市场失灵”，促进社会公平。在经济层面上，政府需要向社会公众提供公共产品和公共服务，这就需要改善或兴建各种公共设施，如改建学校、医院等公益性设施，从而形成了各类建设项目。政府为减轻日益加剧的社会、经济或地区不平衡所造成的政治或社会压力，开展一些扶贫项目、新农村建设的水利项目和交通项目。此外还有减灾防灾工程等，都是各级政府改选公共管理职能的需要。

从具体的微观组织来看，项目往往作为其实现战略的手段而发起。在当前客户定制服务或产品以及客户驱动，面对变革的时代下，企事业单位通常出于以下一项或多项战略考虑而批准项目启动：

（1）客户需求：是指客户基于某些方面的变化而产生的一种特定需求。

（2）市场需求：由市场变化所引起的需求。

（3）竞争需求：公司基于提高自身的竞争力所引起的需求。

（4）技术需求：基于技术创新引起的需求。

（5）法律需求：基于一个国家或地区法律变化所引起的需求。

发现项目需求后，还要从客观考察项目建设的必要性，看其是否符合国家长远规划的方针和要求，同时初步分析建设项目条件是否具备，是否值得进一步投入人力、物力作进一步深入研究。往往通过编制项目建议书反映对项目需求的判断。项目建议书既要全面论述，更要突出重点，一般侧重于项目建议的必要性，建设条件的可能性，获利的可能性这三方面，结论要明确客观，做到重点突出，层次分明，切忌繁杂。

## 什么样的工作需要“项目管理”

一般说来，项目管理可以有效应用于任何临时的任务。如果这些任务是独特的或者不熟悉的，就急需项目管理。从更准确的意义上讲，如果存在以下的情况，那么就必须采用项目管理。

（1）任务规模大的项目。当一个项目需要更多的资源（人、财、物、技术等）时，就需要项目管理。当然这种更多是相对的，通常判断的依据是：是否在一个组织或者一个部门所能控制的范围之内。例如三峡工程、火箭发射项目、奥运会项目等均需要项目管理。

（2）新奇性的项目。如果项目在以前没有过成功的案例或经验，就需要项目管理。例如：对于现有产品的改进，不设立项目管理，效率可能会比较差，但也能进行；但是对于新产品的设计就必须要项目管理。

（3）相互依赖性的项目。如果一个项目需要不同职能部门的参与，同时这些活动紧密地联系在一起以致互相影响，那么就需要项目管理。例如：某IT公司在为客户实施信息化建设的项目过程中，它可能需要涉及公司内部的应用软件开发部门、网络技术部门、系统技术部门、业务咨询部门、采购部门、商务部门等，这时就必须采用项目管理。

（4）资源共享的项目。由于专业性和资源成本的不断增长，组织一般很难保证让每一个项目组独享所有的资源，因此会将某些资源（甚至是关键资源）在组织内共享。在这种情况下，项目管理就显得非常重要。例如：在某公司内，同时开展着5个项目，但系统分析员可能只有3位，在这种情况下，采用项目管理的方法有效合理地安排资源，就显得非常重要。

（5）重要的项目。一般情况下，当项目有高风险性和不确定因素时，会采用项目管理。同时，当这个项目关系到公司的声誉，对公司的业务发展和未来规划产生重要影响时，也应该采用项目管理。

一些项目主导型组织，如咨询服务公司、工程建设公司、软件开发公司、系统集成公司等非常需要项目管理，因为它的产品和服务都是通过项目的形式展现出来的，同时几乎所有的项目也都存在以上的某些特点。

对于非项目主导型组织，如产品生产型企业、商业零售业、学校、国家政府机关、服务行业、科研机构等，这类组织需要可能更多的是做重复性的工作（Operation），因此项目管理的重要程度显得就稍微弱一些，但是这并不是说这类组织不需要项目管理，这类组织仍然有比较大量的工作是通过项目的形式来进行运作的，例如在生产型企业中的新产品研发、企业内部信息化的建设、政府部门的基建项目的招标、市政项目的实施、商业零售业组织的市场推广活动等均是典型的项目，这些工作的成功与否对于组织也同样起到重要的作用，只不过应用的范围不及项目型组织罢了。

## 子项目2 项目可行性分析概述

### 一、项目可行性研究的概念

可行性研究（Feasibility Study，FS）是项目投资决策前对项目进行技术经济论证的阶段。具体说就是决策一个项目之前，进行详细、周全、全面的调查研究和综合论证，从而制定出具有最佳经济效果的项目方案的过程。它是一种包括机会研究、初步可行性研究和详细可行性研究三个阶段的系统的投资决策分析研究方法。它在整个过程中要涉及经济、管理、财务、决策、市场调查等多个学科的知识，所以也可以将其称作是一门经济论证的综合性学科，为项目决策提供依据的一种综合性的系统分析方法。可行性分析应具有预见性、公正性、可靠性、科学性的特点。

可行性研究学是一门兼跨技术科学（如设备、工艺、材料、能源、土木工程、环境保护、建筑学等）和经济科学（如政治经济学、生产力经济学、计量经济学、技术经济学

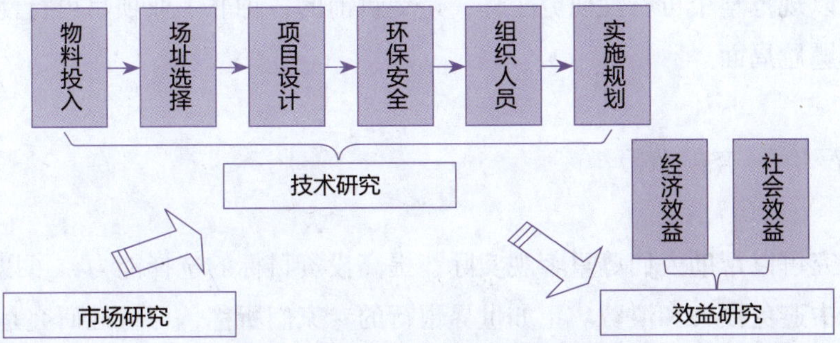


图3-1 项目可行性研究的三大支柱

等）和自然科学（地质地理）三个领域的综合性边缘交叉科学。技术研究、市场研究、效益研究也由此构成了项目可行性研究的三大支柱，如图3-1所示。

项目发起阶段的可行性研究比项目孵化阶段的可能性以及必要性论证要详细、周密得多，有时也叫项目评估（Project Appraisal）。它通常包括以下几个方面：①技术可行性。②经济可行性。③财务可行性。④组织机构可行性。⑤社会和环境可行性。⑥风险因素及对策。

（1）技术可行性分析：技术可行性分析主要论证项目选址、工艺和材料选择、技术方案的先进性和适用性、技术发展趋势、项目生命周期和项目成果周期的长短以及其是否符合国家有关的技术标准等。

（2）经济可行性分析：主要是论证项目对国民经济的贡献及影响。如项目目标与国民经济发展计划一致，是否有利于克服国民经济发展的瓶颈，是否属于国家限制发展的行业。经济可行性分析需要审核项目的经济收益。

（3）财务可行性分析：主要论证项目对项目参与人、组织的财务贡献及影响。如组织的资产负债结构、组织承担的项目财务能力和融资能力，以及项目的财务回报率等。

（4）组织机构可行性分析：论证组织机构对项目成败的影响，如项目组织能否对项目成功提供基本的保证，项目参与人、组织是否有足够的信用等级，项目完成后，接受项目的经营机构能否有良好的经营机制，使项目投资产生应有的收益并持续发展。

（5）社会和环境可行性分析：论证项目对社会和环境可能产生的影响，如项目是否有利于社会稳定，是否有利于缩小贫富差距，是否对生态环境产生不利影响，是否对文化造成损害，是否符合现行法律，是否为公众认可和接受等。

（6）风险因素及对策：主要对项目的市场风险、技术风险、财务风险、组织风险、法律风险、经济及社会风险等风险因素进行评价，制定规避风险的对策，为项目全过程的风险管理提供依据。上述可行性研究的内容，适应于不同行业各种类型的投资项目。我国目前缺乏对各类投资项目可行性研究的内容及深度进行统一规范的方法，目前，各地区、各部门制定的各种可行性研究的规定，基本上都是根据工业项目可行性研究的内容为主线制定的，并且基本上是按照联合国工业发展组织的《工业项目可行性研究报告编制手册》为蓝本来编写的。我国目前急需一个各行业通用的对可行性研究的内容及深度提出共性要求的统一规定，以规范整个可行性研究工作，避免目前的各种非工业项目可行性研究都要参照工业项目的尴尬局面。

## 二、项目可行性研究的作用

可行性研究可以帮助人们尊重客观实际，提高投资目标的选择能力，可以指导人们在经济建设工作中避免损失和浪费。正如世界银行的专家们所称，可行性研究是“防止错误投资决策的保险单”。具体来说，可行性研究有如下作用：

（1）是确定和批准项目的依据。投资者确定项目放弃还是进行的主要依据就是可行性研究。通过可行性研究，预测和判断项目在技术上是否可行，建成后提供的产品是否具有竞争力，在经济和财务上是否有足够的效益。如果结论肯定就深入工作，反之，则予以放弃。在油气田勘探中，肯定尤其是放弃一个项目要有相当充分的证据和理由。

（2）是向银行申请贷款的依据。凡贷款建设某个项目，必须先向银行提供可行性研究报告。银行通过对报告的审查，判断借出资金在项目建成后有无偿还能力，若认为项目经济效益较好，银行不承担风险，才同意贷款。

（3）是进行详细设计的依据。在可行性研究中，对项目建设地点、主要设备类型、主要工艺流程等都从技术和经济的角度进行了比较，确定了基本框架。项目的详细设计要以此为基础，除非发现原工作有重大失误或市场上出现了价廉物美的新型产品，一般不能做大的变动。

（4）是向当地政府或环保部门申请执照的文件。伴随技术经济的发展和现代化大型企业的崛起，人类在得到了巨大实惠、享受着现代文明的同时也对自己赖以生存的环境造成了巨大的破坏。所以，在新建项目时必须对环境保护给予高度重视。可行性研究中，根据环境保护的标准提出相应的措施，作为向环保部门领取执照的依据。

（5）是招标和承包的基础。在发达工业国家，项目，尤其是大型项目一般要通过招标承包给一家或数家专业承包公司。在招标、投标和合同谈判过程中，可行性研究是确定造价、建设内容、实施方案等重要环节的基础。

（6）是工程建设的基础资料。在可行性研究中收集的地质、水文、气象、地形、矿物资源、水质等分析论证资料，是检验工程质量和整个工程寿命期内追查事故责任的依据。如在地下水含盐度相当高的地区，铺设地下管线时就要采取特殊的防腐防锈措施，以保证在项目寿命期内安全运行。

（7）是研制和订购设备的资料。可行性研究已把项目所需设备的主要性能和指标确定下来，这就为研制或购买设备提供了基础。

（8）可行性研究已确定了企业的规模及建成后的生产能力，确定了生产的技术要求，因而，可作为企业组织管理、机构设置、生产运行设计及培训职工等工作的依据。

## 三、项目可行性研究的发展

项目可行性研究在20世纪30年代首先在美国开发田纳西河流域时运用，并获成功。第二次世界大战后，西方发达国家普遍采用，广泛应用到建设领域，逐步形成一整套系统的科学研究方法。项目可行性研究从产生至今大致经历了三个时期：

第一时期是从产生到20世纪50年代初。这一时期，项目可行性研究主要是从企业微观角度侧重分析项目的财务情况，以财务分析的结果来评价项目是否可行。1844年，法国工程师让尔·杜比发表《公共工程效用的评价》指出；用财务分析方法不能正确评价公用事业项目对整个社会的经济效益的问题，并首次提出"消费者剩余"的思想。所谓消费者剩余是指消费者愿意为某种商品或劳务支付的价格与其实际付出的价格的差额，或商品或劳务的边际效用与实际支付的货币额的边际效用的差额。这种思想发展为社会净效益的概念，成为现在费用—效益分析的基础，西方项目的经济分析思想也始于此时。

强调政府进行公共工程项目投资时，要从整个社会角度来衡量投资的得失。20世纪初到30年代，美国把这种分析方法用于改进港口和内河航运等公共项目。1936年，在开发田纳西河流域工程时，美国国会通过《控制洪水法案》的议案，体现了这种"经济分析"的思想，并提出将可行性研究作为流域开发的重要阶段纳入开发程序。由于对费用和效益的衡量标准、方法不统一，以及实际计算上的困难，直到20世纪50年代中期，经济分析方法才被西方作为选择项目的一种方法而接受。

第二时期是从20世纪50年代初到60年代末。这一时期可行性研究逐渐从单纯注重财务分析发展到财务分析与国民经济分析结合，从企业微观和国家宏观综合考察项目的效益。1950年，美国发表《内河流域项目经济分析的实用方法》（绿皮书）规定了研究效益、费用比率的原则程序、评价项目效益与国民生产总值之间的关系。此后，经济分析在深度和广度上都得到很大发展。1958年荷兰计量经济学家丁伯根首次提出了在经济分析中使用影子价格。所谓影子价格是指社会处于某种最优状态时，能够反映社会劳动的消耗、资源稀缺程度和对最终产品需求情况的价格，即认为确定的、比交换价格更为"合理"的价格。此后，世界银行和联合国工业发展组织都在其贷款项目的评价中采用了财务分析和经济分析相结合的方法。

1958年起，世界银行和联合国工业发展组织都要求在贷款项目评价中同时使用财务分析和经济分析两种方法，从而使可行性研究经济分析在世界范围得到推广应用。20世纪60年代中后期，美国实行《规划计划预算制度》（PPBS），要求所有政府机关对它们的各项计划方案都要从费用—效益的角度来审查是否合算。

第三时期是从20世纪60年代末至今。这一时期可行性研究引入了社会分析方法。西方福利经济学家认为，社会的两个基本发展目标：一是经济增长；二是公平分配。初期的社会评价为社会费用效益分析方法的应用，包括经济效率目标与社会公平分配目标两部分的分析与评价，前部分称为经济评价，两部分合称社会评价。1969年，美国在《国家环境政策条例》（NEPA）中规定要及时进行社会影响评价（Social Impact Analysis），后来政府还发布行政令“城市及社会影响分析”，强调要进行项目的社会评价。随着对“发展”认识的加深和发展观的转变，社会评价逐渐从环境影响评价中独立出来。

各国及各种组织者十分重视可行性研究在项目决策中的作用。联合国工业发展组织对援助发展中国家的建设项目也要求做可行性研究，并先后编辑出版了《工业可行性研究编制手册》《工业项目评价手册》《项目估价实用指南》《项目评价准则》。为我国投资项目评价这一学科的发展提供了重要的依据。

1978年，我国引进可行性研究这一科学方法，1981年由国家科委立项重点研究可行性研究方法。1983年国家计委发布了《关于建设项目进行可行性研究的试行管理办法》，将可行性研究纳入基本建设程序，作为编制设计任务书的依据。1991年，计委决定用可行性研究报告替代设计任务书。1987年，计委正式颁布试行《建设项目经济评价方法与参数》，成为各工程咨询公司、规划设计单位进行投资项目可行性研究和评估的指导性文件，也是各级计划部门审批可行性研究报告和金融机构审查投资贷款的重要依据。1992年根据财政部颁发的《企业财务通则》和《企业会计准则》对1987年版的《建设项目经济评价方法与参数》进行了修订，1993年，由国家计委、建设部发布《建设项目经济评价方法与参数》（第二版），该书由“关于建设项目经济评价工作的若干规定”“建设项目经济评价方法”“建设项目评价参数”“中外合资经营项目经济评价方法”四个规定性文件组成，是各级计划部门审批项目建议书和可行性研究报告、各级金融机构审批贷款项目的重要依据。

## 四、项目可行性研究阶段划分

可行性研究可分为三个阶段：机会研究阶段、初步可行性研究阶段、详细可行性研究阶段。

（1）机会研究阶段。机会研究（Opportunity Study）是可行性研究的初始阶段，是项目投资方或承办方通过占有大量信息，并经过分析确定出发展机会，最终形成明确的项目意向（或项目机会）的过程。机会研究的内容一般包括地区研究、行业研究、资源研究。

（2）初步可行性研究阶段。初步可行性研究（Pre－feasibility Study）是介于机会研究和详细可行性研究之间的一个中间阶段，是在项目意向确定之后，对项目的初步估计和分析。研究的目的主要在于判断机会研究提出的投资方向是否正确。初步可行性研究的内容包括：①机会研究得出的结论是否有发展前景。②项目发展在经济上是否合理。③项目发展有无必要。④项目需要多少人、财、物资源。⑤项目需要多长时间完成。⑥项目进度与时间应该如何安排。⑦投资成本与收益估算等。

（3）详细可行性研究阶段。详细可行性研究是在项目决策前对项目有关的工程、技术、经济、社会影响等各方面条件和情况进行全面调查和统计分析，为项目建设提供技术、生产、经济、商业等各方面的依据并进行详细的比较论证，最后对项目成功后的经济效益和社会效益进行预测和评价的过程。详细可行性研究的目的主要是解决四个问题：一是项目建设的必要性；二是项目建设的可行性；三是项目实施所需要的条件；四是进行财务和经济评价，解决项目建设的合理性。为解决上述问题，详细可行性研究主要研究的内容为：①市场研究与需求分析。②新产品方案与规模要求。③生产条件和原料需求。④工艺技术方案与安全分析。⑤经济合理性分析。⑥项目可操作性分析。⑦项目实施风险分析。⑧资源需求状况分析。⑨经济效益和社会效益分析。

## 五、项目可行性研究的步骤及原则

国际上典型的可行性研究工作程序分为6个步骤：①开始阶段。②调查研究阶段。③优化与选择阶段。④详细研究阶段。⑤编制可行性研究报告。⑥编制资金筹措计划。我国项目可行性研究的一般步骤如图3-2所示。

承担可行性研究的单位或部门在可行性研究中应遵循如下原则：

（1）科学性原则。要求按客观规律办事，这是可行性研究工作必须遵循的基本原则。因此，可行性研究应做到：①用科学的方法和认真负责的态度来收集、分析和鉴别原始的数据资料，以确保数据、资料的真实性和可靠性。②要求每一项技术与经济指标都有科学依据，是经过认真分析计算出的。③可行性研究报告的结论不能掺杂任何主观成分。

（2）客观真实原则。可行性研究涉及的内容以及反映情况的数据必须绝对真实可靠，不允许有任何偏差及失误。其中所运用的资料、数据，都要经过反复核实，以确保内容的真实性。

（3）论证严密性原则。论证性是可行性研究的一个显著特点。要使其有论证性，必须做到运用系统的分析方法，围绕影响项目的各种因素进行全面、系统的分析，既要做宏观的分析，又要做微观的分析。

（4）预测性原则。可行性研究是投资决策前的活动。它是在事件没有发生之前的研究，是对事务未来发展的情况、可能遇到的问题和结果的估计，具有预测性。因此，必须进行深入的调查研究，充分的占有资料，运用切合实际的预测方法，科学地预测未来前景。

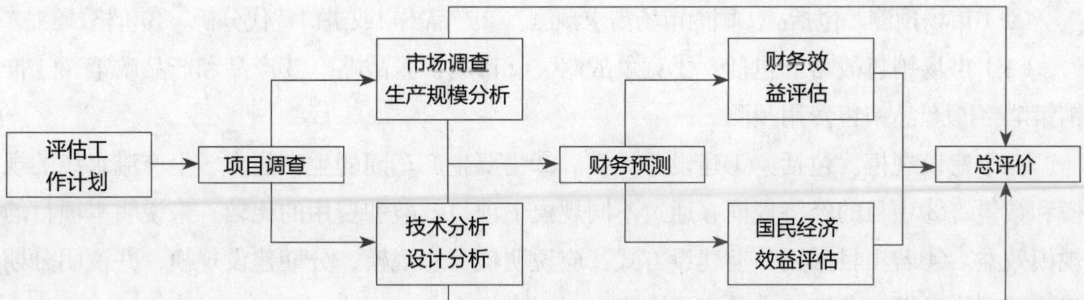


图3-2　我国项目可行性研究步骤

## 六、可行性研究报告的内容

项目可行性研究的内容依项目的性质、任务、规模及工程复杂程度不同而有所侧重，在实际工作中要根据不同的情况来确定项目可行性研究的内容。下面以新建工业项目为例，介绍可行性研究报告的主要内容。

### （一）总论

项目可行性研究报告的第一部分应将项目基本情况、背景、依据、工作情况简要地作介绍。在综合论述各部分主要研究结果的基础上，应对项目所有的基本问题做出明确的结论，并以令人信服的证据加以证实，为项目评估、决策和可行性研究报告的审批提供一目了然的依据。

（1）项目情况与背景。包括：①项目情况：项目名称、项目法人、项目主管部门、项目拟建地区、地点、承担本项目可行性研究报告编制工作的单位和法人代表姓名。编制可行性研究报告的依据（法规、文件、资料）。②项目背景：第一，宏观角度论述项目在产业发展、政策、技术方面的意义、作用。第二，项目是否满足市场需求和赢利前景。第三，从资源材料角度说明项目投资的可能。第四，项目发起单位或发起人提出建设本项目的理由，以及投资意向。

（2）研究工作的概述与结论。主要包括：①市场调查、预测及项目规模的拟定。②资源、原材料和能源供应。③厂址的选择。④技术方案设计。⑤环境保护。⑥工厂组织和劳动定员。⑦项目建设进度。⑧投资估算和资金筹措。⑨财务评价和国民经济评价。⑩综合评价结论：项目在技术上、财务上、经济上、社会上是否合理、可行，以及抗风险能力如何。

（3）主要技术经济指标。

（4）项目存在的问题和建议。

### （二）市场需求分析与建设规模

（1）市场调查。包括：①拟建项目产出物用途的调查。②产品现有生产能力调查。③产品产量及销售量调查。④替代产品调查。⑤产品价格调查。⑥国外市场调查。

（2）市场预测。包括：①国内市场需求预测。②产品出口或进口替代分析。③价格预测。

（3）市场销售战略。包括：①竞争战略。②市场扩张战略。③产品和产品政策。④推销策略。⑤产品销售费用预测。

（4）建设规模。包括：①建设总规模。②主要生产车间的生产能力、生产流水线的规模和数量。③项目的经济规模，通过不同规模下项目效益和费用的比较，来说明本项目的规模效益。④若项目采用分期建设方式，应说明项目总规模，分期建设规模，并说明分期建设的起止日期，各期建设的主要内容。

（5）销售收入预测。

### （三）建设条件与厂址选择

（1）资源。包括：①所需资源的名称、储量、品位、成分、产地或供应点。②资源开采方式。③说明项目年最大需用量、资源的可能供应量以及今后为项目发展扩大供应的可能性。

（2）原材料及辅助原材料。包括：①用表格形式列出所需原材料及辅助原材料的名称、品种、形状、成分、规格、年需用量（含储运中的损耗量）、来源及单价。②原材料及辅助原材料的包装形式、生产期间的储存周期、数量、方式及要求条件。

（3）燃料。主要列表说明燃料的品种、需用量、来源、运输方式、价格及其走势。

（4）建厂地区与厂址选择。厂址选择应注意的问题有：①当地的方针、政策及相关法律是否有利于项目的建设。②是否靠近原材料供应地及主要销售市场，是否位于项目产、销、供最佳结合点。③当地的社会经济条件及基础设施是否有利于项目建设及运营。在厂址选择时，应注意的条件有：①地形条件。②工程地质、水文地质条件。③水文、气象条件。④资源、原材料、燃料及产品销售条件。⑤交通运输条件。⑥给水排水条件。⑦动力供应条件。⑧生活福利设施条件。⑨协作条件。⑩安全防护条件。⑪施工条件。⑫其他条件。

### （四）工程技术方案

（1）工程设计。项目工程设计必须包括建筑设施、设备、生产程序和材料流程的结构以及生产的不同阶段之间的联系。工程设计常用的平面图和示意图有：①总功能布置图，表明设备、房屋建筑和土建工程之间的相互关系。②材料流程图，表明材料、公用设施以及各种产品和废弃物在工厂之间的流程。③生产线图，表明生产过程中主要设备的位置、尺寸、种类所需的动力和公共设施及基础和安装器械的尺寸。④流量图，表明流入、流出生产过程的数量，常用不同宽度的流量线表示。⑤组织机构布置图，表明各部门位置及需要人员数以及它们之间的职能关系。⑥人工需要布置图，表明所需人工的数目和熟练程度。⑦运输布置图，画出生产线以外运输距离和手段（只有在投入物和产出物的运输距离较大时用此图）。⑧内部通信布置图，画出各种通信设施的位置。⑨公共设施布置图，画出电、水、等主要耗用点，日耗用量，所需质量和数量。⑩实体布置图，将各职能布置图和现场实际情况综合后绘制而成。

（2）技术设计。包括工艺选择、设备选型、土建工程等。工艺选择的工作包括：①对要选择的技术的工艺流程及其各个阶段进行说明，包括各技术方案和工艺所需的数据。②说明最优工艺方案的特点，性质、来源，获得方法，选择理由。③论证新技术应用于规模生产的可能性。④估算采用该工艺所需的费用，包括一次性支付的费用和分年支付的专利费用等。⑤该工艺是否对环境造成影响，如何解决。⑥说明该工艺的原材料、能源供应是否能够保证。设备选型应根据项目的生产能力和所选的生产技术来进行，其内容包括：所需设备的数据；选择理由；设备的台数、型号、规模；费用估算；备件、易耗品和工具的基本库存量；设备取得的来源等。土建工程包括厂址准备、房屋建筑和室外工程三部分。这部分内容包括：①列出土建工程的数据和可供选择的方案。②说明最优工程方案及选择理由。③所选土建工程的具体情况。④估算土建工程的费用。

## （五）环境保护与劳动安全

调查项目所在地的环境状况，预测项目对环境的影响，提出环境保护及绿化的方案、废弃物的治理和劳动保护措施，估算环境保护所需要的费用等。1998年11月29日，我国颁布并实施了《建设项目环境保护条例》，规定：建设单位应在建设项目可行性研究阶段报批建设项目环境影响报告书、环境影响报告表、环境影响登记表，且环境影响报告书、环境影响报告表、环境影响登记表需由建设单位报有审批权的环境保护行政主管部门审批。国家对建设项目实行环境影响评价制度，对建设项目的环保实行分类管理。

## （六）项目组织机构和管理、劳动定员及人员培训

（1）项目的管理体制，应根据经济体制、政策、项目的性质、任务、规模等具体情况制定。

（2）项目组织机构，应根据生产计划、生产能力、工艺流程来组织相宜的生产车间和职能机构。

（3）劳动定员与人员培训，包括所需生产工人的技术等级和数量；技术工人的水平和数量；外聘人员、管理人员的水平和数量；人员培训计划；费用估算等。

## （七）实施进度

项目的实施时期是指从决策投资到正式投产这段时期，如某一阶段安排不当，计划不周，拖得时间很长，可能影响到总工期的完成，以至危及工程项目应能达到的获利性。应根据预定的建设工期和勘察、设计、设备选购、工程施工、安装、试生产所需时间与进度要求，确定整个工程项目的实施方案和总进度及项目实施费用，用条形图或网络图描述最佳实施方案的选择。

## （八）投资估算与资金筹措

（1）投资估算，包括投资总额及其构成的估算（总额构成）。

（2）资金的筹措。主要包括①资金来源：资金来源的途径、金额的多少。资金来源主要有三个途径：第一，银行贷款；第二，自筹资金：自有资金、股票、债券；第三，利用外资：买方贷款、供方贷款、补偿贸易、外国政府贷款、独资、合资经营等。②贷款偿还方式：主要有两种，第一，等额偿付本金，逐渐减少利息。优点是累计偿还总额小，但初期偿还的利息高，对初期偿还能力小的企业不适用。第二，等额偿付本金和利息，每年偿还的贷款金额是相等的，这种方式对初期偿还能力小的企业适用。

## （九）财务评价

即根据国家现行财税制度和价格体系，分析、计算项目直接发生的财务效益和费用，编制财务报表，计算评价指标，考察项目的盈利能力、清偿能力以及外汇平衡等财务状况，据以判别项目的财务可行性。

（1）财务数据分析。包括总投资估算；资金筹措；产品成本估算；销售收入估算；所得税及净利润估算。

（2）财务效益评估。包括：①基本财务报表的编制。财务评价的基本报表有现金流量表、损益表、资金来源与运用表、资产负债表及外汇平衡表，还有一些辅助报表。②财务评价主要指标的计算与评估。主要从静态和动态两个方面分析。包括财务内部收益率、投资回收期、财务净现值、投资利润率、投资利税率、资产负债率、固定资产投资借款偿还期等。

### （十）国民经济评价

国民经济评价是指从国家整体角度考察项目的效益和费用，用影子价格、影子工资、影子汇率和社会折现率，计算分析项目给国民经济带来的净效益，评价项目经济上的合理性。是经济评价的核心部分。

只有财务评价和国民经济评价都可行的项目或方案，才能被通过。发生矛盾时，以国民经济评价的结论考虑项目或方案的取舍。

（1）对项目的效益和费用的鉴定和识别。以财务数据为基础，从国家宏观角度重新调整效益和费用的内容。

（2）对项目投入物和产出物价格的调整。包括外贸货物、非外贸货物及特殊投入物的调整。

（3）国民经济效益评估。包括：①编制国民经济评价的基本计算表，如国民经济效益费用流量表（全部投资）、国民经济效益费用流量表（国内投资）、经济外汇流量表、国内资源流量表、国民经济评价数据调整计算表。②国民经济评估的主要指标的计算。主要有经济内部收益率、经济净现值、经济净现值率、经济外汇净现值、经济换汇成本。

### （十一）不确定性分析

项目评价所采用的数据大部分来自预测和估算，有一定程度的不确定性。为了分析不确定性因素对财务评价和国民经济评价的影响，必须进行不确定性分析，以估计项目可能承担的风险程度，从而确定项目在经济上的可靠性。不确定性分析的内容应包括盈亏平衡分析，敏感性分析和概率分析。盈亏平衡分析只用于财务评价。敏感性分析和概率分析可同时用于财务评价和国民经济评价。

### （十二）社会评价

主要考察工程项目对实现社会目标的贡献。社会目标主要是指经济增长速度，收入的公平分配以及增加就业，增加出口等。

### （十三）结论与建议

通过以上对项目的分析与评价，综合论述项目的可行性，推荐最优方案，提供决策参考，同时指出项目存在的问题、改进建议，最终给出结论性的意见。

项目小知识

### 项目建议书与可行性研究报告的区别

项目建议书与可行性研究报告在研究方法、主要内容和基本格式上都基本相同。但二者是有着不同作用与目的的。弄清二者的区别，不仅对项目建议书与可行性研究报告的编制，评估有着指导作用，而且对提高项目决策水平和保证项目前期工作质量也有重要意义。

（1）所处阶段不同。项目建议书阶段要早于可行性研究阶段。项目建议书经过立项评估合格后，才可进行项目的可行性研究工作。

（2）目的与作用不同。项目建议书是投资项目初选和立项评估的依据。项目建议书若被批准，即可以作为备选项目立项。项目可行性报告是项目贷前评估和投资决策的依据，一旦通过即可进行项目的投资建设。

（3）论证的重点不同。建议书主要论证项目建设的必要性，重点是从国民经济和社会发展的宏观角度出发，对项目的经济和社会效益进行论证。可行性研究要从宏观到微观，全面、详细论证项目建设的必要性和可行性，要从市场、技术、财务、经济、社会等方面进行详细的论证。

（4）工作深度和成果要求不同。建议书阶段工作深度较浅，内容简略，计算精度有限，一般只作初步调查和研究，其成果要求涉及的方面广而不深。可行性研究由于是投资决策的依据，所以要求工作内容详细、系统，计算精确度要高，其成果应能满足以后编制初步设计的需要。

## 子项目3 项目可行性评价指标与方法

### 一、项目经济性评价指标与计算方法

项目的经济评价包括项目财务评价和国民经济评价。项目经济评价的指标多种多样，不同指标考察问题的角度和侧重点不同，适用范围和应用条件也不同。因此，仅用某一个指标来衡量和评价项目的经济效果是不够全面的，需要用指标体系来描述。

#### （一）时间型指标与分析方法

时间型指标用于评价项目回收投资能力，即全部投资回收所需要的时间，称为投资回收期。投资回收期按是否考虑资金的时间价值可分为静态和动态两类。

（1）静态投资回收期。投资回收期（Pay Back Period）又称投资返本期，是指从项目投建之日起，用项目各年的净收入（年收入减年支出）将全部投资回收所需要的期限。静

态投资回收期计算公式为：

$$\sum_{t=0}^{T_p}(CI-CO)_t=0 \text{ 或 } \sum_{t=0}^{T_p}NCF_t=0$$

运用静态投资回收期指标评价技术方案时，需要与基准投资回收期相比较。基准投资回收期指的是一类项目或某行业项目的平均投资回收期。若$T_p \leq T_b$则方案可以考虑接受；反之，则方案应予拒绝。

静态投资回收期的优点是概念清晰，简单易行，直观，宜于理解；不仅在一定程度上反映了技术方案的经济性，而且反映了技术方案的风险大小和投资的补偿速度；既可判定单个方案的可行性，也可用于方案间的比较。静态投资回收期指标的缺点主要包括没有反映资金的时间价值；由于它舍弃了方案在回收期以后的收入和支出情况，故难以全面反映方案在整个寿命期内的真实效益；方案的投资额相差较大时，比较的结论不一定能反映客观情况。

（2）动态投资回收期。动态投资回收期是指在考虑资金时间价值的条件下，按设定行业基准收益率收回投资所需的时间。其计算公式为：

CI：现金流入量；*CO*：现金流出量；（*CI–CO*）$_t$: 第t年净现金流量；i：行业基准折现率；*t*：项目计算期，*t*=1、2…n。

也可以按如下公式计算：

*Pt*=（累计折现值出现正值的年数–1）+上年累计折现值的绝对值/当年净现金流量的折现值

$T_p \leq P_b$（基准投资回收期）时，说明项目（或方案）能在要求的时间内收回投资，是可行的；反之，则项目（或方案）不可行，应予拒绝。

动态投资回收期要比静态投资回收期长，原因是动态投资回收期的计算考虑了资金的时间价值。动态投资回收期法考虑了资金的时间价值，克服了静态投资回收期法的缺陷，因而优于静态投资回收期法。但它仍然具有主观性，同样忽略了回收期以后的净现金流量。当未来年份的净现金流量为负数时，动态投资回收期可能变得无效，甚至做出错误的决策。因此，动态投资回收期法计算投资回收期限并非是一个完善的指标。

（3）借款偿还期。借款偿还期是指以项目投产后可用于还款的资金偿还固定资产投资

补充小资料

### 资金的时间价值与等值计算

（1）资金的时间价值。资金的时间价值是项目可行性研究的重要原理，是采用动态分析方法对投资方案进行科学评价的基础。在进行项目投资经济分析时，为了保证各投资方案在不同的时点上所发生的费用及效益具有可比性，而引入资金时间价值的概念。

资金时间价值是指等额货币在不同时点上具有不同的价值。资金的时间价值是同

资金运动不可分割的。货币只有进入再生产过程，才能变成资金，也只有在再生产过程中，才能使自己增值。因此，随着时间的推移，投资资金也将增值。很明显，现期的一定资金相对于将来同等数额的资金来说，其价值更大。

（2）利息的概念。资金的时间价值通常用利息和利率来表示。利息是指占用资金所付的代价（或放弃资金使用权利所得的补偿）。如果将一笔资金存入银行，这笔资金就称为本金。在一定时期内所得利息额与本金的比值，就是利率，通常用百分数表示。

单利和复利。单利计算就是指只有本金计算利息。例如：1200元于年初存入银行，在利率是6%的情况下，3年后会得到1200＋1200×6%×3＝1416元，其中利息为216元。复利计算是指不仅本金计算利息，利息也计算利息，也就是通常所说的“利滚利”。

（3）名义利率、真实利率与有效利率。名义利率是央行或其他提供资金借贷的机构所公布的未调整通货膨胀因素的利率；真实利率是指剔除通货膨胀率后储户或投资者得到利息回报的真实利率。一般银行存款及债券等固定收益产品的利率都是按名义利率支付利息，但如果在通货膨胀环境下，储户或投资者收到的利息回报就会被通胀侵蚀。

有效利率是指资金在计息中所发生的实际利率，包括计息周期有效利率和年有效利率两种情况。复利的计息期不一定总是一年，有可能按季度，按月或日，当利息在一年内要复利几次时，这时年利率便是有效利率。名义利率与有效利率的关系如下：①当计息周期为一年时，名义利率与有效利率相等；计息周期短于一年时，有效利率大于名义利率；计息周期长于一年时，有效利率小于名义利率。②名义利率越大，计息周期越短，有效利率与名义利率的差异就越大。③名义利率不能完全反映资本的时间价值，有效利率才能真正反映资本的时间价值。两者之间的换算公式：

$$有效年利率=\left(1+\frac{名义年利率}{年复利次数}\right)^{年复利次数}-1$$

（4）终值。终值又称到期值或本利和。指一定期间后，一定量的货币终值在现在的价值。一般采用单利计算。

（5）现值。指一定期间后，一定量的货币终值在现在的价值。

（6）年金是一定期限内一系列相等金额的收付款项。分为普通年金与先付年金，普通年金是收付款项发生在每个期末；先付年金是收付款项发生在每个期初。

（7）现金流量。一定时期内，流入系统的资金称为现金流入，流出系统的资金称为现金流出。通常，把现金流入视为正现金流量，把现金流出视为负现金流量，则同一时点上的现金流入量和现金流出量的代数和称为净现金流量。

（8）等值。资金等值的概念是指在考虑时间因素的情况下，不同时间点发生的绝对值不等的资金可能具有相等的价值。也就是说，不同时间的两笔资金或一系列现金，可按某一利率折算至某一相同时间点，使之彼此“相等”如下表所示。

资金等值计算公式

| 系数名称 | 已知项 | 所求项 | 公式 | 系数 |
|---|---|---|---|---|
| 终值系数 | P | F | $F=P(1+i)^n$ | (F/P, i, n) |
| 现值系数 | F | P | $P=F(1+i)^{-n}$ | (P/F, i, n) |
| 年金终值系数 | A | F | $F=A\frac{(1+i)^n-1}{i}$ | (F/A, i, n) |
| 终值年金系数（偿债基金系数） | F | A | $A=F\frac{i}{(1+i)^n-1}$ | (A/F, i, n) |
| 年金现值系数 | A | P | $P=A\frac{(1+i)^n-1}{i(1+i)^n}$ | (P/A, i, n) |
| 现值年金系数（资本回收系数） | P | A | $A=P\frac{i(1+i)^n}{(1+i)^n-1}$ | (A/P, i, n) |

注：$i$ 为利率，$n$ 为计息期数。

所需要的时间，它反映项目偿还借款的能力。计算公式为：

借款偿还期＝借款偿还后开始出现盈余年份数－开始借款年份＋（当年偿还借款额/当年可用于还款的资金额）

## （二）价值型指标与分析方法

### 1. 净现值（net present value，NPV）

净现值指标是对投资项目进行动态评价的最重要指标之一。该指标要求考察项目寿命期内每年发生的现金流量。所谓净现值是指按一定的折现率将方案计算期内各时点的净现金流量折现到计算期初的现值累加之和，净现值的表达式：

$$NPV=\sum_{t=0}^{n}(CI-CO)_t(1+i_0)^{-t}$$

净现值指标是反映项目投资获利能力的指标。计算净现值时，要按预定的贴现率对投资项目的未来现金流量进行贴现，预订贴现率是投资者所期望的最低投资报酬率。净现值为正，方案可行，说明方案的实际报酬率高于所要求的报酬率；净现值为负，方案不可取，说明方案的实际投资报酬率低于所要求的报酬率。

净现值指标的优点：①考虑了资金时间价值，增强了投资经济性的评价。②考虑了全过程的净现金流量，体现了流动性与收益性的统一。③考虑了投资风险，风险大则采用高折现率，风险小则采用低折现率。当然，净现值的计算较麻烦，难掌握，净现金流量的测量和折现率较难确定，也不能从动态角度直接反映投资项目的实际收益水平，项目投资额不等时，无法准确判断方案的优劣。

### 2. 净年值（NAV，Net Annual Value）

净年值是指按给定的折现率，通过等值换算将方案计算期内各个不同时点的净现金流量分摊到计算期内各年的等额年值，计算公式为：

$$NAV=NPV(A/P,i,n)$$

对独立项目方案而言，若$NAV\geqslant 0$，则项目在经济效果上可以接受；若$NAV<0$，则项目在经济效果上不可接受。多方案比选时，净年值越大且非负的方案越优（净年值最大准则）。对于单个方案评价，与*NPV*相同；对于多个方案比较时应用*NAV*指标评价，一般适用于现今流量和利率已知、初始投资额相近，但各方案的寿命期不同的方案比较。具有*NAV*最大值的方案是最优的。

## （三）比率型指标与分析方法

### 1. 投资收益率

投资收益率（ROI）是指项目投产并达到设计生产能力后的正常生产年份的年净收益与项目初始投资之比，它是考察项目单位投资盈利能力的静态指标。对生产期内各年的利润总额变化幅度较大的项目，应计算生产期年平均利润总额与项目总投资的比率。投资收益率计算公式为：

投资利润率＝年平均利润总额/投资总额×100%（年平均利润总额＝年均产品收入－年均总成本－年均销售税金及附加）

投资收益率反映投资的收益能力。当该比率明显低于公司净资产收益率时，说明其对外投资是失败的，应改善对外投资结构和投资项目；而当该比率远高于一般企业净资产收益率时，则存在操纵利润的嫌疑，应进一步分析各项收益的合理性。

投资收益率的优点是：指标的经济意义明确、直观，计算简便，在一定程度上反映了投资效果的优劣，可适用于各种投资规模。缺点是：没有考虑资金时间价值因素，忽视了资金具有时间价值的重要性；指标计算的主观随意性太强，换句话说，就是正常生产年份的选择比较困难，如何确定有一定的不确定性和人为因素；不能正确反映建设期长短及投资方式不同和回收额的有无对项目的影响，分子、分母计算口径的可比性较差，无法直接利用净现金流量信息。只有投资收益率指标大于或等于无风险投资收益率的投资项目才具有财务可行性。因此，以投资收益率指标作为主要的决策依据不太可靠。

### 2. 内部收益率（Internal Rate of Return, IRR）

内部收益率就是资金流入现值总额与资金流出现值总额相等、净现值等于零时的折现率。内部收益率是一个宏观概念指标，最通俗的理解为项目投资收益能承受的货币贬值，通货膨胀的能力。比如内部收益率10%，表示该项目操作过程中每年能承受货币最大贬值10%，或通货膨胀10%。同时内部收益率也表示项目操作过程中抗风险能力，比如内部收益率10%，表示该项目操作过程中每年能承受最大风险为10%。另外，如果项目操作中需要贷款，则内部收益率可表示最大能承受的利率，若在项目经济测算中已包含贷款利息，则表示未来项目操作过程中贷款利息的最大上浮值。通常情况内部收益率我们以8%为基准。原因在于我国近年通货膨胀率在7%～8%（官方数据在4%～5%）。若等于8%则表示项目操作完成时，除“自己”拿的“工资”外没有赚钱，但还是具有可行性的。若低于8%则表示等项目操作完成时有很大的可能性是亏本了。因为通货膨胀，你以后赚的钱折到现在时就很有可能包不住你现在投入的成本。投资回报期较长的项目对内部收益率指标尤为重要。比如酒店建设一般投资回收期在10～15年，大型旅游开发投资经营期50年以上。这是内部收益率最通俗、最实际的意义。内部收益率一般采取插值法计算，计算中应注意以下几点：

（1）根据项目计算期现金流量的分布情况判断采用何种方法计算内部收益率。如果某一投资项目的投资是在投资起点一次投入，而且经营期各年现金流量相等（即表现为典型的后付年金），此时可以先采用年金法确定内部收益率的估值范围，再采用插值法确定内部收益率。如果某一投资项目的现金流量的分布情况不能同时满足上述两个条件时，可先采用测试法确定内部收益率的估值范围，再采用插值法确定内部收益率。

（2）采用年金法及插值法确定内部收益率时，由于知道投资额（即现值）、年金（即各年相等的现金流量）、计算期三个要素，因而：首先可以按年金现值的计算公式求年金现值系数，然后查表确定内部收益率的估值范围，最后采用插值法确定内部收益率。

（3）采用测试法及插值法确定内部收益率时，由于各年现金流量不等，因此：①首先应设定一个折现率$i_1$，再按该折现率将项目计算期的现金流量折为现值，计算净现值NPV1。②如果$NPV1>0$，说明设定的折现率$i_1$小于该项目的内部收益率，此时应提高折现率（设定为$i_2$），并按$i_2$重新将项目计算期的现金流量折为现值，计算净现值NPV2；如果$NPV1<0$，说明设定的折现率$i_1$大于该项目的内部收益率，此时应降低折现率（设定为$i_2$），并按$i_2$重新将项目计算期的现金流量折为现值，计算净现值NPV2。③如果此时NPV2与NPV1的计算结果相反，即出现净现值一正一负的情况，测试即告完成，因为零介于正负之间（能够使投资项目净现值等于零时的折现率才是内部收益率）；但如果此时NPV2与NPV1的计算结果相同，即没有出现净现值一正一负的情况，测试还将重复进行②的工作，直至出现净现值一正一负的情况。

内部收益率法的优点是能够把项目寿命期内的收益与其投资总额联系起来，指出这个项目的收益率，便于将它同行业基准投资收益率对比，确定这个项目是否值得建设。使用借款进行建设，在借款条件（主要是利率）还不很明确时，内部收益率法可以避开借款条件，先求得内部收益率，作为可以接受借款利率的高限。但内部收益率表现的是比率，不是绝对值，一个内部收益率较低的方案，可能由于其规模较大而有较大的净现值，因而更值得建设。所以在各个方案选比时，必须将内部收益率与净现值结合起来考虑。

## 二、市场预测与不确定性分析法

### （一）市场预测法

市场预测主要是预测产品的需求与供给。市场预测方法一般分为定性预测和定量预测两大类。定性预测是根据掌握的信息资料，依据专家个人和群体的经验、知识，运用一定的方法，对市场未来的趋势、规律、状态做出主观的判断和描述。定量预测是根据历史和现在的统计数据资料，选择或建立合适的数学模型，分析研究其发展变化的规律并对未来做出预测。常见的有一元线性回归分析法。

线性回归法是假定因变量y和自变量x之间存在线性相关关系，且已获得一组历史数据为$x_i$、$y_i$（i=1,2,…,n）。则可用直线$y=a+bx$定量化描述两个变量之间关系，其中的参数$a$、$b$由下式确定：

$$a=\frac{1}{n}\sum_{i=1}^{n}y_i-\frac{1}{n}\cdot b\cdot\sum_{i=1}^{n}x_i \qquad b=\frac{\sum_{i=1}^{n}x_iy_i-\frac{1}{n}\sum_{i=1}^{n}x_i\cdot\sum_{i=1}^{n}y_i}{\sum_{i=1}^{n}x_i^2-\frac{1}{n}\left(\sum_{i=1}^{n}x_i\right)}$$

### （二）项目筹资估算

项目融资主要通过对拟建项目的资金来源、投融资模式、融资方式、融资结构、融资成本和融资风险的研究，来对项目融资方案进行分析、评价和比选。

项目的投融资模式是指项目投资、融资所采取的方式，主要包括项目的投融资的组织方式、融资结构。按照是否依托与项目组建新的经济实体和形成项目的融资信用体系划分，项目的融资分为两种基本的融资组织方式：新建项目法人融资和既有项目法人融资。

新建项目法人融资又称项目融资，即为了实施新项目，由项目的发起人及其他投资人出资，建立新的独立承担民事责任的法人（公司法人或事业法人），承担项目的投融资及项目运营。以项目投资所形成的资产、未来的收益或权益作为项目融资信用基础，取得项目债务融资。在这种融资方式下，比较容易切断项目对于投资人带来的风险，实现所谓“无追索权”或“有限追索权”的借款形式。

“有限追索权”主要表现在时间及金额两个方面。时间方面的追索限制通常表现在：项目建设期内项目公司的股东提供担保，而建成后，改为以项目公司的财产作抵押的形式。金额方面的限制可能是股东只对事先约定的金额提供担保或仅仅只是保证在项目投资建设及经营的最初阶段提供事先约定的金额追加投资支持。

既有项目法人融资又称公司融资，是由项目发起人公司——既有项目法人出面筹集资金，投资新项目，不组建新的独立项目法人的一种融资形式。在这种融资形式下，项目的投资经营是公司经营的一部分，公司以其全部的资产和现金流提供债务偿还的保证。

“权益投资”是指投资人以资本金形式向项目或企业投入资金，称作“权益投资”。权益投资取得对项目或企业产权的所有权、控制权、收益权。通常企业权益投资以“注册资金”形式投入。当然企业也可以采用其他形式，如资本公积、企业留成利润等形式。权益投资是企业资本投资，构成企业融资的基本信用基础。权益投资有多种形式，不同的投资方式构成了不同的投资产权结构。项目融资分析需要对项目投资产权结构进行研究。

现代公司的资金来源主要有两个部分：股东权益资金和负债。以权益资金投资公司的资金取得公司的产权；以负债方式筹集的资金，提供资金方只取得对公司的债权。债权人优先于股权人受偿，但对于公司没有控制权。

为了建立投资风险的约束机制，有效控制投资规模、提高投资效益，国家从1996年开始，对于固定资产投资实行资本金制度。无论是国有企业或集体企业投资项目必须首先落实资本金才能进行建设。个体和私营企业的经营性投资项目参照执行，公益性投资项目不实行资本金制度。

公司融资的项目资本金来源主要有四个方面：企业自有的现金；未来生产经营中可获得的资金；企业资产变现（短期投资、长期投资、流动资产、固定资产和无形资产变现）；企业增资扩股等。

负债融资是指项目融资中除资本金以外，以负债方式取得的资金。负债资金的主要来源有商业银行、政策性银行贷款、出口信贷、发行债券和可转换债、融资租赁、外国政府贷款和国际金融机构贷款等筹资方式。

项目融资方案研究需充分调查和分析项目运行和融资环境，向政府及各种可能投资方反复征询，不断修改和完善，最终拟定出一套或几套完整的、合理的，并能满足项目建设和运营的项目融资方案。项目融资方案设计的基本要求：

（1）合理确定项目资金需用量和使用时间。项目资金总需用量根据项目估算确定，使用具体时间按工程总进度计划和具体建设合同的要求确定，适当考虑一定的提前。

（2）认真选择资金来源，力求降低资金使用成本。不同渠道和方式筹集到的资金，难易程度、资金成本、项目面临的财务风险等都不一样。因此应尽量考虑资金来源的可靠性，并选择资金成本较低，同时给项目管理带来风险最小的负债融资方案。

（3）方案设计中应考虑项目建设和运营时对资金的需求，使确定的融资方案能够切实可行，确保项目建设和经营的需要，同时应考虑多方案融资以避免项日的融资风险。

（4）适当维持自有资金比例，正确安排负债资金使用。如果项目运营正常，适当负债经营，由于财务杠杆效应，可以给项目带来较大好处。因借款利息可以在所得税前列入成本费用，对项目净利润影响较小，并能提高自有资金的使用效率。但负债多少应与自有资金和项目偿债能力的要求相适应，一般企业负债率不得超过60%，最高不得超过80%。债务过大，有时会发生财务危机（风险），甚至会因丧失偿债能力而使项目或企业面临破产。因此，项目法人既要利用负债经营的积极作用，又要避免可能产生的债务危机，示例如表3-1、表3-2所示。

表3-1　某新建项目资金来源计划表

| 序号 | 资金渠道 | 金额（万元） | 融资条件 | 融资可信程度 |
|---|---|---|---|---|
| 1 | 资本金 | 2800 | | |
| 1.1 | 股东 A 投资 | 1000 | | |
| 1.2 | 股东 B 投资 | 550 | | |
| --- | | | | |
| 2 | 负债资金 | 5000 | | |
| 2.1 | 银行贷款（中长期） | 4500 | 期限 5 年，利息 6% | 银行承诺 |
| 2.2 | 发行债券 | 500 | | |

表3-2 投资使用与资金筹措计划表（新建项目法人项目）

| 序号 | 项目 | 合计 | 第一年 | 第二年 | |
|---|---|---|---|---|---|
| 1 | 投资使用 | | | | |
| 1.1 | 不含建设期利息投资 | | | | |
| 1.2 | 建设期利息 | | | | |
| 1.3 | 流动资金 | | | | |
| 2 | 资金筹集 | | | | |
| 2.1.1 | 资本金 | | | | |
| 2.1.2 | | | | | |
| — | | | | | |
| 2.2 | 借款 | | | | |
| 2.2.1 | 长期借款 | | | | |
| 2.2.2 | 短期借款 | | | | |
| 2.3 | 发行债券 | | | | |
| 2.4 | 融资租赁 | | | | |
| | | | | | |

### （三）不确定性及不确定性分析的含义

对投资项目进行财务评价时，均需要采用价格、折现率、生产规模等一系列变量来测算项目的投资成本、经营成本、利润等指标，由于这些变量受多种因素的制约或影响，测算时均在一系列假设条件下，这样，使得将来的实际情况很难与评价时所假设的或预测的结果完全一致，这种不一致性就是项目的不确定性。将来容易发生变化的因素称为不确定性因素。项目的不确定性分析就是以计算和分析各种不确定性因素的变化对投资项目经济效益影响程度为目标的一种经济分析手段。项目可能遇到的不确定性有：①价格的变化：包括产品价格、原材料价格等。②生产能力的变化：由于原材料、燃料动力供应及市场销路等的变化使生产能力达不到设计生产能力时对项目经济效益的影响。③工艺技术的变化：由于新工艺、新技术的采用使原来估计的一些参数发生变化。④投资费用的变化：评价时低估了投资额或建设期、投产期延长对项目经济指标的影响。⑤经济形势的变化：主要指国家财政、税收、金融、价格等经济政策的变化对项目经济指标的影响。⑥社会政治环境的变化：主要指政治力量的变化，政府人员的替换会使政策失去稳定性、连续性并影响到项目的经济效益。

常用的不确定性分析的方法有盈亏平衡分析、敏感性分析、概率分析。

盈亏平衡（量—本—利）分析。盈亏平衡是指项目当年的销售收入等于其产品成本，即项目的经营成果既不盈利也不亏损。盈亏平衡分析是分析和确定某一项目在达到一定生产水平时其支出和收入平衡关系的分析方法。分析的目的是通过盈亏平衡的计算和确定盈亏平衡点（BEP），来分析和评价项目产品产量、成本费用、销售收入及利润间的制约关系，其又称为量—本—利分析。其前提条件是成本费用可以分为固定成本费用和变动成本费用。

盈亏平衡分析是一种通过分析产品成本、销售量和销售利润这三个变量之间的关系，掌握盈亏变化的临界点（保本点）而进行选择的方法。可以对项目的风险情况及项目对各个因素不确定性的承受能力进行科学的判断，为投资决策提供依据。传统盈亏平衡分析以盈利为零作为盈亏平衡点，没有考虑资金的时间价值，是一种静态分析，盈利为零的盈亏平衡实际上意味着项目已经损失了基准收益水平的收益，项目存在着潜在的亏损。把资金的时间价值纳入到盈亏平衡分析中，将项目盈亏平衡状态定义为净现值等于零的状态，便能将资金的时间价值考虑在盈亏平衡分析内，变静态盈亏平衡分析为动态盈亏平衡分析。由于净现值的经济实质是项目在整个经济计算期内可以获得的、超过基准收益水平的、以现值表示的超额净收益，所以，净现值等于零，意味着项目刚好获得了基准收益水平的收益，实现了资金的基本水平的保值和真正意义的“盈亏平衡”。动态盈亏平衡分析不仅考虑了资金的时间价值，而且可以根据企业所要求的不同的基准收益率确定不同的盈亏平衡点，使企业的投资决策和经营决策更全面、更准确，从而提高项目投资决策的科学性和可靠性。

盈亏平衡分析建立在如下假设条件下：①产品生产量等于销售量。②变动成本费用与产量成正比例变化，因而，总成本费用是产量的线性函数。③在所分析的产量范围内，固定成本保持不变。④各种产品的销售价格，对不同的销售水平都相同。⑤销售收入是销售量的线性函数。⑥采用的数据是项目正常生产年份内的，即达到设计生产能力时的数据。

采用量本利分析时，关键是找出企业保本时的产量，此时，企业的总收入等于总成本，而找出盈亏平衡产量的方法有代数法和图解法两种。

代数法是用代数式来表示产量、成本和利润的关系的方法。量本利分析法的基本公式如下：

企业利润＝销售收入－总成本

＝单产品销售价格×销量－（固定成本＋单位产品变动成本×销量）

假设：$Z$代表利润，$S$代表销售额，$C$为总成本，$Cf$为固定成本，$P$代表单位产品销售价格，$CV$代表单位产品变动成本，$Q$代表销售量。

则量本利分析法的数学公式为：

$$Z=S-C=PQ-(Cf+CVQ)$$

当企业的利润为零，即企业不亏不盈时，此时的产量为保本产量或盈亏平衡点产量。即：

$$Z=PQ-(Cf+CVQ)=0$$

将此时的产量$Q$记为$Q^*$，有：

$$Q^*=\frac{Cf}{P-CV}$$

式中：$Q^*$——保本产量（销售量）；

$P-CV$——边际贡献。

（四）敏感性分析

敏感性分析是在投资方案的分析评价中找出对项目经济指标反应敏感的不确定性因素，测定这一个或几个因素在一定范围内变动对有关指标影响程度的动态分析方法。其是项目评价中一个很有用的技术方法，一般主要用于测定不确定性因素对内部收益率和净现值的影响程度及变动范围。

不确定性因素的选择依项目的规模、类型不同而不同。一般在进行敏感性分析时只分析那些在成本、收益的构成中占的比重最大，对项目经济效益指标有较大影响的，并且在整个项目寿命期内最有可能发生变化的因素。常考虑的不确定性因素有：①原材料、燃料动力及产品价格。②生产能力利用率。③建设期和投产期。④总投资。

单因素敏感性分析基本步骤：

第一步，先改变一个不确定性因素，如产品价格降低10%或20%，其他因素假定不变；

第二步，对与变化的因素直接相关的基础数据进行调整；

第三步，根据调整后的数据重新编制现金流量表并计算内部收益率及净现值；

第四步，重复以上三步，选择几个将来容易发生变化且重要的不确定性因素，计算其发生变化后的内部收益率和净现值。

根据计算的几组数据可分别用敏感系数法、列表法、图示法进行分析。在几个不确定性因素中，若某一个因素对应的敏感性系数大，则表明该项目对这一因素的变化最敏感，即该因素的变化对经济效益影响程度最大。

敏感系数＝目标值变动的百分数/敏感性因素变动的百分数×100%

示例如表3-3所示。

表3-3 财务敏感性分析表

| 序号 | 不确定因素 | 不确定因素变化率（%） | 内部收益率（%） | 净现值（万元） |
|---|---|---|---|---|
| | 基本方案 | | 12.78% | 22265 |
| 1 | 固定资产投资 | +10% | 11.99% | 18911 |
| | | -10% | 13.71% | 25619 |
| 2 | 产品售价 | +10% | 15.51% | 40545 |
| | | -10% | 9.72% | 3985 |

敏感性分析能够确定影响项目经济效益的敏感因素。寻找出影响最大、最敏感的主要变量因素，进一步分析、预测或估算其影响程度，找出产生不确定性的根源，采取相应有效措施。计算主要变量因素的变化引起项目经济效益评价指标变动的范围，使决策

者全面了解建设项目投资方案可能出现的经济效益变动情况，以减少和避免不利因素的影响，改善和提高项目的投资效果。通过各种方案敏感度大小的对比，区别敏感度大或敏感度小的方案，选择敏感度小的，即风险小的项目作投资方案。通过可能出现的最有利与最不利的经济效益变动范围的分析，为投资决策者预测可能出现的风险程度，并对原方案采取某些控制措施或寻找可替代方案，为最后确定可行的投资方案提供可靠的决策依据。

#### （五）概率分析

概率分析又称风险分析，是通过研究各种不确定性因素发生不同变动幅度的概率分布及其对项目经济效益指标的影响，对项目可行性和风险性以及方案优劣作出判断的一种不确定性分析法。概率分析常用于对大中型重要若干项目的评估和决策之中。

概率分析，通过计算项目目标值（如净现值）的期望值及目标值大于或等于零的累积概率来测定项目风险大小，为投资者决策提供依据。进行概率分析具体的方法主要有期望值法、效用函数法和模拟分析法等。

（1）期望值法（Expectancy Method）。期望值法在项目评估中应用最为普遍，是通过计算项目净现值的期望值和净现值大于或等于零时的累计概率，来比较方案优劣、确定项目可行性和风险程度的方法。

（2）效用函数法（Utility Function Method）。所谓效用，是对总目标的效能价值或贡献大小的一种测度。在风险决策的情况下，可用效用来量化决策者对待风险的态度。通过效用这一指标，可将某些难以量化、有质的差别的事物（事件）给予量化，将要考虑的因素折合为效用值，得出各方案的综合效用值，再进行决策。效用函数反映决策者对待风险的态度。不同的决策者在不同的情况下，其效用函数是不同的。

（3）模拟分析法（Model Analysis）。模拟分析法就是利用计算机模拟技术，对项目的不确定因素进行模拟，通过抽取服从项目不确定因素分布的随机数，计算分析项目经济效果评价指标，从而得出项目经济效果评价指标的概率分布，以提供项目不确定因素对项目经济指标影响的全面情况。

## 子项目4　项目评估

### 一、项目评估概述

#### （一）项目评估的含义及要求

项目评估可分为对项目建议书的评估，即立项评估；对项目可行性研究报告的评估，即贷前评估或审计；对项目实施的评估，即事中评估；对项目建成、达产、运营后的评估，即事后评估等，这里主要是指贷前评估。项目评估指在项目可行性研究的基础上，由第三方（国家、银行或有关机构）根据国家颁布的政策、法规、方法、参数和条例等，从项目（或企业）、国民经济、社会角度出发，对拟建项目建设的必要性、建设条件、生产条件、产品市场需求、工程技术、经济效益和社会效益等进行评价、分析和论证，进而判断其是否可行的一个评估过程。

项目评估的基本任务是为投资决策服务、为优化投资总目标服务，以尽可能少的投资、投入，尽可能快的速度和优良的质量建成项目，实现规划（项目建议书和可行性研究报告）预定的目标，取得最大的经济效益和社会效益。项目评估工作要满足以下基本要求：

（1）评估人员要站在国家立场上，坚持实事求是的原则，认真进行调查研究，广泛听取各方面的意见。评估意见要做到公正、科学、可靠，能经得起实践的检验。

（2）评估的内容要求论证投资项目是否符合国家的有关方针、政策、法令和规定，是否符合国家有关宏观经济要求，是否符合国家经济和社会发展长远规划、行业规划的要求，是否符合工业布局和产品结构的要求，在技术上、工程设计上是否合理可行，产品是否满足市场的需求以及经济效益和社会效益是否合理等，即对可行性研究报告进行评估论证。

（3）评估在方法上，要求采用定量分析与定性分析相结合，动态分析与静态分析相结合，宏观效益与微观效益相结合等综合分析的方法，突出重点，抓住关键，组织社会咨询专家、学者进行综合研究，在具体方法上要求做到规范性、配套性、系统性、统一性。

### （二）项目评估与可行性研究的区别与联系

项目评估和可行性研究都是项目投资决策的重要组成部分，不可或缺，二者既有联系，又有区别。

（1）在项目建设的整个过程中，二者均处于项目管理的前期阶段，都是通过对项目进行全面的论证和评价，为投资决策提供科学的依据，对投资项目的成败起着十分重要的作用。

（2）二者的目的相同，都是为了避免或减少投资决策的失误，提高决策的科学化、民主化水平，避免投资失误，获取最大的投资效益。

（3）二者在内容、方法和要求上基本相同。可行性研究和项目评估都是采用国家制定的统一的、规范的评价方法、经济参数、技术标准对项目进行可行性分析和论证，并使用相同的评价指标体系来判别项目是否可行。分析的内容都包括项目建设的必要性、生产建设条件、财务效益、国民经济效益和社会效益等。在分析和评价的过程中两者都要求以科学、公正、客观的态度进行工作。

可行性研究与评估在概念上、工作顺序上、工作依据、研究角度等方面存在一定差别。可行性研究是对拟建项目进行技术经济论证，以项目在技术、财务上的可行与否和经济上的合理与否提出可行性研究报告，为决策提供依据。项目评估是对可行性研究报告提供的结论进行审查、研究、判明可行性研究的准确性，提出评估报告，为项目决策，是否提供贷款提供依据。在研究角度上，可行性研究仍然属于项目论证工作，而评估属于项目的决策工作。可行性研究多由项目单位委托技术或设计部门进行，受项目单位的制约影响较大，较多地偏重技术和财务分析，项目评估由决策机关或向项目贷款的金融机构委托有关专家组进行，受项目单位影响较少，是站在宏观的国民经济的立场来评估项目的经济效益。两者的具体区别如表3-4所示。

表3-4　可行性研究与项目评估的区别

| 研究阶段 | 可行性研究 | | | 评估和决策 |
|---|---|---|---|---|
| | 机会研究 | 初步可行性研究 | 详细可行性研究 | |
| 研究性质 | 项目设想 | 项目初步选择 | 项目拟定准备 | 项目评估 |
| 研究工作目的 | 鉴别投资方向和目标；选择项目，寻求投资机会（地区、行业、资源和项目的机会研究），提出投资建议 | 对项目初步评价，作专题辅助研究，广泛分析、筛选方案，鉴定项目的选择依据和标准，研究项目的初步可行性 | 对项目进行深入细致的技术经济论证，重点对项目进行财务效益和经济效益分析评价，多方案比选，提出结论性意见，确定项目投资的可行性和选择依据标准 | 综合分析各种效益，对可行性研究报告进行评估和全面审核，分析判断项目可行性研究的可靠性和真实性 |
| 研究工作要求及作用 | 编制项目建议书，为初步选择投资项目提供依据 | 编制初步可行性报告，判定是否有必要进行下一步详细可行性研究，进一步判明建设项目的生命力 | 编制可行性研究报告，作为项目投资决策的基础和依据 | 提出项目评估报告，为贷款决策提供决策依据 |
| 估算精度 | ±30% | ±20% | ±10% | ±10% |
| 研究费用占总投资的比例% | 0.1~1.0 | 0.25~1.25 | 大项目：0.2~1.0<br>中小项目：1.0~3.0 | 依项目大小经费不等 |
| 需要时间 | 大中项目1~2个月；<br>小项目2个星期 | 4~6个月 | 大项目8~12个月或更长；<br>中小项目4~6个月 | 依项目大小时间不等 |

## （三）项目评估的工作程序

（1）评估前的准备工作。进行项目评估的机构，在确认评估工作的任务以后，要进行一些必要的准备工作，如准备组织人员，了解与项目相关的背景情况等。

（2）组建评估小组。根据项目评估的内容组织各方面的专家组成评估小组，并明确各自的分工。评估小组的专家应包括涉及项目建设与运营过程的各方面的专业人员，如工程技术专家、市场分析专家、财务分析专家、经济分析专家、法律专家、环保问题专家、社会问题专家等。评估小组的专家应是各领域的权威，并能保证评估结果的客观性、公正性，不受项目单位的影响。

（3）安排评估计划。评估小组组成后，应根据评估工作的目标制定具体的工作计划，包括需要解决的问题、要达到的目的、评估的方法、需要搜集的资料、评估的内容和范围、评估的时间进度等。

（4）收集资料。在项目评估工作中，收集资料是一项工作量和难度都很大的工作。尽管在可行性研究报告中已提供了大量有相关数据，但是评估小组必须站在公正的立场上，通过独立的调查收集，保证资料来源的可靠，对可行性研究报告中的数据进行查证，以判断其正确性和真实性。资料收集上来之后，要进行加工整理、汇总分类，并编制出各种表格，供审查分析时使用。

（5）审查分析。在调查研究和收集资料的基础上，对可行性研究报告的内容进行审查分析和评估。在审查分析中要分清主次，找出主要问题进行重点分析，审查结论要从客观角度，综合各种因素的变化趋势，考虑各因素间的相互关系及其变化对项目的影响。

（6）编写评估报告。评估小组在分析论证后，要编写评估报告，进行多方案比较，确定最优方案，做出评估结论，对项目中可能存在的问题，提出可行的建议。撰写评估报告要注意以下几点：

1）在撰写报告之前，必须在全面收集资料的基础上，核实评估数据。

2）要求评估人员站在公正的立场，科学地、客观地给予评述。

3）切忌搬抄可行性研究报告，应对可行报告中提出的方案、论据提出自己的见解，要求评估报告源于可行性研究报告，又要超过可行性研究报告，也不能超出自己的职权的范围。

4）要善于用数据说明问题。通过具体数据表明观点更科学、更有说服力。

5）评估报告要求简明、清晰、逻辑严密、结论明朗、语言精练。

（7）呈报与建档。由总审组负责人召集评估小组成员讨论通过，签名盖章。呈报项目决策部门，为决策提供依据。评估小组及时总结经验，将资料、数据、报表、情况分析、计算公式及评估报告副本整理装订成册，立卷存档，备查、备用。

## 二、项目评估的内容

项目评估要以可行性研究为依据，所以评估的内容与可行性研究的内容基本一致。项目评估论证的重点是项目建设的必要性、建设生产条件、环境保护、财务效益、国民经济效益和社会效益。

### （一）项目必要性的评估

（1）分析项目概况及发展目标。包括项目发起人的情况，提出项目的背景，项目的运营目标，对当地经济及社会发展的影响。对于由企业提出的项目要分析企业的概况，财务、经营、资信情况，现有的技术水平及管理模式。同时，还要分析与项目有关的政策、法律、法规、经济发展规划等，要使项目在不违反法律、法规的情况下，最大限度地符合国家、地区的优先发展、重点发展的优惠政策。

（2）市场需求分析。对已有的相关产品情况进行调查，对市场现有及潜在的需求进行研究，对国内外的市场前景进行预测。在此基础上，结合项目所提供的产品的特点，做出产品的市场需求预测。

（3）项目建设规模分析。根据市场需求分析的结果，研究项目建设规模是否经济、合理，从而确定项目最佳的生产规模。

### （二）建设生产条件的评估

它是在项目建设必要性评估的基础上，对项目实施的可能性所进行的评估，主要内容应包括：

（1）项目需用资源的供应条件的评估。主要是对资源条件、原材料、燃料，动力供应、交通运输条件、公用设施条件的评估，主要研究其可行性、经济性和合理性。

（2）项目组织机构的评估。不同性质的项目，其组织管理机构也不相同。组织机构是保证项目顺利进行的重要条件。在进行组织机构评估时要注意的是，项目所选择的组织机构和管理制度是否与项目相适应，能否保障项目的高效运行。

（3）项目技术评估。技术评估是对拟建项目的工艺方案，设备选型，技术基础参数、项目布置和土建工程等进行技术分析论证，以判断项目在技术上的可行性。

### （三）对环境保护的评估

（1）项目对环境造成的近期和远期影响，以及拟采取的防治措施进行评估。确认和选择技术上可行、经济和布局合理的方案。

（2）审查特有的环境影响评价报告书是否齐全。

（3）评估项目环境保护措施与治理方案是否一致，“三废”治理和防止噪声干扰是否符合保护生态环境的要求。

### （四）评估项目投资估算和资金来源的合理性和可靠性

审查项目投资估算是否合理，有无高估冒算，造成决策大于预算、预算大于概算、概算大于估算的“三超”现象；有无有意降低批准价格而有意压低投资总额的现象，项目资金来源是否可靠，是否符合国家规定。

### （五）对项目经济效益的评估

经济评价是对投资项目可行性研究报告进行评估的核心，它贯穿评估的全过程，也是反映评估的最终结果。在经济评价中所使用的方法与参数指标，基本与项目可行性研究报告中的经济评价相同。但是，经济评估是以项目可行性报告中的经济评价为依据，并在此基础上进一步优化与深化的。

（1）项目经济评估的内容。包括：①经济评估的依据，主要是经审批的项目建议书、立项审批文件、可行性研究报告以及国家颁发的有关法律、技术经济文件和环境影响评价报告书等。②对项目总投资的评估。③财务评估。④国民经济评估。⑤方案经济效益估选。⑥社会评估。⑦不确定性分析的评估。⑧经济评估综合论述（包括存在问题、风险分析与建议）。⑨附件。

（2）经济评估的基本要求。包括：①从全局和行业（地区）具体情况出发，科学、公正、客观地对重点内容进行详细评估。②经济评估要抓住技术适用性、先进性与经济合理性这三个方面。③经济评估主要是对项目可行性研究报告中的基本数据，技术经济指标做出分析与鉴定。

（3）财务评估。包括：①对可行报告中提供的财务基本报表进行鉴定。②对可行报告中提供的技术经济财务指标进行鉴定。

（4）国民经济评估。包括：①对可行报告中的国民经济评估基本报表进行鉴定。②对可行报告中的经济指标进行鉴定。

（5）方案的经济效益比选。

（6）不确定性分析与风险分析的评估。包括①不确定性分析的评估，一般应对项目可行性报告提供的盈亏平衡分析、敏感性分析和概率分析进行鉴定。②风险分析的评估，包括在盈亏平衡分析基础上，对项目抗风险能力进行评估；在敏感性分析基础上，分析产品单价等敏感性因素变动对内部收益率等主要经济指标的影响，评价项目抵抗风险的能力；概率分析方法本身就是预测不确定因素和风险因素对项目经济评估指标影响的一种定量分析方法。

（7）经济评估的综合结论。在经济评估后，将各分项评估的结果综合起来，做出简明扼要、观点明确的结论。

### （六）对项目社会效益与社会影响的评估

社会效益和社会影响评估的内容应包括科技发展、就业效果和社会进步等方面的评估。

对于不同的评估而言，项目评估的内容有所差异，在项目建设中，往往要进行贷款，银行也需要对项目进行评估，其评估涉及贷款人评估，需要企业调查与项目调查。企业调查时对投资项目的企业的历史情况、生产规模、近年来生产经营和财务状况及存在的问题进行调查，主要包括贷款人概况、偿债能力分析、获利能力分析、经营管理能力分析、履约能力分析、发展潜力分析等。项目调查是对有关项目产品的国内外市场、原材料供应、产品价格、产品成本及工艺技术等方面的情况进行调查，还包括政策性风险、贷款人风险、项目风险、担保风险、行业及产品风险、地区国别风险等。对可行性研究报告进行审查分析额基本内容包括：①项目建设的必要性审查。②项目的生产规模审查。③项目建设条件审查。④项目的设计和技术审查。⑤项目的财务数据预测审查。⑥财务评价审查分析。⑦国民经济评价审查分析。⑧不确定性审查分析。⑨总评估。

## 三、项目国民经济评价

项目国民经济评价简称国民经济评价，是指从国家整体角度考察项目的效益和费用，是项目经济评价的核心组成部分。

国民经济评价与财务评价是相互联系的，它们之间既有区别又有共同之处。财务评价与国民经济评价的共同之处在于：①不论是财务评价还是国民经济评价，都要寻求以最小的投入获取最大的产出。②评价的方法相似。两者都是经济评价，都使用基本的经济评价理论，即费用效益分析比较的理论方法；两者都采用现金流量分析方法，通过编制基本报表计算净现值、内部收益率等指标。③评价的基础相同。财务评价和国民经济评价都是在项目完成产品需求预测、厂址选择、工艺技术选择、设备选型、投资估算、资金筹措等基础上进行的。

之所以开展国民经济评价，是宏观上合理配置国家有限资源的需要。国家的资源（资金、土地、劳动力……）总是有限的，而同一种资源可以有不同的用途，必须从这些相互竞争的用途中做出选择。这时，需要从国家整体利益的角度来考虑，借助于国民经济评价。国民经济是一个大系统，项目建设是这个大系统中的一个子系统，国民经济评价就是要分析项目从国民经济中所吸取的投入以及项目产出对国民经济这个大系统的经济目标的影响，从而选择对大系统目标最有利的项目或方案。同时，也能真实反映项目对国民经济净贡献的需要。不少商品的价格，不能反映价值，也不反映供求关系，即所谓的价格“失真”。在这样的条件下，按现行价格来考察项目的投入或产出，不能确切地反映项目建设给国民经济带来的效益和费用。通过国民经济评价，进行价格调整，运用能反映资源真实价值的价格，来计算建设项目的费用和效益以便得出该项目的建设是否有利于国民经济总目标的结论。最后，是投资决策科学化的需要。运用国民经济评价的相关指标以及有关参数，可以影响国民经济评价的最终结论，进而起到鼓励或抑制某些行业或项目发展的作用，促进国家资源的合理分配。也有利于抑制投资规模。当投资规模过计时，倒引发通货膨胀，这时通过适当提高折现率，控制一些项目的通过。从而控制投资规模。

在国民经济评价中，常采取的方法有：

（1）影响法。是以项目对国民经济的影响来评价项目的经济合理性，基本思路：分析项目的投入产出，对国民经济的初次影响和二次影响，计算出项目引起的国内增加产值。初次影响指由于项目的上马，引起的对于投入物的需求增加对国民经济的影响。二次影响指项日产出的国产经济净增值的分配和使用对国民经济的影响。该方法局限性在于投入、产出因素的分类不够清晰，计算时容易造成重复或者遗漏，部分因素量化困难。

（2）“有无法”和“前后法”。“有无法”是指根据“有项目”和“无项目”的费用，效益差异分析项目的经济合理性。“前后法”是指根据“建成项目前”和“建成项目后”的费用，效益差异分析项目的经济合理性。在分析新建项目时，两者是一致的，但在分析改扩建项目时“前后法”会存在一些问题，故一般情况不要用“前后法”。

（3）费用效益分析法。是指从国家宏观利益出发，通过识别项目的经济效益和经济费用，求得项目的经济净收益，判断项目经济可行性的过程。费用效益分析的关键在于：①准确划分项目造成的经济效益和经济费用。②确定影子价格等国民经济评价的重要参数。

国民经济评价中，费用是指为项目投入的社会劳动和资源消耗的真实价值，效益是项目产出的全部有益的效果，包括以价值形式表示的劳动成果或以使用价值衡量的效用。对费用、效益的识别，应从整个国民经济的发展目标出发，以实现资源的最优配置和有效利用从而保证国民收入最大增长为基本目标，凡对国民经济所做的贡献，即由于项目的兴建和投产为国民经济提供的所有的经济效益，均计为项目的经济效益，凡国民经济为项目付出的代价，即国家为项目建设和生产所付出的全部真实的经济代价，均计为项目的费用。

在国民经济评价中，有的费用较为直接，有的则属于间接费用和效益。直接费用是用影子价格计算的直接投入物的经济价值，如原材料、燃料动力等投入物的经济价值，一般表现为：①其他部门为供应本项目投入物而扩大生产规模所耗用的资源费用。②减少对其他项目（或最终消费者）投入物的供应而放弃的效益。③增加进口（或减少出口）所耗用（或所减收）的外汇等。

直接效益是用影子价格计算的项目直接产出物的经济价值，如果某一项目并不增加产出，其直接效益则表现为投入的节约，即因节约而释放到社会上去的那部分资源的经济价值。具体表现为：①增加产出物数量满足国内需要的效益。②替代其他相同或类似企业的产出物，使被替代企业减产以减少有用资源耗费（或损失）的效益。③增加出口（或减少进口）所增收（或节支）的国家外汇等。

项目的间接费用是指为项目付出了代价，项目本身并不需要支付的那部分费用，即社会为项目付出的代价。如由于项目上马所产生的废水、废气、废渣等引起环境污染所造成的损失即为外部费用。间接效益是指项目为社会做出了贡献，而项目本身并未得益的那部分效益，即项目为社会产生的效益。如建设一个钢厂的同时，修建了一套厂外运输系统，这套运输系统为钢厂服务的同时，还使当地的工农业生产及人民生活受益，这部分效益即为间接效益。

项目外部效果是很难计算的，为了能比较顺利的计算外部效果，可以把与项目相关联的项目（相关项目）合在一起作为联合体进行评价，然后再把它们分解开来，得到外部效果。相关项目是指拟建项目建成后，要维持其正常生产和流通可能引起的其他新项目的建设，而这些新项目所需的投资成本及其产生的效益又没有包括在拟建项目之内。

为了更为准确地衡量项目投入与产出的真实价值，引入影子价格来计算其费用和效益。从某种意义上说，影子价格是一种没有确切含义的计算价格，依据计算者的需要、计算模型的不同而有不同的经济含义。有的学者将影子价格泛指为不同于现行价格的计算价格，有的学者将影子价格狭义理解为用数学规划方法解出来的那种计算价格。

从项目经济评价的角度，一般将影子价格理解为对有用资源稀缺程度的评价，或者是参加生产的资源在最优配置和利用时所应得到的价格。它的着眼点是资源的最优配置，它的评价尺度是资源的边际效益，其经济含义是在最优计划单位下资源所产生的收益增量，即资源合理利用的社会经济效益。

所谓资源的合理利用，就是要实现资源的最优分配，把社会劳动最多的、最稀缺的资源优先分配给经济效益最好的项目使用。影子价格就是这样一种尺度，它既要能反映某种资源的社会必要劳动消耗，即价值量的大小，也要能反映这种资源的稀缺程度，即供求关系。

在西方国家，影子价格从经济学意义上讲，是通过两个方面来决定的：第一，消费者意愿支付的价格。由于消费者愿支付的项目产出物价格并不一定是市场产出物的市场价格，所以，只有市场上该产出物完全供求平衡时，市场价格才能代表消费者愿支付价格，但产出物的完全供求平衡实际上是很难做到的。第二，投资的机会成本。即投资者由于将资金投入本项目而放弃了投向其他领域而获经济效益的代价。

影子价格的确定，取决于国际市场价格、影子汇率、社会折现率条件下国内生产价格体系、货物稀缺程度或供求关系，以及国家的税收和补贴等因素，最终由国家的基本政策目标和资源可用量之间的相互作用确定。

在确定影子价格时，首先将项目的投入物和产出物划分为外贸货物、非外贸货物、特殊投入物三类。外贸货物是指能够进出口和替代进出口的货物；非外贸货物是指不能进出口和不允许进出口的货物；特殊投入物是指劳动力和土地。

国际上通常采用的确定方法是：凡能与国外进行贸易的货物，用国际价格对国内现行价格进行调整。出口货物按离岸价（FOB）调整。进口货物按到岸价（CIF）调整，到岸价是指买方所支付的货物抵达目的港的价格，它由离岸价格、运费、保险费等几部分组成。凡不能与国外进行贸易的货物，则对产品成本进行剖析，如这些产品所使用的原材料是可以与国外进行贸易的，可用原材料的国际价格进行调整，求出一个比较合理的价格。

## 四、项目社会评价

投资项目社会评价的概念国内外尚无统一的认识，名称上既不统一，内容、方法差别也较大。美国推行环境影响评价与社会影响评价；英国及欧共体推行环境评价，包括自然环境影响与社会环境影响评价；加拿大的社会评价，除分配效果外，还包括环境质量与国防能力等方面的影响分析；巴西的社会评价则指国家的宏观经济分析。这里项目社会评价是指分析评价项目为实现国家和地方的各项社会发展目标所做的贡献与影响，以及项目与社会的相互适应性的一种系统的调查、研究、分析、评价方法。

社会评价的主要目的是系统调查和预测拟建项目的建设、运营产生的社会影响与社会效益，分析项目所在地区的社会环境对项目的适应性和可接受程度，消除或尽量减少因项目的实施所产生的各种负面社会影响，使项目的内容和实施方案符合项目所在地区的社会发展规划、社会实际情况和目标人群的具体发展需要，为项目地区的人群提供更广阔的发展机遇，提高项目实施的社会效果，并使项目能为实现项目地区的区域社会发展目标，如减轻或消除贫困、维护社会稳定等做出贡献，促进经济与社会的协调发展。

社会评价的具体任务可概括为：①识别关键利益相关者，包括项目影响群体和项目目标群体中的关键利益相关者，制定适当的框架机制使他们能够有效地参与到项目的方案选择、制定、实施、监测和评估等活动中去，尤其要为贫困和弱势群体的参与制定恰当的机制。②确保目标受益人群能够理解并接受项目所设定的目标及项目实施所带来的社会变化，使项目的内容和方案设计能够考虑到弱势群体、不同民族及其他社会差异问题。③评估建设项目的社会影响，并在确认有负面影响的情况下，提出减轻由项目活动产生的负面影响的行动方案，并使行动方案的实施措施和手段符合当地的社会习俗。④加强目标群体在社区参与、冲突解决和服务提供等方面的能力。

社会评价的原则和要求包括：①认真贯彻社会发展的方针政策，遵循有关法规。②以国民经济与社会发展目标为依据，以近期目标为重点兼顾远期目标，考虑当地社会环境全面反映项目引发的各项社会效益与影响，以及当地社区人民对项目的不同反应，促进社区人民相互适应，共同发展。③依据客观规律，从实际出发，实事求是，采用科学、适用的评价方法。④分析对比数据和比较方案时，遵循可比性原则。⑤按目标的重要程度进行排序的原则。⑥以人为本的原则。⑦“有无对比”原则。⑧深入社会调查，搞准基础情况，提高分析评价的科学性。⑨评价人员必须以公正、客观、求是的态度从事社会评价工作。

社会评价研究内容包括项目的社会影响分析、项目与所在地区的互适性分析和社会风险分析三个方面。

（1）社会影响分析。项目的社会影响分析在内容上可分为三个层次，从国家、地区、社区三个层面展开，包括正面影响和负面影响，主要包括：①项目对所在地居民收入的影响。②对居民生活水平和生活质量的影响。③对居民就业的影响。④对不同利益相关者的影响。⑤对弱势群体利益的影响。⑥对文化、教育、卫生的影响。⑦对基础设施、社会服务容量和城市化进程等的影响。⑧对少数民族风俗习惯和宗教的影响。

（2）互适性分析。互适性分析主要是分析预测项目能否为当地的社会环境、人文条件所接纳，以及当地政府、居民支持项目的程度，考察项目与当地社会环境的相互适应关系，包括：①分析预测与项目直接相关的不同利益相关者对项目建设和运营的态度及参与程度，选择可以促使项目成功的各利益相关者的参与方式，对可能阻碍项目存在与发展的因素提出防范措施。②分析预测项目所在地区的社会组织对项目建设和运营的态度。首先，分析当地政府对项目的态度及协作支持的力度。其次，分析当地群众对项目的态度以及群众参与的程度。③分析预测项目所在地区的社会环境、文化状况能否适应项目建设和发展需要。通过项目与所在地的互适性分析，评价当地社会对项目适应性和可接受程度，编制社会对项目的适应性和可接受程度分析表。

（3）社会风险分析。项目的社会风险分析是对可能影响项目的各种社会因素进行识别和排序，选择影响面大、持续时间长，并容易导致较大矛盾的社会因素进行预测，分析可能出现这种风险的社会环境和条件。

## 子项目5 项目里程碑

里程碑（Milestone）项目中的重大事件，在项目过程中不占资源，是一个时间点，通常指一个可支付成果的完成。项目里程碑定义的核心是围绕事件、项目活动、检查点或决策点，以及可交付成果这些概念来展开的。它是项目进程中的重要标记，是在规划阶段应该考虑的关键点。

在项目具体实施过程中，将会有多个里程碑。里程碑计划就是将那些对项目实施进度有重要意义的关键事件按时间顺序加以排列的文档。关于项目里程碑计划的表示方法有多种形式，包括文字法、图表法等。如图3-3所示为手机厂商的里程碑计划。

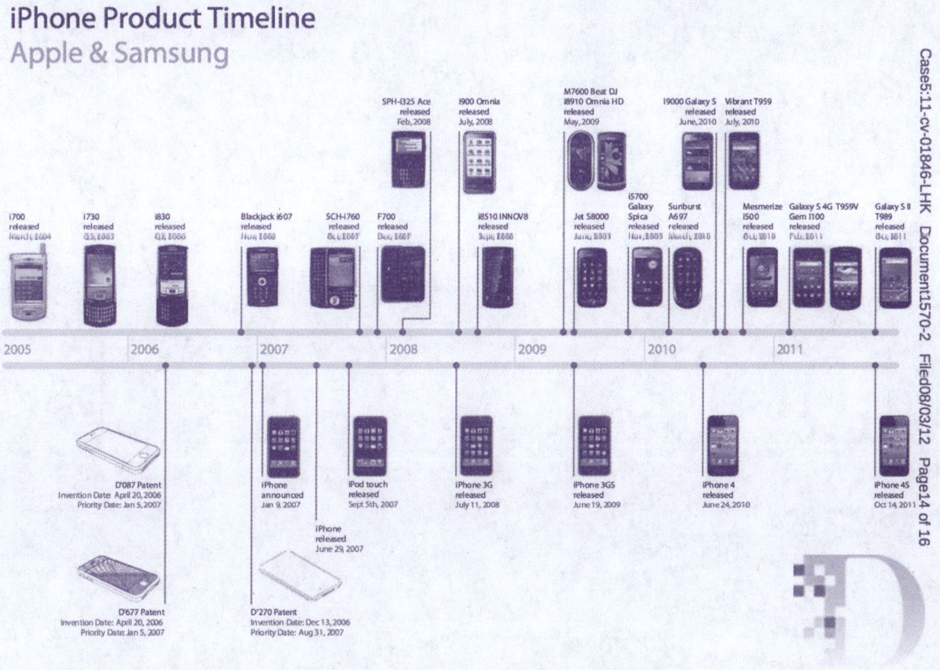


图3-3 手机厂商的里程碑计划

可交付成果（Deliverable）是指某种可以核实的工作成果或事项。一般来说，项目有阶段可交付成果和最终可交付成果两种形式。以典型项目生命周期为例，概念阶段结束时，批准可行性研究报告是一个里程碑，其可交付成果就是可行性研究报告；开发阶段结束时，批准项目计划是第二个里程碑，其可交付成果就是项目计划文件；实施阶段结束时，项目完工是第三个里程碑，其可交付成果就是有待交付的基本完工产品或文件、软件等；结束阶段结束时，项目交接是最后一个里程碑；其可交付成果就是完工产品和项目文件。

## 复习与思考

1. 可行性研究对项目实施有哪些作用?
2. 项目可行性研究由哪些阶段构成?
3. 项目可行性研究报告编写有哪些注意事项?

实训操作 · 任务 4

# 项目计划与进度管理

**任务目的** 掌握项目目标的描述，工作分解结构（WBS）、关键路径技术（CPM）和甘特图等技术工具基本使用方法。

**实训任务内容** 根据项目小组的课程项目制定项目目标和工作分解结构，完成任务分解图和任务分解表，制定出项目计划，绘制甘特图，根据计划进行项目进度管理。

- ❑ 子项目 1　项目目标
- ❑ 子项目 2　项目范围管理
- ❑ 子项目 3　项目活动界定
- ❑ 子项目 4　项目活动排序
- ❑ 子项目 5　项目活动工期估算
- ❑ 子项目 6　项目工期计划制定
- ❑ 子项目 7　项目进度管理

为了顺利地推动项目的实施，需要在项目启动之前明确项目涉及多个方面的问题，如项目要达到什么目标、需要投入多少资源、要求在什么时间完成、要求达到什么样的质量等。如果项目发起人或委托人是由多个人或组织构成，由于对项目的目的、内容、范围和行动方案等方面的认识存在差异，在很多情况下各自的想法或期望很难完全一致，有时甚至彼此冲突，相互矛盾。因此，需要通过项目系统分析、项目目标设计和项目范围界定来统一项目发起人和委托人之间的认识，协调相互之间的关系，为项目的推进铺平道路。

## 子项目1　项目目标

### 一、项目目标的概念

项目目标是指一个项目为了达到预期成果必须完成的各项指标标准。其中预期成果可能是一类所期望的产品，也可能是所希望得到的一项服务。目标管理的中心思想就是让具体化展开的组织目标成为组织中每个成员、每个层次、每个部门的行为方向，同时又使其成为评价组织每个成员、每个层次、每个部门等工作绩效的标准，从而使组织能够有效运作。彼得·德鲁克强调，凡是其业绩影响企业组织的健康成长的所有方面都必须建立目标。同样项目组织要取得项目的成功，必须有明确的项目目标。

**1. 项目目标的特点**

项目目标的特点具体体现在以下三个方面：

（1）多目标性。对一个项目而言，项目目标往往不是单一的，而是一个多目标系统，组织希望通过实施一个项目，实现一系列的目标，满足多方面的需求。但是很多时候不同目标之间存在冲突，实施项目的过程就是多个目标协调的过程，有同一个层次目标的协调，也有不同层次总项目目标和子目标的协调、项目目标和组织战略的协调等。

项目目标基本表现为3个方面，即时间、成本、技术性能（或质量标准）。实施项目的目的就是充分利用可获得的资源，使得项目在一定时间内，在一定的预算基础上，获得期望的技术成果，然而这3个目标之间往往存在冲突。例如，通常时间的缩短要以成本的提高为代价，而时间及成本的投入不足又会影响技术性能的实现，因此三者之间要进行一定的平衡。再如，企业在承接服务性项目时，其目标无外乎是：保证服务质量、降低成本、增加收入和减少资源消耗等。其中服务质量对于服务对象（即客户）最为关键。比如，承诺在规定的时限内货物的可得率不低于95%或缺货率不超过5%。然而项目运行费用（即物流成本）往往与服务质量矛盾。货物的按时送达是物流服务质量的核心指标之一。在当前多变的市场环境条件下，货物配送时间性要求强，但货物的单件配送成本远高于批量配送成本，而批量配送又会恶化配送的时间性指标，且作为物流企业还需要取得必要的经济效益。因此，这些目标之间的协调往往是项目目标设计的重要内容，它包括在同一层次的多个目标之间的协调、项目总体目标与其子项目目标之间的协调等。

（2）优先性。项目是一个多目标的系统，不同目标在项目的不同阶段根据不同需要，其重要性也不一样，例如在启动阶段可能更关注技术性能，在实施阶段主要关注成本，在验收阶段关注时间进度。对于不同的项目，关注的重点也不一样，例如单纯的软件项目可能更关注技术指标和软件质量。当项目的3个基本目标发生冲突时，成功的项目管理者会采取适当的措施来权衡，进行优选。当然项目目标的冲突不仅限于3个基本目标，有时项目的总体目标体系之间也会存在协调问题，都需要项目管理者根据目标的优先性进行权衡和选择。

（3）层次性。项目目标的层次性是指对项目目标的描述需要有一个从抽象到具体的层次结构。即一个项目目标既有较高层次的战略目标，也要有较低层次的具体目标。通常明确定义的项目目标按其意义和内容表示为一个递阶层次结构，层次越低的目标描述得应该越清晰具体。上层目标是下层目标的目的；下层目标是上层目标的手段。上层目标一般表现为模糊的、不可控的；下层目标则表现为具体的、明确的、可测量的。这里需要注意的是，各个层次的目标需要具有一致性，不能自相矛盾。

### 2. 项目目标确定的意义和要求

确定项目目标的意义体现在以下几个方面：

（1）明确项目及项目组成员共同努力的方向。作为各方沟通的方式，这种沟通体现在项目组成员之间，大家为了一个共同目标走进一个项目组，明确了项目目标也就明确了自己该做什么。这种沟通还体现在项目组与公司之间，由于项目目标与公司目标之间有内在联系，因此项目组成员一开始就清楚项目是为实现组织的什么目标服务的，另外，沟通还体现在项目与客户之间，项目的目标实质上就是满足客户的具体要求，通过目标的确定，项目与客户之间达成了统一。

（2）产生激励作用。这种激励具体表现为对项目组成员的激励，每个项目组成员都有一定的个人目标，然而无论是自觉的或不自觉的，还是明确的或含蓄的状态下，项目组成员总是根据项目目标来调整自己的努力程度。因此，项目目标的确定可以促使项目组成员调整个人目标，使个人目标与项目目标一致，因此在一定程度上可以激励项目组成员为实现项目目标而努力。

（3）为制订项目计划打下基础，为项目计划指明方向。实际上，项目计划就是为实现项目目标而服务的。项目计划又是项目组成员的行动指南。

（4）作为评价项目成功的依据。如果没有明确的项目目标，项目的有关利益人员将不清楚项目是否处在通向成功的道路上；如果没有明确的项目目标，将很难评估项目的结果是否与期望相符；如果没有明确的项目目标，个人目标将难以与项目整体目标相联系。项目目标要起到以上作用，必须具备一些基本条件，如所确定的项目目标应该被所有项目组成员及组织中各个层次的经理人员所了解。不同类型的项目在项目的初始阶段，项目目标确定的难度也不相同。为了协调好各方的利益，往往需要经历一个过程。比如对于一个新产品的开发项目，一开始项目目的目标往往难以非常清晰具体地描述。有些项目还会在项目实施过程中，根据遇到的新问题和新情况对项目中间成果进行分析、判断、审查，探索新的解决办法，做出决断，逐渐明确并不断修改目标，最终得到一个结果。项目目标一般由项目发起人或项目委托人（项目经理）确定。完成的项目目标内容将写入项目建议书中。理想状况下，项目经理是项目建议书的最佳起草人。因为项目经理是项目执行的重要主体，他对项目目标的理解和定义正确与否很大程度上也决定了项目的成败。项目目标需要加以具体描述。项目目标的描述应力求反映项目本质目标，应该清楚明确。描述项目目标包括以下基本准则：

（1）能定量描述的目标，不定性描述。

（2）尽量使目标具体化，使项目组每个成员都有可依据的明确工作目标。

（3）目标应该是经过努力可以实现的，而不是理想化的。

（4）目标的描述应尽量简洁、明确。

## 二、项目目标的确定过程

规模大而复杂的项目的目标确定经常采用系统工作方法确定。即从项目的背景情况分析开始，通过开展定义问题、提出目标因素、构成目标系统、研究目标系统各因素的关系等各项工作，完成项目目标的最终定义。

### 1. 项目情况分析

目标是以环境和系统上层状况为依据确定的。情况分析是在项目构思的基础上对上层系统状况进行调查、分析、评价，它是目标设计的前导工作。项目实践证明，正确的项目目标设计和决策需要良好的计划条件、熟悉环境和掌握大量的信息。情况分析首先要作大量的环境调查，掌握大量的资料，应该对项目的整个环境进行有效分析，具体工作包括以下几个方面：

（1）上层组织系统。上层组织系统包括上层系统的组织形式、企业的发展战略、状况及能力，以及上层组织系统运行存在的问题。项目的实施与管理离不开上层系统的制约。企业从长远战略发展出发，往往注重于项目的总体目标，看重的是项目运行的结果。

（2）市场情况。市场研究在项目目标设计中具有十分重要的地位。要在大量历史情况和数据调查与分析的基础上选择适当的理论方法，如趋势分析法、回归分析法、产品份额分析法等，对项目提供给市场的产品或服务需要有一个合理的估计，并对市场竞争的风险有一个初步的评估。

（3）相关利益方的情况。相关利益方的情况包括企业所有者或业主的状况。一个较大的项目往往有较长的建设工期和较大的前期资金的投入。项目发起人（或合伙人）的当前状况、经济实力和发展趋势直接影响未来项目的进展。“胡子工程”“烂尾楼工程”项目常常是由于对（项目发起人）企业的实力估计不足，当市场发生变化时，企业难以支撑项目的开支所造成的结果。另外还有客户、承包商、相关供应商等的情况。对于通过项目融资实施的项目，合资者、金提供者、设备供应商、工程承包商、产品购买者等各方面的状况以及合同兑现程度对项目实施的效果会产生较大的影响。

（4）社会经济情况。社会经济情况包括对社会的经济、技术、文化环境，特别是市场问题的分析。在市场经济条件下，一个购物中心的生存价值可能完全取决于它能否提高地区的购买方便性、是否加强不同配送方式之间的协作、能否真正降低流通成本。经济落后地区对大型购物中心需求会明显低于经济发达、经济区域化乃至国际化显著的地区。

（5）政治环境和法律环境。环境调查应是系统的，并尽可能定量，即用数据说话。调查可以用调查表进行，主要应着眼于历史资料和现状，并对将来状况进行合理预测。

### 2. 项目问题界定

对项目情况分析后，发现是否存在影响项目开展和发展的因素和问题，并对问题分类、界定。分析得出项目问题产生的原因、背景和界限。对问题的定义必须从上层系统全局的角度出发，要抓住问题的核心。问题界定包括以下基本步骤：

（1）对上层系统问题进行罗列、结构化，即明确上层系统有几个大问题，一个大问题又可能由几个小问题构成。根据问题之间的逻辑关系，采用层次分析法构造出问题的层次结构关系。

（2）对原因进行分析，可应用因果关系分析法，将症状与背景、起因联系在一起进行分析。比如，造成企业利润下降的原因可能是：燃料油涨价、工人工资上涨、货物装卸作业工艺落后等造成生产成本升高；由于装卸作业工具的落后，装卸中货损率上升，使得生产质量下降，营业外赔偿费用增加；由于落后的运输工具不能满足客户的要求，需要新置或租赁新型车辆，旧车的闲置也会增加物流生产成本等。

（3）分析这些问题将来发展的可能性和对完成目标的影响。有些问题会随着时间的推移逐渐减轻或消除，而有的问题却会逐渐严重。例如，“冷冻运输”曾经是我国副食品运输的主导模式，一些城市建有大容量的冷冻仓库。但随着人民生活水平的提高，人们在食品消费方面更注重“营养”和“保鲜”。海鲜和水果等“生鲜”运输正成为“冷冻运输”的替代模式，形成中国新的特种物流市场需求，上海、广州、北京等大城市正形成航空（飞机）—公路（汽车）—生鲜仓库的特种物流链。对冷藏仓库的品种与功能的调整需要针对该城市的产品生产和消费情况来进行。因为项目要在建成后才会发挥效用，所以必须分析和预测项目未来运行时的状况，即未来的问题。

### 3. 确定项目目标因素

根据项目当前问题的分析和定义，确定可能影响项目发展和成败的明确、具体、可量化的目标因素，如项目风险大小、资金成本、项目涉及领域、通货膨胀、回收期等。具体应该体现在项目论证和可行性分析中。

常见的目标因素通常包括以下几类：

（1）问题解决的程度。问题解决的程度指项目建成后所实现的功能或所达到的运行状态。包括产品的市场占有率；产品的年产量或年增加量；新产品开发达到的销售量、生产量、市场占有率，产品竞争力；利用率；拟达到的服务标准或质量标准等。

（2）项目自身的（与建设相关）目标。项目自身的目标主要有：①生产能力目标，指项目所能达到的生产能力规模，如仓储中心的仓储容量、一定包装加工流水线的日包装能力、停车场泊车位数量等。②经济性目标，指项目投资规模、投资结构、效用、运营费用及其比例、项目投产后的产值目标和利润目标、该项目的投资收益率等。③时间性目标，包括短期（建设期）、中期（产品生命期、偿还期或投资回收期）、长期（厂房或企业设施的生命期）等目标。

（3）其他目标因素。其他目标因素主要有：工程的技术标准与水平；劳动生产率提高的水平；人均产值或利润额；生产成本降低水平；生产机械化、自动化提高水平；增加就业人数；对自然和生态环境的影响；事故的防止；对企业或当地其他产品、部门、国民经济等的连带影响。

4. 建立项目目标体系

通过项目因素确定项目相关各方面和各层次的目标，并对项目目标的具体内容和重要性进行表述。目标系统的建立是按照目标因素的性质进行分类、排序、归纳、选择、分解和结构化，形成协调一致的目标系统，如图4-1所示。

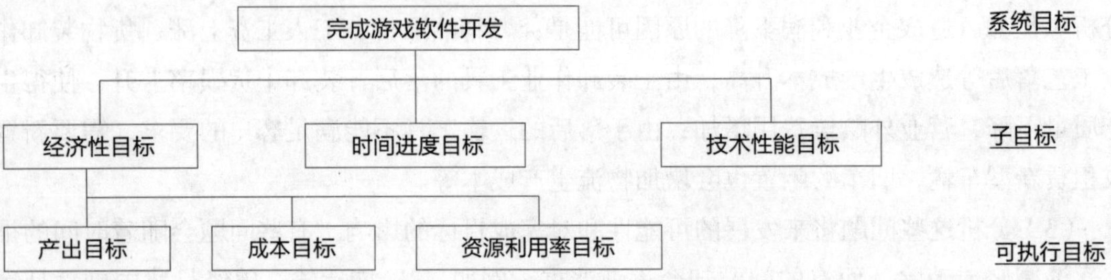


图4-1　目标体系示意图

对于大型、复杂项目，其目标系统可划分为三个层次：

（1）系统目标。系统目标是对项目总体目的的确定，一般由项目的上层系统（发起人或决策部门）决定，具有普遍的适用性。它可分为功能目标、技术目标、经济目标、社会目标、生态目标等。

（2）子目标。子目标通常由系统目标分解得到，有时一个系统目标的实现需要数个子目标来支持，或是对系统目标的补充，或是边界条件对系统目标的约束。如当设定“建设大型购物中心”为总目标时，可以设定经济性目标、时间进度目标和技术性能目标3个子目标来支持。3个子目标使系统目标具体化，也为下一步目标的细化提供了依据。

（3）可执行目标。可执行目标决定了项目的详细构成，它们是由子目标分解得到的。可执行目标经常与解决方案（技术设计或实施方案）相联系。例如图4–1中的“经济性目标”，可细化为“产出目标”“成本目标”和“资源利用率目标”3个可执行目标。

5. 各目标的关系确认

确认哪些是必要（强制性）目标，哪些是期望目标，哪些是阶段性目标，不同的目标之间有哪些联系和矛盾，便于对项目的整体把握和推进项目的进展。

## 三、项目目标的描述

1. 项目总目标的确定

项目实施前，项目经理最主要的任务是必须准确地界定项目的总目标，通过对总目标的分解便可得到项目实现的目标体系。总目标的描述应该具体、明确，并尽可能定量化。项目总目标的确定通常依据以下三个方面。

（1）工作范围。即可交付成果、交付物的描述，主要是针对项目实施的结果产物。

（2）进度计划。说明实施项目的周期、开始及完成时间。

（3）成本。说明完成项目的总费用。

2. 项目目标描述示例

建设一个购物中心项目的总体目标描述的思路如下：

（1）可交付的成果。10万平方米的购物中心。

（2）进度计划。自立项起，计划24个月内，完成并投入使用。

（3）成本。整个项目的总费用为1.2亿人民币。

# 子项目2　项目范围管理

项目的范围管理就是对一个项目从立项到完结的全过程中所涉及的项目工作的范围所进行的管理和控制活动。这里的“项目范围”包括而且只包括完成该项目、实现项目目标、获得项目产出物所“必需”的全部工作。项目的工作范围既不应超出生成既定项目产出物和实现既定项日日标的需要，也不能少于这种需要。

## 一、项目范围及其管理的概念

项目范围是指项目的“产品范围”（即项目业主/客户所要的项目产出物）和项目的“工作范围”（即项目组织为提交项目最终产品所必须完成的各项工作）的总和。项目范围管理是指对于项目“产品范围”和“工作范围”的全面管理，其中最主要的是对于项目“工作范围”的管理。

一个项目的“产品范围”既包括项目产品或服务的主体部分，也包括项目产品或服务的辅助部分。这些产品或服务的主体与辅助部分之间有彼此独立却又相互依赖的关系，所以在项目范围管理中，必须将它们作为一个整体去管理。项目的工作范围既包括完成项目产出物的主体工作，也包括完成项目产出物的辅助部分的工作，所以项目范围管理的内容既包括对于项目主体部分工作范围的管理，也包括对于项目辅助部分工作范围的管理。例如，一个信息系统项目通常包括4个部分——硬件、软件、人员和软硬件的辅助部分，这4个部分既是彼此独立，又是相互依存的，所以这4个部分都是项目范围管理的对象。

任何一个项目都需要对项目范围进行严格的管理，都需要将项目产出物范围和项目工作范围很好地结合在一起进行认真的管理，从而确保项目组织能够提供给客户满意的项目工作成果。

项目范围定义是一项非常严密的分析和推导工作，因此，需要采用一系列的逻辑推理和分析识别的方法和技术，下面主要介绍工作分解结构。

## 二、工作分解结构的概念

工作分解结构（Work Breakdown Structure，以下简称WBS）跟因数分解是一个原理，就是把一个项目，按一定的原则分解，项目分解成任务，任务再分解成一项项工作，再把一项项工作分配到每个人的日常活动中，直到分解不下去为止。即：项目→任务→工作→日常活动。工作分解结构以可交付成果为导向，对项目要素进行的分组，它归纳和定义了项目的整个工作范围，每下降一层代表对项目工作的更详细定义。WBS总是处于计划过程的中心，也是制定进度计划、资源需求、成本预算、风险管理计划和采购计划等的重要基础。

## 三、工作分解结构的作用

工作分解结构（WBS）是项目管理众多工具中最有价值的工具之一，它给予人们解决复杂问题的思考方法——解剖麻雀，化繁为简，各个击破。通过工作分解结构，项目团队得到完成项目的工作清单，从而为日后制定项目计划时工期的估计、成本预算、人员分工、风险分析、采购需求等工作奠定了基础。具体来说，WBS的作用如下：

（1）WBS能保证所有任务都识别出来，并把项目要做的所有工作都展示出来，不至于漏掉任何重要任务。

（2）WBS清晰地给出可交付成果，明确具体任务及相互关联，为不同层级的管理人员提供适合的信息。高层管理人员处理主交付物，一线主管处理更小的子交付物或工作包，使项目团队成员更清楚任务的性质，明确要做的事情。

（3）容易对每项分解出的活动估计所需时间、所需成本，可应用于计划、进度安排和预算分配，也可将小工作包的预算与实际成本汇总成更大的实际元素。

（4）通过WBS，可以确定完成项目所需要的技术、人力及其他资源。

（5）WBS为管理人员提供了计划、监督和控制项目工作的数据库，能够对项目进行有效的跟踪、控制和反馈。

（6）WBS定义了沟通渠道，有助于理解和协调项目的多个部分。WBS显示了工作和负责工作的组织单位，问题可以得到很快的处理和协调。

WBS是项目管理中最重要的文件之一，一个结构不良的WBS很可能会使项目最终成本比估算高，并且需要重做大量的工作弥补在WBS中未列出的工作，更严重者甚至会导致项目夭折。因此，建立一个好的WBS，可以维护项目健康。

## 四、工作分解结构的分解原则、方法和层次

### （一）工作分解结构的分解原则

（1）保持项目内容的完整性。

（2）一个项目单元只能属于一个上级子系统。

（3）相同层次的项目单元应有项目的性质。

（4）项目单元应能明确区分不同的工作内容和责任者。

（5）项目结构分解为项目的计划和控制服务。

### （二）工作分解结构的分解方法

目前尚没有统一的普遍认可的分解方法、规则和技术术语。它随项目的特点而变化，基本上是依靠项目管理者的经验和技能而定。分解结果的优劣也只有在项目设计、计划、实施和控制过程中才能体现出来。

常见的项目分解方法如下：

（1）按产品结构分解。例如一个汽车制造厂的项目，可以分为发动机、底盘、变速器、车架、车身、前轴后轴、轮胎等子项目。

（2）按构筑物种类进行分解。对于一个工业项目来说，它的子项目（分厂区域）有不同形式的构筑物，可以按照构筑物的种类进行分解。例如，一个分厂中可以分成车间、仓库、实验楼、办公楼、锅炉房、食堂宿舍等不同构筑物进行分解。

（3）按功能进行分解。功能是项目完成后应具有的效用，它是在一定平面和空间上发挥作用的，所以有时又被称为“功能面”。例如，一个工业厂房的功能可能要划分为生产功能和服务功能，如毛坯生产、机械加工、冲压、装配、油漆包装和运输、办公、仓储等。

（4）按要素进行分解。功能面包括各个专业要素，可以按这些专业要素分解。例如厂房结构可分解为基础、柱、墙体、屋顶及饰面等。

（5）按建筑施工特点分解。工程项目按建筑施工特点分解可分为对个单项工程、单位工程、分部工程和分项工程等。

（6）按实施过程分解。按照实施过程分解工程项目可以划分为四个阶段：立项决策、规划设计、实施建设、竣工验收。这种方法也可以按具体活动分解为项目立项、可行性研究、设计、工程招投标。

## （三）工作分解结构的层次

按照WBS的分解方法将项目分解出来后，其内容由一系列项目交付物的层次构成，所有分支不必都分解到同一水平。分支最底层细目叫作工作包，工作包是短时间的任务，有确定的起点和终点。WBS分解的层级一般情况下3~4层即可，但其细节层次随着项目的复杂性、规模、控制需要、成本和时间等多种因素变动。

表4-1显示了实践中建立层级WBS常用的分解结构：

表4-2是以某机械公司长轴质量优化方案为例对（WBS）进行层级划分：

表4-1　　实践中建立层级WBS常用的分解结构

| 层级 | 工作分解结构内容 | 描述 |
|---|---|---|
| 第一层（最高层） | 项目 | 当前开发的整个项目 |
| 第二层 | 可交付成果 | 主要的项目组成部分 |
| 第三层 | 子可交付成果 | 更小的项目组成部分 |
| 第四层（最底层） | 工作包 | 独立的项目活动 |

表4-2　　WBS分解样表

| 层级 | 工作分解结构内容 | 描述 |
|---|---|---|
| 第一层（最高层） | 长轴质量优化 | 当前开发的整个项目 |
| 第二层 | 问题调研 | 主要的项目组成部分 |
| | 优化流程设计 | |
| | 优化流程测试 | |
| | 优化流程评估 | |
| 第三层（最底层） | 长轴质量问题 | 独立的项目活动 |
| | 原生产流程分析 | |
| | 期望改进状态 | |
| | 优化流程设计 | |
| | 原生产流程测试 | |
| | 优化生产流程测试 | |
| | 收集测试数据 | |
| | 测试数据对比 | |
| | 得出结论 | |

## 五、工作分解结构的编制方法和建立步骤

### （一）工作分解结构的编制方法

#### 1. 类比模版法

类比模版法就是以一个成功的类似项目的WBS为模版，制定本项目的工作分解结构。WBS模版实际上是一个来自以前被完成的项目工作分解结构的样板或模式，这个样板常常被用于一个新项目的WBS。

#### 2. 自上而下法

从项目最大的单位开始，逐步将它们分解成下一级的多个子项。这个过程要不断增加级数，细化工作任务。这种方法的优点是层次分明，缺点是有可能遗漏一些小的任务。

#### 3. 自下而上法

从一开始就尽可能确定与项目有关的各项具体任务，然后将这些任务进行整合，并归总到一个整体活动或WBS的上一级内容去。

#### 4. 指导方针法

如果存在WBS的建立指导方针，就必须遵循指导方针进行工作分解。

### （二）工作分解结构的建立步骤

对于不用性质、不用规模的工程项目，其结构分解的结果有很大的差别。但分解过程却很相近，其基本步骤如下：

（1）将项日分解成单个定义的且任务范围明确的子项目。

（2）研究并确定每个子项目部分的特点、执行结果及完成它所需的活动，以进一步将其分解成各项任务。

（3）将各层次任务进一步分解成为工作包。

（4）将各工作包收集于检查表上，评价各层次的分解结果。

（5）将各项目单元分组，构成WBS结构图。

（6）分析并讨论分解的完整性。

（7）由决策者决定WBS结构图，并形成文件输出。

## 六、工作分解结构的表现形式及其编码

### （一）工作分解结构常见表现形式

#### 1. 气泡图

气泡图表现形式是指先不考虑层次，将所有能想到的任务都罗列出来，再用线条将任务关联起来。气泡图的优点是不容易漏项，可以任意添加任务；缺点是不够直观，较难反映项目全貌（图4–2）。

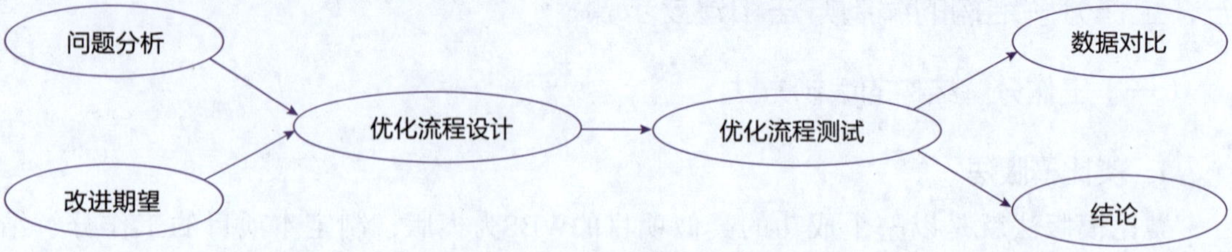


图4-2 工作分解结构气泡图

列表表现形式又称缩进图形式，是用表格的形式来表达项目范围和层次结构。其优点是能反映项目全貌，但缺点是不够直观（表4-3）。

表4-3 WBS分解样表

| 任务序号 | | | 任务名称 |
|---|---|---|---|
| 1 | 10 | 100 | 长轴质量优化 |
| | 11 | 110 | 问题调研 |
| | | 111 | 长轴质量问题 |
| | | 112 | 原生产流程分析 |
| | | 113 | 期望改进状态 |
| | 12 | 120 | 优化流程设计 |
| | 13 | 130 | 优化流程测试 |
| | | 131 | 原生产流程测试 |
| | | 132 | 优化生产流程测试 |
| | | 133 | 收集测试数据 |
| | 14 | 140 | 优化流程评估 |
| | | 141 | 测试数据对比 |
| | | 142 | 结论 |

2. 组织结构图形式

组织结构图形式又称树状图表现形式，按照项目的分解层次将整个项目表现出来。这种形式是最常见的。它层次分明，能非常直观地反映项目全貌。但对于大型和特大型项目来说，一张图纸很难画完，只能采用系统图和各个分系统图来展示，如图4-3所示。

## （二）工作分解结构的编码

绘制工作分解结构图后，为了方便对项目系统进行管理，使之适用于信息系统，需要对其进行编码设计。对WBS结构图编码有利于对项目各个任务、子任务、单元的识别，

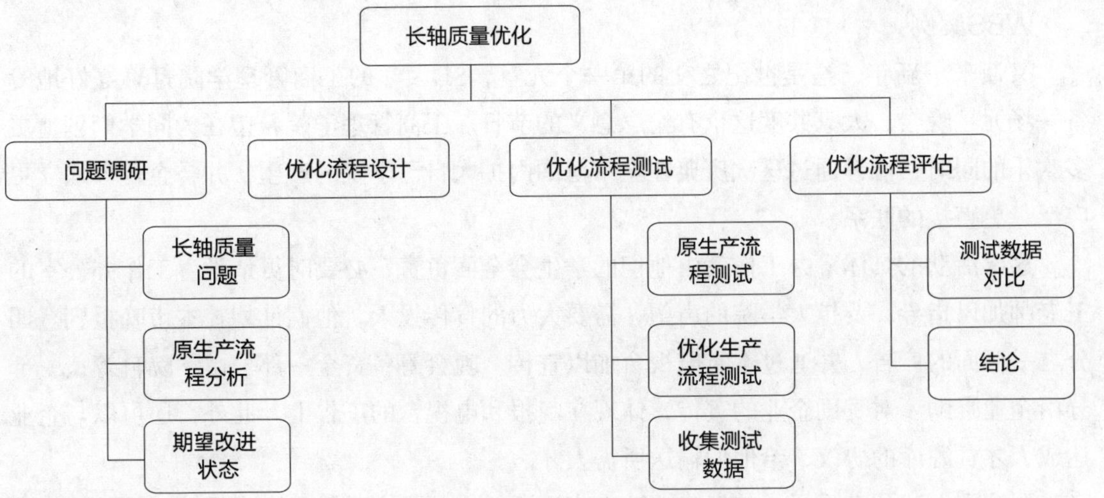


图4-3 工作分解结构示例

更好地进行工期、费用、质量的计划与控制。编码过程中应遵循以下原则：

（1）编码唯一性原则，即每个节点的标识只能识别唯一的分项目。

（2）编码同类性原则，即同类型的分项目编码标识要相近。

（3）编码的可扩充性原则，即项目内容变动的时候，编码体现也能随之增加、删减或调整。

（4）编码便利性原则，即编码要便于查询、检索和汇总。

（5）编码要能反映特定项目的特点和需要。

带编码的组织结构图形式（图4-4）：

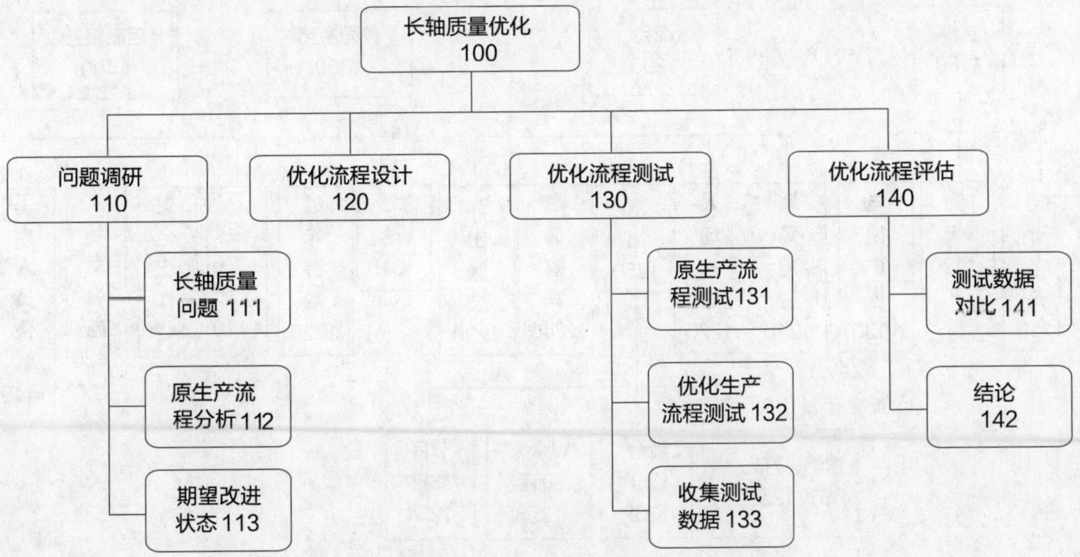


图4-4 工作分解结构示例

WBS案例：

又迎来了新年，这是世纪之交的第一个元旦，SD大学的工商管理学院打算好好地筹备一场元旦晚会，大家共度这个有纪念意义的节日。工商管理学院希望在为同学们创造更多欢乐的同时，能够通过这次庆典在全市范围内扩大自己学院的声望，并与企业界建立更广泛、更直接的联系。

这次活动的具体筹办工作就由他们的学生会全面负责，必要时可请学生工作办公室的王老师加以指导。要扩大学院的声望，需要大力的宣传投入。他们计划在本市晚报刊登四分之一版面的广告，并通过本省电视台加以宣传。晚会筹备资金一部分由学院自筹；一部分由企业赞助。对赞助企业的宣传，体现在晚报和电视台的广告上，此外，还可以与企业达成人才资源库的协议，给他们输送所需人才。

要达到上述预定目标，就意味着这次庆典活动必须是高质量、高水平的。从整体组织到每一个细节，都必须准备得周到、完善。校园游艺的场地安排，既要体现出本学院在SD大学中的重要地位，又要方便大家游乐。晚会的舞台设计、灯光、音响以及嘉宾的安排等，也要考虑周全，不能冲淡了娱乐的主题，同时还要自然而然地通过这次活动将学院的名声打出去。为此，学生会的干部们深知自身责任重大，他们首先进行了明确的分工，由主席担任项目总负责人，实践部部长负责外联工作，副主席担任财务主管，还有其他人的责任也都一一明确。接下来，他们进行了详细的工作分解，确定了工作范围。庆典活动主要由两大块组成，一是校园游艺活动；一是元旦晚会（图4-5）。

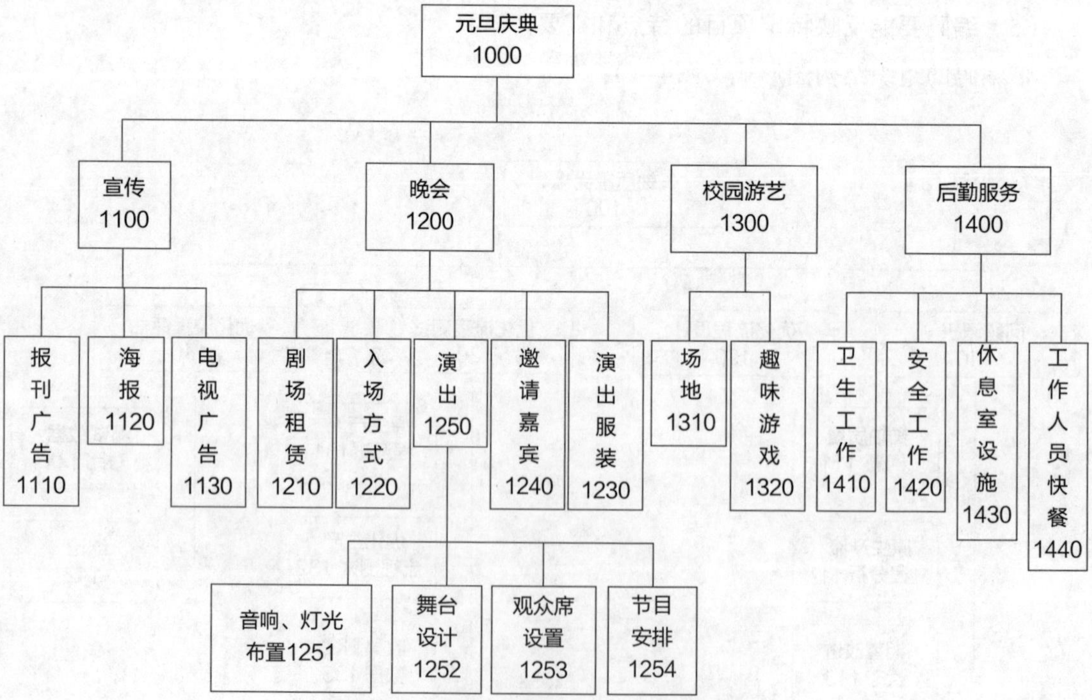


图4-5　元旦晚会WBS分解示意图

## 子项目3 项目活动界定

项目的时间管理又叫项目工期管理。项目的时间管理是为确保项目按时完工所开展的一系列管理活动与过程。这包括：项目活动的界定和确认（即分析确定为达到项目目标所必须进行的各种作业活动），项目活动内容的排序（即分析确定工作之间的相互关联关系并形成项目活动排序的文件），估算项目活动工期（即对项目各项活动所需时间做出估算），估算整个项目的工期，制定项目工期计划，对作业顺序、活动工期和所需资源进行分析，制定项目工期进度计划；管理与控制项目工期进度等。这些项目时间管理的过程与活动既相互影响，又相互关联，它们在理论上是分阶段展开的，但在实际项目实施和管理中，它们却是相互交叉和垂叠的。本部分将分别讨论这些项目时间管理过程与活动的内容。

### 一、项目活动界定的概念及其所需信息

项目活动的界定是指识别实现项目目标所必须开展的项目活动，定义为生成项目产出物及其组成部分所必须完成的任务，这样一项特定的项目时间管理工作。在项目时间管理中，项目活动界定的主要依据是项目的目标、范围和项目工作分解结构。同时，在项目活动界定过程中，还需要参考各种历史信息与数据，考虑项目的各种约束条件和假设前提条件等。项目活动界定的结果是给出一份项目活动清单，以及有关项目活动清单的支持细节和对于项目工作分解结构的更新。正确地界定一个项目的全部活动必须依据下述信息和资料。

#### 1. 项目工作分解结构

项目工作分解结构（WBS）是界定项目活动所依据的最基本和最主要的信息。项目工作分解结构是一个关于项目所需工作的一种层次性、树状的分解结构及其描述。它给出了一个项目所需完成工作的整体表述。项目工作分解结构是界定项目所需活动的一项最重要的依据。如图4–6所示给出了一个软件开发项目的工作分解结构，由图中可以看出整个软件开发项目的工作被分解为两个层次构成的一系列工作，依据这一工作分解结构，就可以进一步细化并界定出这个项目的全部活动了。项目活动界定所依据的项目工作分解结构的详细程度和层次多少主要取决于两个因素：一个是项目组织中各个项目小组或个人的工作责任划分和他们的能力水平；另一个是项目管理与项目预算控制的要求和能力水平。一般情况下，项目组织的责任分工越细，管理和预算控制水平越高，工作分解结构就可以详细一些，并且层次多一些。反之，工作分解结构就可以粗略一些，层次少一些。因此，任何项目在不同的项目组织结构、管理水平和预算限制前提下，都可以找到许多种不同的项目工作分解结构。例如，不同项目团队可能为同一个管理咨询项目做出两种不同的工作分解结构，这两种工作分解结构都能够实现这一项目的目标，只是在项目组织管理与预算控

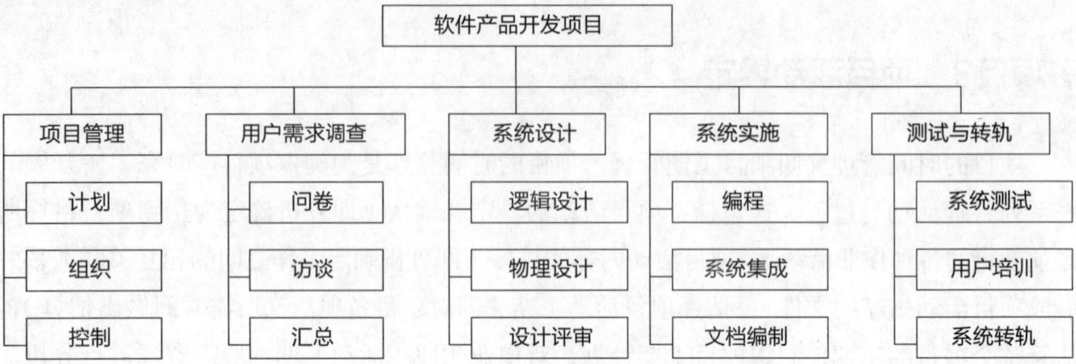


图4-6 软件开发项目工作分解结构示意图

制方面会采取不同的模式和方法。因此，在项目活动界定中还必须充分考虑项目工作分解结构的详细程度和不同详细程度的方案对于项目活动界定的影响。

2. 确认的项目范围

项目活动界定的另一个依据是既定的项目目标和项目范围，以及这方面的信息和资料。实际上，如果一个项目的目标不清楚，或者项目范围不确定，那么就可能在界定该项目活动的过程中漏掉一些项目必须开展的作业与活动；或者是将一些与实现项目目标无关的工作界定成为项目的必要活动，从而形成出现超越项目范围的工作与活动。这些都会给项目时间管理和整个项目管理带来很大的麻烦。所以项目活动界定中必须以引进获得确认的项目范围作为主要依据。

3. 历史信息

在项目活动界定中还需要使用各种相关的项目历史信息。这既包括项目前期工作所收集和积累的各种信息，也包括项目组织或其他组织过去开展类似项目获得的各种历史信息。例如，在类似的历史项目中究竟曾经开展过哪些具体的项目活动，这些项目活动的内容与顺序如何，这些项目活动有什么经验与教训等，这些都属于项目的历史信息。

4. 项目的约束条件

项目的约束条件是指项目所面临的各种限制条件和限制因素。任何一个项目都会有各种各样的限制条件和限制因素，任何一个项目活动也都会有一定的限制因素和限制条件。这些限制因素与条件是界定项目活动的关键依据之一，也是界定项目活动所必须使用的重要信息。例如，一个高科技产品开发项目会受到高科技人才资源、资金、时间等各种因素和条件的限制，这些约束条件都是在界定这一项目的活动中所必须考虑的重要因素。

5. 项目的假设前提条件

这是指在开展项目活动界定的过程中，对于那些不确定性的项目前提条件所给出的假设，这些假设的前提条件对于界定一个项目的活动来说是必需的，否则就会因为缺少条件而无法开展项目活动的界定。因为到项目活动界定时，项目的某些前提条件仍然无法确定，所以就需要根据分析、判断和经验，假定出这些具体的项目前提条件，以便作为项目活动界定的前提条件使用。需要注意的是，项目假设前提条件存在一定的不确定性，会给项目带来一定的风险。

上述这些都是在项目活动界定工作中所需的依据和信息。另外，在进行项目活动界定的同时，还要考虑进一步分析、修订和更新项目的范围、历史信息、各种项目约束条件和假设前提条件，以及各种可能发生的项目风险等要素。

## 二、项目活动界定的方法

如果要完成一个项目首先就要确定究竟该项目需要通过开展哪些活动才能够实现项目目标。项目活动界定的结果就是要给出这样一份包括所有项目活动的清单。准备这样一份项目活动清单可以采用很多不同的方法，一种方法是让项目团队成员利用“头脑风暴法”，通过集思广益去生成一份项目活动清单，这种方法主要适合于较小项目活动的界定。但是对大型和较复杂的项目，则需要使用项目工作分解结构，依据如下的方法去界定和给出项目活动的清单。

### 1. 项目活动分解法

项目活动分解法是指为了使项目便于管理而根据项目工作分解结构，通过进一步分解和细化项目工作任务，从而得到全部项目具体活动的一种结构化的、层次化的项目活动分解方法。这种方法将项目任务按照一定的层次结构，逐层分解成详细、具体和容易管理控制的一系列具体项目活动，从而更好地进行项目的时间管理。这种项目活动分解法有助于完整地找出一个项目的所有活动。使用项目活动分解法最终得到的是关于项目活动的界定，而不是对于项目产出物的描述，这种项目活动界定的结果是为项目时间管理服务的，而不是为项目质量管理服务的（项目产出物的描述主要是为项目质量管理服务的）。

### 2. 项目活动界定的平台法

项目活动界定的平台法也叫原型法，它使用一个已完成项目的活动清单（或该活动清单中的一部分）作为新项目活动界定的一个平台，根据新项目的各种具体要求、限制条件和假设前提条件，通过在选定平台上增减项目活动的方法，定义出新项目的全部活动，得到新项目的活动清单。这种方法的优点是简单、快捷、明了，但是可供使用的平台或原型（已完成项目的活动清单）的缺陷和缺乏会对新的项目活动界定结果带来一定的影响，而且会由于既有平台的局限性而漏掉或额外增加一些不必要的项目活动。

## 三、项目活动界定的结果

项目活动界定的结果是给出下述信息和文件，以指导下一步的项目时间管理工作：

### 1. 项目活动清单

项目活动界定工作给出的最主要信息和文件是项目活动清单。项目活动清单列出了一个项目所需开展和完成的全部活动。项目活动清单是对项目工作分解结构（WBS）的进一步细化和扩展，项目活动清单中列出的活动与项目工作分解结构给出的工作包相比，更为详细、具体和具有可操作性。对于一份项目活动清单的具体要求有两条，其一是要包括一个项目的全部活动内容，其二是不能包含任何不属于本项目的活动内容，即与实现项目目标的无关的任何活动。

2. 相关的支持细节

这是指用于支持和说明项目活动清单的各种具体细节文件与信息。这既包括给定的项目假设条件和各种项目限制因素的说明和细节描述，也包括对于项目活动清单的各种解释和说明的细节信息和文件等。这些相关的支持细节信息都必须整理成文件或文档材料，以便在项目时间管理中能够很方便地使用它们。它们通常需要与项目活动清单一起共同使用。

3. 更新后的工作分解结构

在使用项目活动分解方法界定一个项目的活动过程中，项目管理人员会发现原有的项目工作分解结构中的一些遗漏、错误和不妥的地方，这就需要对原有项目工作分解结构进行必要的增删、更正和修订，从而获得一份更新后的项目工作分解结构，这也是项目活动界定工作的结果之一。当出现这种情况的时候，还需要同时更新其他的相关项目管理文件。特别是在项目活动界定过程中，如果决定采用新的技术或方法去实施项目，或者采用新的组织结构与管理控制方法时，就必须进行这类项目工作分解结构的更新工作。否则会造成项目活动界定文件与项目其他管理文件的脱节现象，从而使项目管理陷入混乱。

## 子项目4 项目活动排序

### 一、项目活动排序的概念

项目活动排序是通过识别项目活动清单中各项活动的相互关联与依赖关系，并据此对项目各项活动的先后顺序进行合理安排与确定的项目时间管理工作。为制定项目时间（工期）计划就必须科学合理地安排一个项目各项活动的顺序关系。一般较小的项目或一个项目阶段的活动排序可以通过人工排序的方法完成，但是复杂项目的活动排序现在多数要借助于计算机信息系统完成。为了制定项目时间（工期或进度）计划，必须准确和合理地安排项目各项活动的顺序并依据这些活动顺序确定项目的各种活动路径，以及由这些项目活动路径构成的项目活动网络。这些都属于项目活动排序工作的范畴。

## 二、项目活动排序的依据

项目活动排序所需的依据主要包括如下几个方面的信息：

（1）项目活动清单及其支持细节文件。这些是项目活动界定阶段的工作成果。其中，项目活动清单列出了项目所需开展的全部活动，项目活动清单的支持细节文件说明和描述了项目活动清单的相关细节、依据与假设前提条件。它们都是项目活动排序工作的非常重要的依据。

（2）项目产出物的说明与描述。项目产出物是开展项目活动的最终结果，或叫项目的产品。项目产出物的专业特性和管理特性会直接影响项目活动顺序的确定。通过对于项目产出物的特性分析可以帮助人们确定出项目活动的顺序，对照项目产出物的描述，人们可以审查项目活动排序的正确性。所以项目产出物描述也是项目活动排序的重要依据之一。

（3）项目活动之间的必然依存关系。项目活动之间的必然依存关系是指项目活动之间客观需要和不可缺少的关联关系。这种关系一般是由于物质与环境条件和客观规律方面的限制造成的。例如，一个建筑项目只有地基建好之后才能建造上部构造，因为这是事物本身客观规律的要求。因此，项目活动之间的必然依存关系也被称为项目活动的"硬逻辑"关系，这是一种不可违背的逻辑关系。所以它也是项目活动排序的重要依据之一。

（4）项目活动之间的人为依存关系。项目活动之间的人为依存关系是由项目管理人员规定的项目活动之间的关系。这种关系是人为的、主观确定的，所以它们也被称为"软逻辑"关系，这是一种可以由人们根据主观意志去调整和安排的项目活动之间的关系。这种关系同样会限制项目活动顺序的安排，所以项目的管理者必须科学合理地确定这种人为依存关系。

（5）项目活动的外部依存关系。项目活动的外部依存关系是指项目活动与其他组织的活动，以及项目活动与组织所开展的其他活动之间的相互关系。例如，一个建筑项目的选址，在确定之前可能需要召开由政府组织的环境听证会，并需要获得政府或主管部门的审批，才能够开展项目下一步的活动。这就是一种典型的项目活动与其他组织（政府）活动所形成的外部依存关系。

（6）项目的约束条件与假设前提条件。项目的约束条件是指项目所面临的各种资源与环境限制条件和因素，它们会对项目活动的排序造成影响和限制。例如，在没有资源限制的情况下，两种项目活动可能可以同时开展，但是在有资源限制的条件下，它们就只能够依次进行了。项目的假设前提条件是对项目活动所涉及的一些不确定条件的假设性认定，项目的假设前提条件同样也会直接影响项目活动的排序。

## 三、项目活动排序的方法

项目活动排序需要根据上述项目活动之间的各种关系、项目活动清单和项目产出物的描述以及项目的各种约束和假设条件，通过反复的试验和优化去编排出项目的活动顺序。通过项目活动排序确定出的项目活动关系，需要使用网络图或文字描述的方式给出。通常安排和描述项目活动顺序关系的方法有下述几种。

1. 顺序图法

顺序图法（Precedence Diagramming Method, PDM）也叫节点网络图法（Activity-on-node, AON）。这是一种通过编制项目网络图给出项目活动顺序安排的方法，它用节点表示一项活动，用节点之间的箭线表示项目活动之间的相互关系。如图4-7所示是一份使用顺序图法给出的一个简单项目活动排序结果的节点网络图。这种项目活动排序和描述的方法是大多数项目管理中使用的方法。这种方法既可以用人工方法实现，也可以用计算机软件系统实现。

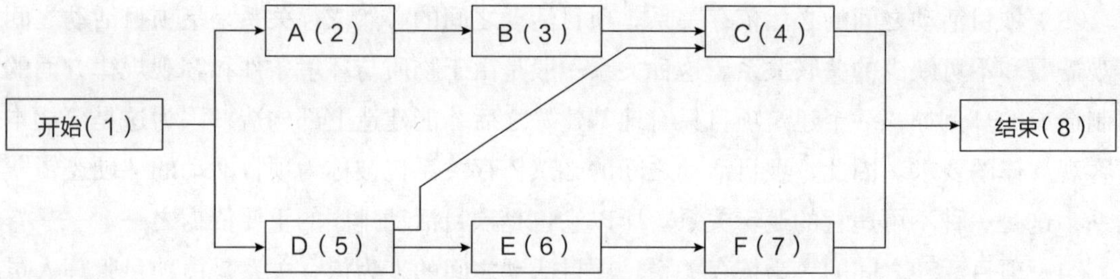


图4-7　用顺序图法绘制的项目网络图

在这种网络图中有四种项目活动的顺序关系：其一是“结束—开始”的关系，即前面的甲活动必须结束以后，后面的乙活动才能开始；其二是“结束—结束”的关系，即只有甲活动结束以后，乙活动才能够结束；其三是“开始—开始”的关系，即甲活动必须在乙活动开始之前就已经开始了；其四是“开始—结束”的关系，即甲活动必须在乙活动结束之前就要开始。在节点网络图中，最常用的逻辑关系是前后依存活动之间具有的“结束—开始”的相互关系，而“开始—结束”的关系很少用。在现有的项目管理软件中，多数使用的也是“结束—开始”的关系，甚至有些软件，只有这种“结束—开始”活动关系的描述方法。

在用节点表示活动的网络图中，每项活动由一个方框或园框表示，对活动的描述（命名）一般直接写在框内。每项活动只能用一个框表示，如果采用项目活动编号则每个框只能指定唯一的活动号。项目活动之间的顺序关系则可以使用连接活动框的箭线表示。例如，对于“结束—开始”的关系，箭线箭头指向的活动是后序活动（后续开展的活动），箭头离开的活动是前序活动（前期开展的活动）。一项后序活动只有在与其联系的全部前序活动完成以后才能开始，这可以使用箭线连接前后两项活动方法表示。例如，在信息系统开发项目中，只有完成了“用户调查”后，“系统分析”工作才能开始。这可以用如图4-8所示的给出示意。

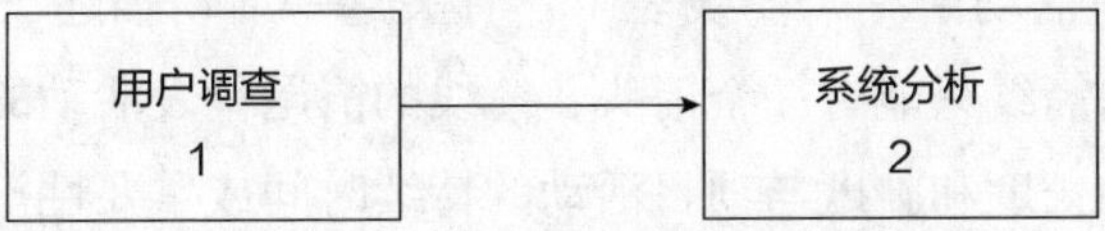


图4-8 用节点和箭线表示的项目活动顺序示意图

另外，有些项目活动可以同时进行，虽然它们不一定同时结束，但是只有它们全部结束以后，下一项活动才能够开始。例如，在信息系统开发项目中，各方面用户（如，企业计划部门、营销部门等信息用户）的信息需求调查可以同时开始，但是不一定同时结束，然而只有所有的用户需求调查完成以后才能够开展项目的系统分析工作。这些项目活动之间的关系可以由如图4-9所示的给出示意。

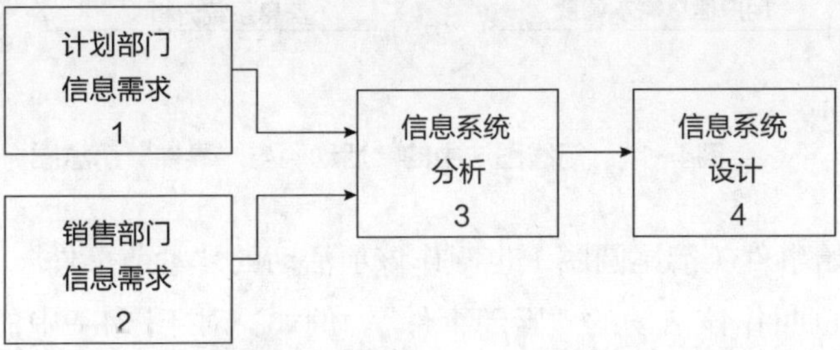


图4-9 信息系统分析与设计项目活动顺序关系图示

### 2. 箭线图法

箭线图法（Arrow Diagramming Method, ADM）也是一种描述项目活动顺序的网络图方法。这一方法用箭线代表活动，而用节点代表活动之间的联系和相互依赖关系。如图4-10所示的是用箭线图法绘制的一个简单项目的网络图。这种方法虽然没有顺序图法流行，但是在一些应用领域中仍不失为一项可供选择的项目活动顺序关系描述方法。在箭线图法中，通常只描述项目活动间的"结束—开始"的关系。当需要给出项目活动的其他逻辑关系时，就需要借用"虚活动"（Dummy Activity）来描述了。箭线图法同样既可以由人工完成，也可以使用计算机专用软件系统完成。

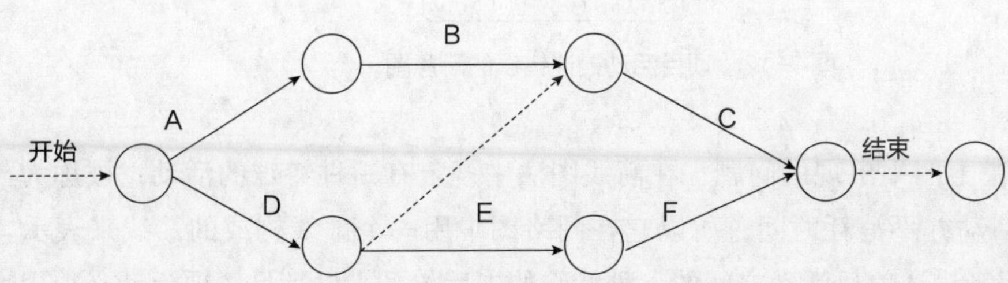


图4-10 用箭线图法绘制的项目网络图

在图4–10中，一项活动由一条箭线表示，有关这一活动描述（命名）可以写在箭线上方。描述一项活动的箭线只能有一个箭头，箭线的箭尾代表活动的开始，箭线的箭头代表活动的结束。箭线的长度和斜度与项目活动的持续时间或重要性没有任何关系。在箭线图法中，代表项目活动的箭线通过圆圈而连接起来，这些连接用的圆圈表示具体的事件。箭线图中的圆圈既可以代表项目的开始事件也可以代表项目的结束事件。当箭线指向圆圈时，圆圈代表该活动的结束事件，当箭线离开圆圈时，圆圈代表活动的开始事件。在箭线图法中，需要给每个事件确定唯一的代号。例如，下面图4–11中给出的项目活动网络图中，"用户信息需求调查"和"信息系统分析"之间就存在一种顺序关系，二者由"事件2"联系起来。"事件2"代表"用户信息需求调查"活动结束和"信息系统分析"活动开始这样一个事件。

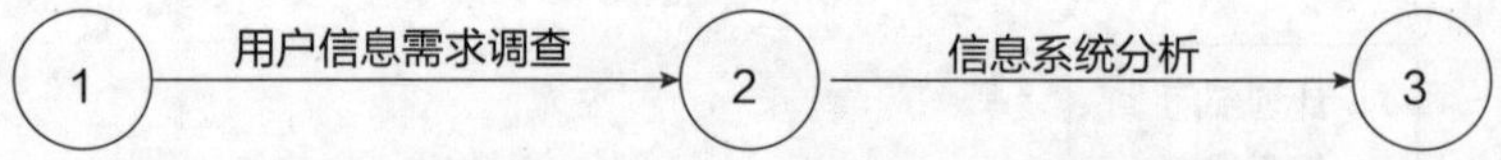


图4–11　箭线图法中的"活动"与"事件"示意图

项目活动的开始事件（箭尾圆圈）也叫作该项活动的"紧前事件"，项目活动的结束事件（箭头圆圈）也叫作该活动的"紧随事件"。例如，对于图4–9中的项目活动"用户信息需求调查"而言，它的紧前事件是圆圈1，而它的紧随事件是圆圈2；但是对于项目活动"信息系统分析"而言，它的紧前事件是圆圈2，它的紧随事件是圆圈3。在箭线图法中，有两个基本规则用来描述项目活动之间的关系：

（1）图中的每一个事件（圆圈）必须有唯一的事件号，图中不能出现重复的事件号。

（2）图中的每项活动必须由唯一的紧前事件和唯一的紧随事件组合来予以描述。

如图4–12所示，项目活动A和B具有相同的紧前事件（圆圈1）和紧随事件（圆圈2），这在箭线图法中是绝对不允许的，因为这种方法要求每项活动必须用唯一的紧前事件和紧随事件的组合来表示。

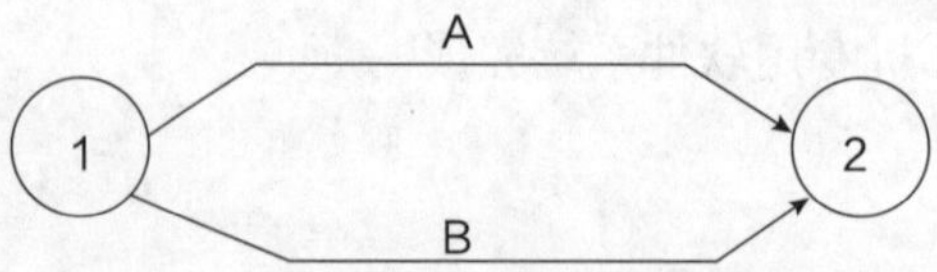


图4–12　项目活动描述错误的示意图

为了解决上图中出现的问题，在箭线图法中规定有一种特殊的活动，被称为"虚活动"。这种活动并不消耗时间，所以它在网络图中用一个虚线构成的箭线来表示。这种"虚活动"用来描述项目活动之间的一种特殊的先后关系，以满足每项活动必须用唯一的紧前事件和紧随事件的组合来确定的要求。例如，图4–12中给出的活动A和活动B，合理地描述它们就需要插入一项虚活动（图4-13），这样就可以使活动A和B由唯一的紧前事件和紧随事件组合来描述了。在图4-13中有两种描述方法，其一是活动A由事件1和事件3的组合来描述，活动B由事件1和事件2的组合来表示，如图4-13（a）所示。其二是活动A由事件1和事件2的组合来表示，而活动B用事件1和事件3的组合来表示，如图4-13（b）所示。这两种方法都是可行的方法。

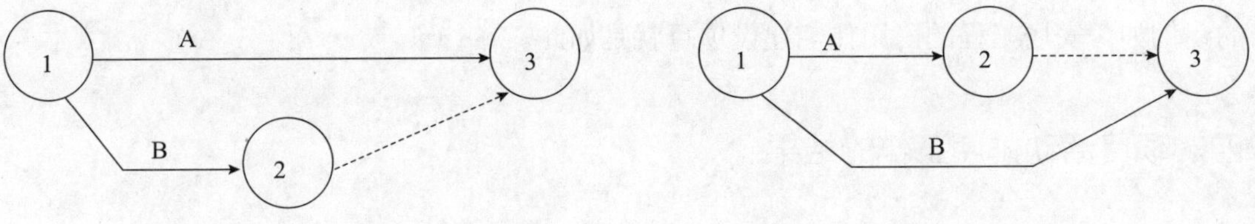

图4-13（a） 图4-13（b）

图4-13 加入虚活动后的箭线图

根据项目活动清单等信息和上述网络图方法的原理就可以安排项目活动的顺序，绘制项目活动的网络网了。这一项目时间管理工作的具体步骤是：首先选择是使用顺序图法还是使用箭线图法去描述项目活动的顺序安排，然后按项目活动的客观逻辑顺序和人为确定的优先次序安排项目活动的顺序，最后使用网络图法绘制出项目活动顺序的网络图。在决定以何种顺序安排项目活动时，需要对每一个项目活动明确回答以下三个方面的问题：

（1）在该活动可以开始之前，哪些活动必须已经完成？

（2）哪些活动可以与该活动同时开始？

（3）哪些活动只有在该活动完成后才能开始？

通过明确每项活动的这三个问题，就可以安排项目的活动顺序并绘制出项目网络图了，从而全面描述项目所需各项活动之间的相互关系和顺序了。

另外，在决定一个项目网络图的详细程度时，还应考虑下列准则：

（1）准则一。项目不但需要有工作分解结构，而且必须有明确的项目活动界定。

（2）准则二。先根据项目工作分解结构绘制一份概括性的网络图，然后再根据项目活动界定结果把它扩展成为详细的网络图。有些项目只要概括性的网络图就可以满足项目管理的要求了。

（3）准则三。项日网络图的详细程度可以根据项目实施的分工或项目产出物的性质决定。例如：如果一个小组负责装配，另一个小组负责包装，那么就应该将这些任务划分成两项独立的项目活动。如果一项项目活动的结果是一个有形的、可交付的产出物，那么该活动就必须被界定为项目的一项活动。

不管最初的项目活动网络图详细程度如何，项目活动界定应该随着项目的开展逐步细化。因为界定项目近期开展的活动，要比界定项目远期要开展的活动容易得多。所以随着项目的展开，项目网络图需要不断更新，以添加更多细节。

### 3. 网络模板法

在某些情况下，一个项目组织可能给不同的客户做相似的项目，此时新项目的许多活动可能包含与历史项目活动具有相同的逻辑关系安排。因此，人们有可能用过去完成项目的网络图作为新项目网络图的模板，并通过增删项目活动去修订这种模板，从而获得新项目的活动网络图。这种网络模板法有助于尽快生成项目网络图，它可以用于对整个项目或项目的某个局部的项目活动排序和网络图的编制。对于有些项目，网络模板法是非常有效的。例如，安居工程的民用住宅建设项目就是如此。

## 四、项目活动排序工作的结果

项目活动排序工作的结果是一系列有关项目活动排序的文件，主要有以下两个方面。

### 1. 项目网络图

项目网络图是有关项目各项活动和它们之间逻辑关系说明的示意图。本章在前面已经给出了讨论项目网络图的两种基本方法。项目网络图既可人工绘制，也可用计算机绘制。它可以包括项目的所有具体活动，也可以只包括项目的主要活动。项目网络图中附带有基本排序符号和活动的简要说明（命名）。

### 2. 更新后的项目活动清单

在项目活动界定和项目活动排序的工作过程中，通常会发现项目工作分解结构中存在的各种问题，而在项目网络图的编制过程中，通常也会发现项目活动排序中存在的问题。为了正确反映项目活动间的逻辑关系就必须对前期确定的项目活动进行重新分解、界定和排序，以改正存在的问题。当出现这种情况时，就需要更新原有的项目活动清单，从而获得更新后的项目活动清单，而且有时还需要进一步更新原有的项目工作分解结构等文件。

# 子项目5 项目活动工期估算

## 一、项目活动工期估算的概念

项目活动工期估算是对项目已确定的各种活动所做的工期（或时间）可能长度的估算工作，这包括对每一项完全独立的项目活动时间的估算和对于整个项目的工期估算。这项工作通常应由项目团队中对项目各种活动的特点熟悉的人来完成，也可以由计算机进行模拟和估算，再由专家审查确认这种估算。对一项项目活动所需时间的估算，通常要考虑项目活动的作业时间和延误时间。例如，“混凝土浇筑”会因为下雨、公休而出现延误时间。通常，在输入各种依据参数之后，绝大多数项目计划管理软件都能够处理这类时间估算问题。

## 二、项目活动工期估算的依据

项目活动工期估算的主要依据有如下几个方面。

1. 项目活动清单

项目活动清单是在“项目活动界定”阶段得到的一份计划工作文件。项目活动清单列出了项目所需开展的全部活动，它是对项目工作分解结构的细化的项目计划文件。

2. 项目的约束和假设条件

这是指项目在工期估算方面的各种约束条件和假设前提条件。其中，约束条件是项目工期计划面临的各种限制因素，假设前提条件是为项目工期估算假定的各种可能发生的情况。

3. 项目资源的数量要求

绝大多数项目活动工期会受项目所能得到资源多少的影响。例如，两个人工作一整天的项目活动，如果只有一个人作业就需要两天时间。一般情况下，项目资源数量的多少是决定项目活动工期长短的重要参数之一。

4. 项目资源的质量要求

绝大多数项目活动的工期还受项目资源质量的影响。例如，一项活动需要两个“五级技工”工作两天，但是如果只有“三级工”可能就需要4个人工作两天了。一般而言，项目资源质量水平也是决定项目活动工期长短的重要参数之一。

5. 历史信息

在估算和确定项目活动工期中，还必须要参考有关项目活动工期的历史信息，这类信息包括：相似项目的实际项目活动工期文件，商业性项目工期估算数据库（一些商业管理咨询公司收集的同类项目历史信息），项目团队有关项目工期的知识和经验等。

## 三、项目活动工期估算的方法

项目活动工期估算的主要方法包括下述几种。

1. 专家评估法

专家评价法是由项目时间管理专家运用他们的经验和专业特长对项目活动工期做出估计和评价的方法。由于项目活动工期受许多因素的影响，所以使用其他方法计算和推理的方法是很困难的，但专家评估法却十分有效。

2. 类比法

类比法是以过去相似项目活动的实际活动工期为基础，通过类比的办法估算新项目活动工期的一种方法。当项目活动工期方面的信息有限时，可以使用这种方法来估算项目的工期，但是这种方法的结果比较粗，一般用于最初的项目活动工期估算。

3. 模拟法

模拟法是以一定的假设条件为前提去进行项目活动工期估算的一种方法。常见的这类方法有蒙特卡罗模拟，三角模拟等。这种方法既可以用来确定每项项目活动工期的统计分布，也用来确定整个项目工期的统计分布。其中，三角模拟法相对比较简单，这种方法的具体做法如下：

（1）单项活动的工期估算。对于活动持续时间存在高度不确定的项目活动，需要给出活动的三个估计的时间：乐观时间$t_o$（这是在非常顺利的情况下完成某项活动所需的时间）、最可能时间$t_m$（这是在正常情况下完成某活动最经常出现的时间）、悲观时间$t_p$（这是在最不利情况下完成某项的活动时间），以及这些项目活动时间所对应的发生概率。通常对于设定的这三个时间还需要假定它们都服从β概率分布。然后，用每项活动的三个时间估计时间就确定每项活动的期望（平均数或折衷值）工期了。这种项目活动工期期望值的计算公式如下：

$$t_e = \frac{t_0 + 4(t_m) + t_p}{6}$$

例如，假定一项活动的乐观时间为1周，最可能时间为5周，悲观时间为15周，这项活动的则该项活动工期的期望值为：

$$t_e = \frac{1 + 4 * 5 + 15}{6} = 6\text{周}$$

（2）总工期期望值的计算方法。在项目的实施过程中，一些项目活动花费的时间会比它们的期望工期少，另一些会比它们的期望工期多。对于整个项目而言，这些多于期望工期和少于期望工期的项目活动耗费的时间有很大一部分是可以相互抵消的。因此，所有期望工期与实际工期之间的净总差额值同样符合正态概率分布规律。这意味着，在项目活动排序给出的项目网络图中关键路经（工期最长的活动路径）上的所有活动的总概率分布也是一种正态分布，其均值等于各项活动期望工期之和，方差等于各项活动的方差之和。依据这些就可以确定出项目总工期的期望值了。

（3）项目工期估算实例。现有一个项目的活动排序及其工期估计数据如图4-14所示。假定项目的开始时间为0，并且必须在第40天之前完成。

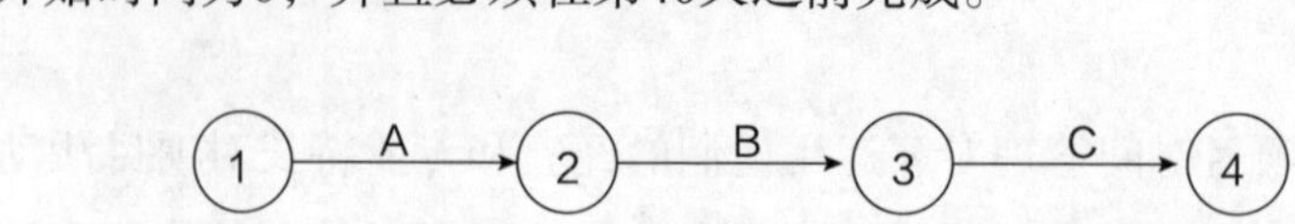


图4-14 项目工期估计示意图

图4-14中每个活动工期的期望值计算如下：

A活动 $t_e = \frac{2 + 4 \times 4 + 6}{6} = 4\text{天}$

B活动 $t_e = \frac{5 + 4 \times 13 + 15}{6} = 12\text{天}$

C活动 $t_e=\dfrac{13+4\times18+35}{6}=20$天

把这三个项目活动估算工期的期望值加总，可以得到一个总平均值，即项目整体的期望工期$t_e$。具体做法如表4–4所示。

表4–4 项目活动工期估算汇总表 单位：天

| 活动 | 乐观时间 $t_o$ | 最可能时间 $t_m$ | 悲观时间 $t_p$ | 期望工期 $t_e$ |
|---|---|---|---|---|
| A | 2 | 4 | 6 | 4 |
| B | 5 | 13 | 15 | 12 |
| C | 13 | 18 | 35 | 20 |
| 项目整体 | 20 | 35 | 56 | 36 |

由表4–4可以看出，三项活动的乐观时间为20天，最可能时间为35天，而悲观时间为56天，据此计算出的项目整体期望工期与根据三项活动的期望值之和（4＋12＋20＝36）的结果是相同的，这表明对整个项目而言，那些多于期望工期和少于期望工期的项目活动所耗时间是可以相互抵消的，因此，项目整体工期估算的时间分布等于三项活动消耗时间平均值或期望值之和。另外，这一工期估算中的方差有如下关系：

活动A $\delta^2=\left(\dfrac{6-2}{6}\right)^2=0.444$

活动B $\delta^2=\left(\dfrac{15-5}{6}\right)^2=2.778$

活动C $\delta^2=\left(\dfrac{35-13}{6}\right)^2=13.444$

由于总分布是一个正态概率分布，所以它的方差是三项活动的方差之和，即16.666。总分布的标准差$\delta$是：

标准差 $=\delta=\sqrt{\delta^2}=\sqrt{16.666}=4.08$天

图4–15给出了总概率曲线与其标准差的图示。

图4–15是一个正态曲线，其在±1δ的范围内（即在31.92与40.08天之间）包含的总面积是68%；在27.84天和44.16天之间包含的总面积是95%；在23.76天与48.24天之间包含了总面积的99%。对于这些概率分布可以解释如下：在23.76天到48.24天之间完成项目的可能性为99%（概率为0.99）；在27.84天到44.16天之间完成项目的可能性为

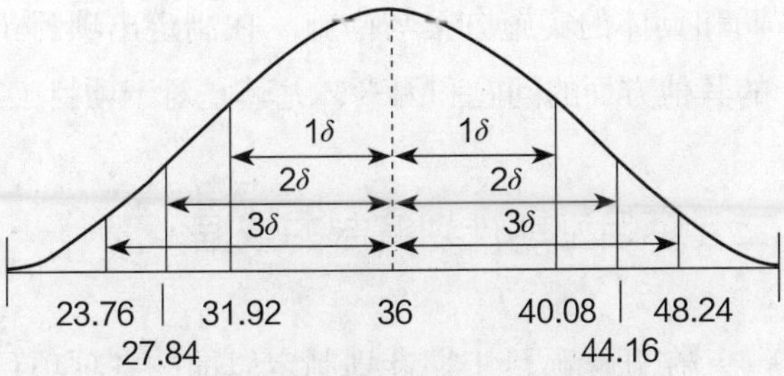

图4–15 项目实例的正态概率分布

95%（概率为0.95）；在31.92天到40.08天之间完成项目的可能性为68%（概率为0.68）。

## 四、项目活动工期估算的工作结果

项目活动工期估算工作的结果包括如下几个方面的内容。

**1. 估算出的项目活动工期**

项目的活动工期估算是对完成一项活动所需时间及其可能性的定量计算，根据项目各项活动的工期估算可以进一步估算出整个项目所需的工期。估算出的项目活动工期应包括对项目活动工期可能变化范围的评估。例如："项目活动需要2周±2天的时间"，这表示项目活动的时间至少需要8天，而且不会超过12天，最可能的是10天（每周5天工作日）。

**2. 项目工期估算的支持细节**

这是有关项目工期估算的依据与支持细节的说明文件。其中，项目工期估算的依据给出了项目工期估算中所使用的各种约束条件和假设前提条件、各种参照的项目历史信息，以及项目活动清单、资源需求数量和质量等方面的依据资料和文件。项目工期估算的支持细节包括所有与项目工期估算结果有关的文件与说明。

**3. 更新后的项目活动清单和项目工作分解结构**

在项目活动估算的过程中，可能会发现项目工作分解结构和项目活动清单中存在各种问题，因此需要对它们进行修订和更新。如果有这种情况发生，就需要更新原有的项目活动清单，从而获得更新后的项目活动清单和工作分解结构，并且要将其作为项目工期估算的工作文件与其他项目工期估算正式文件一起作为项目工期估算的工作结果而输出。

# 子项目6　项目工期计划制定

## 一、项目工期计划制定的概念

项目工期计划制定是根据项目活动界定、项目活动顺序安排、各项活动工期估算和所需资源所进行的分析和项目计划的编制与安排。制定项目工期计划要定义出项目的起止日期和具体的实施方案与措施。在制定出项目工期计划之前，必须同时考虑这一计划所涉及的其他方面的问题和因素，尤其是对于项目工期估算和成本预算的集成问题必须予以考虑。

## 二、项目工期计划编制的依据

在开展项目工期计划制定以前的各项项目时间管理工作所生成的文件，以及项目其他计划管理所生成的文件都是项目工期计划编制的依据。其中最主要的有：

1. 项目网络图

这是在“活动排序”阶段所得到的项目各项活动以及它们之间逻辑关系的示意图。

2. 项目活动工期的估算文件

这也是项目时间管理前期工作得到的文件，这是对于已确定项目活动的可能工期估算文件。

3. 项目的资源要求和共享说明

这包括有关项目资源质量和数量的具体要求以及各项目活动以何种形式与项目其他活动共享何种资源的说明。

4. 项目作业制度安排

项目作业制度安排也会影响到项目的工期计划编制。例如，一些项目的作业制度规定可以是只能在白班作业一个班次，也可以是三班倒进行项目作业。

5. 项目作业的各种约束条件

在制定项目工期计划时，有两类主要的项目作业约束条件必须考虑：强制的时间（项目业主/用户或其他外部因素要求的特定日期）、关键时间或主要的里程碑（项目业主/用户或其他投资人要求的项目关键时间或项目工期计划中的里程碑）。

6. 项目活动的提前和滞后要求

任何一项独立的项目活动都应该有关于其工期提前或滞后的详细说明，以便准确地制定项目的工期计划。例如，对项目定购和安装设备的活动可能会允许有一周的提前或两周的延期时间。

## 三、制定项目工期计划的方法

项目工期计划是项目专项计划中最为重要的计划之一，这种计划的编制需要反复地试算和综合平衡，因为它涉及的影响因素很多，而且它的计划安排会直接影响到项目集成计划和其他专项计划。所以这种计划的编制方法比较复杂，使用的方法主要有如下几种。

1. 系统分析法

系统分析方法是通过计算所有项目活动的最早开始和结束时间、最晚开始和结束时间，然后统一安排项目活动，获得项目工期计划。这些时间的计算要反映出项目工期计划对于资源限制和其他约束条件的考虑，以及对于各种不确定因素的综合考虑。由于这种方法考虑了多种因素的影响，所以在项目工期计划编制中系统分析法运用的较多。这种方法的几个基本概念如下：

（1）项目的开始和结束时间。为建立一个项目所有活动的工期计划安排的基准，就必须为整个项目选择一个预计的开始时间（Estimated Start Time）和一个要求的完工时间（Required Completion Time）。这两个时间的间隔规定了项目完成所需的时间周期（或叫项目的时间限制）。整个项目的预计开始时间和结束时间通常是项目的目标之一，需要在项目合同或项目说明书中明确规定。然而，在一些特殊情况下可能会使用时间周期的形式来表示项目的开始和结束日期（如，项目要在开始后90天内完成）。

（2）项目活动的最早开始和结束时间、最迟开始和结束时间。为了使项目在要求的时间内完成，还必须根据项目活动的工期和先后顺序来确定出各项活动的时间。这需要给出每项活动的具体时间表，并在整个项目预计开始和结束的时间基础上确定出每项活动能够开始和完成的最早时间和最迟时间。其中，一项活动的最早开始时间是根据整个项目的预计开始时间和所有紧前活动的工期估计得来的；一项活动的最早结束时间是用该活动的最早开始时间加上该活动的工期估计得来的。项目活动的最迟完工时间是用项目的要求完工时间减去该项目活动所有紧随活动的工期估计计算出来的，而项目活动的最迟开始时间是用该活动最迟结束时间加上活动的工期估计计算出来的。

（3）关键路径法。在项目的工期计划编制中，目前广为使用的系统分析法主要有：项目计划评审技术（PERT）和关键路径法两种方法。其中，最重要的是关键路径法。关键路径法（CPM）是一种运用特定的、有顺序的网络逻辑和估算出的项目活动工期，确定项目每项活动的最早与最晚开始和结束时间，并做出项目工期网络计划的方法。关键路径法关注的核心是项目活动网络中关键路径的确定和关键路径总工期的计算，其目的是使项目工期能够达到最短。关键路径法通过反复调整项目活动的计划安排和资源配置方案使项目活动网络中的关键路径逐步优化，最终确定出合理的项目工期计划。因为只有时间最长的项目活动路径完成之后，项目才能够完成，所以一个项目最长的活动路径被称为“关键路径”（Critical Path Method，CPM）。

关键线路法是一种最常用的数学分析技术，其基本原理是用网络图表达项目活动之间的相互关系和进度，并在此基础上进行网络分析，计算网络中各项时间参数，确定关键工作与关键线路，利用时差调整与优化网络，求得最短工期。同时，还要考虑成本与资源问题，求得项目计划方案的综合优化。简单地说，关键线路法用以确定项目各项活动最早、最晚的开始和完成时间。网络图的时间参数主要包括工作最早开始时间、工作最早结束时间、工作最迟开始时间、工作最迟结束时间和工作时差等。时间参数的计算主要就是计算这些参数。此外，还需要通过计算时差找到关键工作和关键线路。网络图的时间参数计算通常采用图上计算，计算结果直接标注在网络图上，对于大型的网络计划多采用编制计算程序在计算机上进行计算。以图4-16说明双代号网络图时间参数的计算方法。

节点时间参数是确定工作时间参数的基础，节点时间分为节点最早时间和节点最迟时间，其表示方法如图4-17所示。

其中$ET_i$表示节点I的最早开始时间，表示该节点的紧前工作的全部完成，从这个节点出发的紧后工作最早能够开始的时间。如果进入这个节点的紧前工作没有全部结束，从这个节点出发的紧后工作就不能开始。因此，计算时应顺着箭头方向逐个节点依次计算，并取到达该节点的最长时间。设起点节点的最早时间为零：$ET_i=0\ (i=1)$，则其他节点的最早时间为：$ET_j=\max\{ET_i+D_{i-j}\}$。其中，$D_{i-j}$为工作i–j的持续时间。该示例最早时间的计

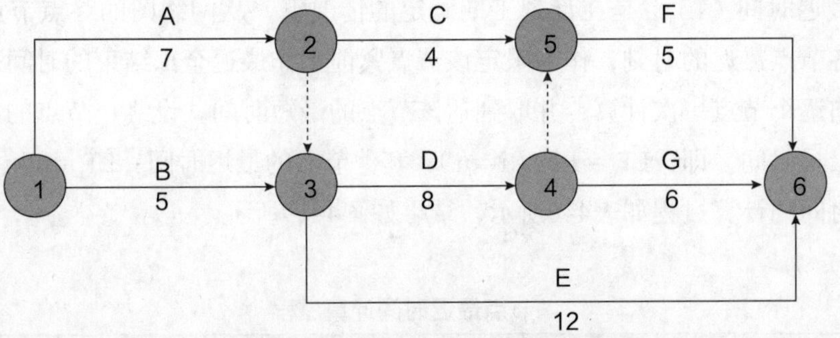


图4-16　双代号网络图时间参数计算

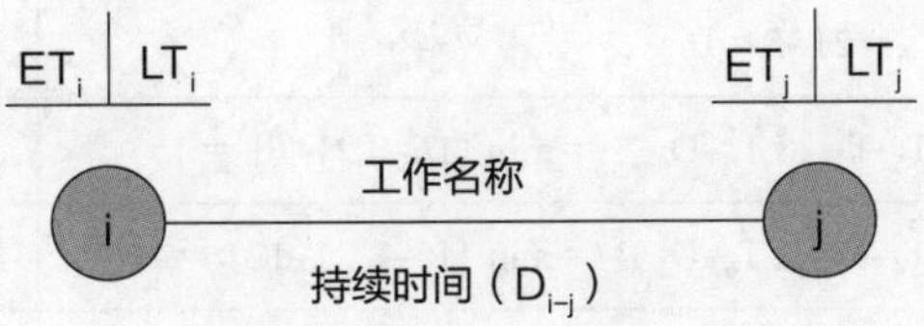


图4-17　节点时间表示方法

算过程在表4-5列出，结果如图4-18所示。

表4-5　节点最早时间计算过程

| 节点编号 | 计算过程（单位：天） | 备注 |
|---|---|---|
| 1 | $ET_1=0$ | |
| 2 | $ET_2=ET_1+D_{1-2}=0+7=7$ | |
| 3 | $ET_3=\max\{ET_1+D_{1-3},ET_2+D_{2-3}\}=\max\{0+5,7+0\}=7$ | 两条内向箭头，取大值 |
| 4 | $ET_4=ET_3+D_{3-4}=7+8=15$ | |
| 5 | $ET_5=\max\{ET_2+D_{2-5},ET_4+D_{4-5}\}=\max\{7+4,15+0\}=15$ | 两条内向箭头，取大值 |
| 6 | $ET_6=\max\{ET_3+D_{3-6},ET_4+D_{4-6},ET_5+D_{5-6}\}=\max\{7+12,15+6,15+5\}=21$ | 三条内向箭头，取大值 |

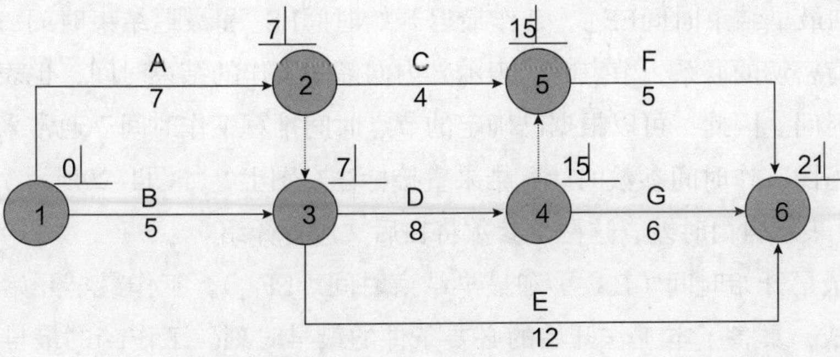


图4-18　节点最早时间计算

节点最迟时间（$LT_i$）是在计划工期确定的情况下，从网络图的终点节点开始，逆向推算出的各节点最迟的时刻，作为限定该节点紧前工作最迟全部结束的时间。计算时应逆着箭头方向逐个节点一次计算，并取到达该节点的最短时间。设终止节点的最迟时间为终止节点的最早时间，即：$LT_n=ET_n$（$i=n$），其他节点的最迟时间：$LT_i=\min\{LT_j-D_{i-j}\}$。节点最迟时间的计算过程如表4–6所示，结果如图4–19所示。

表4–6　节点最迟时间计算过程

| 节点编号 | 计算过程（单位：天） | 备注 |
|---|---|---|
| 6 | $LT_6=ET_6=21$ | |
| 5 | $LT_5=LT_6-D_{5-6}=21-5=16$ | |
| 4 | $LT_4=\min\{LT_5-D_{4-5},LT_6-D_{4-6}\}=\min\{16-0,21-6\}=15$ | 两条外向箭头，取小值 |
| 3 | $LT_3=\min\{LT_4-D_{3-4},LT_6-D_{3-6}\}=\min\{15-8,21-12\}=7$ | 两条外向箭头，取小值 |
| 2 | $LT_2=\min\{LT_3-D_{2-3},LT_5-D_{2-5}\}=\min\{7-0,16-4\}=7$ | 两条外向箭头，取小值 |
| 1 | $LT_1=\min\{LT_2-D_{1-2},LT_3-D_{1-3}\}=\min\{7-7,7-5\}=0$ | 两条外向箭头，取小值 |

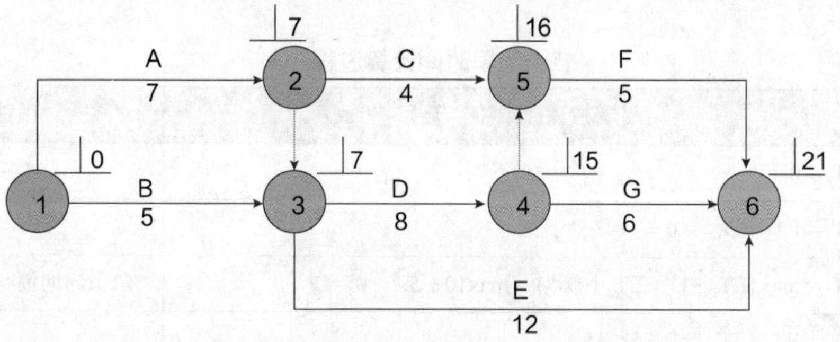


图4–19　节点最迟时间计算

工作时间参数的计算。工作时间是指工作的开始时间和完成时间，分为工作最早开始时间$ES_{i-j}$和最早结束时间$EF_{i-j}$、工作最迟开始时间$LS_{i-j}$和最迟结束时间$LF_{i-j}$。工作时间和节点时间有密切的联系，节点时间表示其内向箭线工作的结束时间，也表示其外向箭线工作的开始时间。因此，可以根据已确定的节点时间推算工作时间。通常采用六时标注法将双代号网络图工作时间参数的计算结果直接标注在图上，如图4–20所示。其中$TF_{i-j}$表示总时差，$FF_{i-j}$表示自由时差，这两个参数将在后文进行介绍。

工作最早开始时间（$ES_{i-j}$）和最早结束时间（$EF_{i-j}$）。工作最早开始时间是指紧前工作全都完成，具备了本工作开始的必要条件的最早时刻。工作i–j的最早开始时间等于其起点节点i的最早时间。工作最早结束时间是指一项工作如果按最早开始时间开始的情况

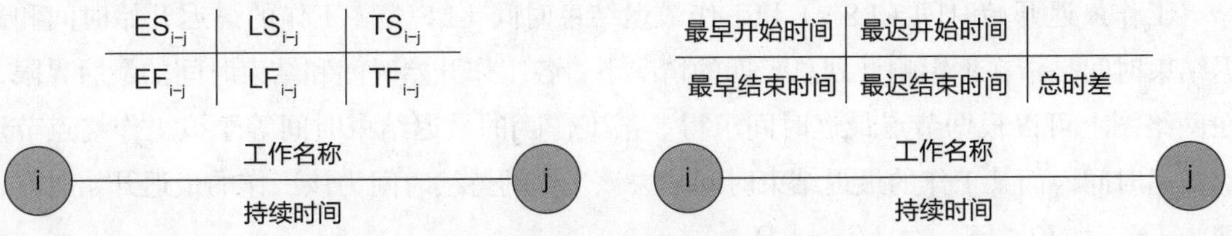


图4-20 时间参数标注形式

下，该工作可能完成的最早时刻。工作i-j的最早结束时间等于最早开始时间加上该工作的持续时间，即：$ES_{i-j}=ET_i$，$EF_{i-j}=ES_i+D_{i-j}$。

示例的工作最早开始时间和最早结束时间，可以根据图4-16节点最早时间计算结果来推算，计算过程在表4-7中列出，结果如图4-21所示。

表4-7 工作最早时间计算过程

| 工作名称 i-j | 工作持续时间 $D_{i-j}$/天 | 起点节点最早时间 $ET_i$/天 | 工作最早开始时间 $ES_{i-j}$/天 | 工作最早结束时间 $EF_{i-j}$/天 |
|---|---|---|---|---|
| 1-2 | 7 | 0 | 0 | 7 |
| 1-3 | 5 | 0 | 0 | 5 |
| 2-5 | 4 | 7 | 7 | 11 |
| 3-4 | 8 | 7 | 7 | 15 |
| 3-6 | 12 | 7 | 7 | 19 |
| 4-6 | 6 | 15 | 15 | 21 |
| 5-6 | 5 | 15 | 15 | 20 |

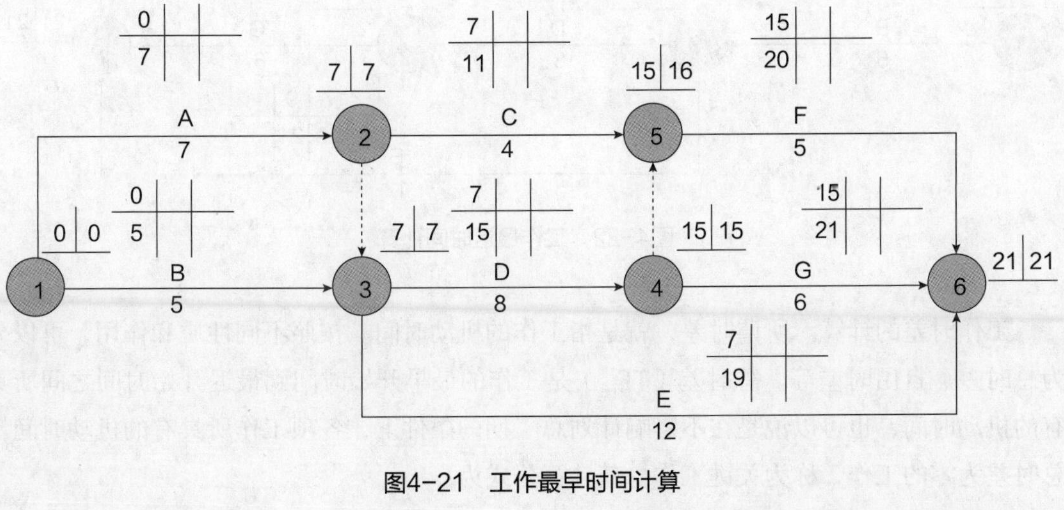


图4-21 工作最早时间计算

工作最迟开始时间（$LS_{i-j}$）和工作最迟结束时间（$LF_{i-j}$）。工作的最迟开始时间和最迟结束时间是指在不影响计划总工期的情况下，各工作开始时间和结束时间的最后界限，在网络图上可以根据节点最迟时间求得。某工作i–j的最迟结束时间等于该工作终点节点的最迟时间，而某工作的最迟结束时间减去该工作的持续时间为该工作的最迟开始时间，即：$LF_{i-j}=LT_j$; $LS_{i-j}=LF_{i-j}-D_{i-j}$。

示例的工作最迟开始时间和最迟结束时间，可以根据图4–17节点最迟时间计算结果来推算，先计算工作最迟结束时间，再计算工作最迟开始时间计算过程在表4–8中列出，结果如图4–22所示。

表4–8 工作最迟时间计算过程

| 工作名称<br>i–j | 工作持续时间<br>$D_{i-j}$/天 | 终点节点最迟时间<br>$ET_j$/天 | 工作最迟结束时间<br>$LF_{i-j}$/天 | 工作最迟开始时间<br>$LS_{i-j}$/天 |
|---|---|---|---|---|
| 1–2 | 7 | 7 | 7 | 0 |
| 1–3 | 5 | 7 | 7 | 2 |
| 2–5 | 4 | 16 | 16 | 12 |
| 3–4 | 8 | 15 | 15 | 7 |
| 3–6 | 12 | 21 | 21 | 9 |
| 4–6 | 6 | 21 | 21 | 15 |
| 5–6 | 5 | 21 | 21 | 16 |

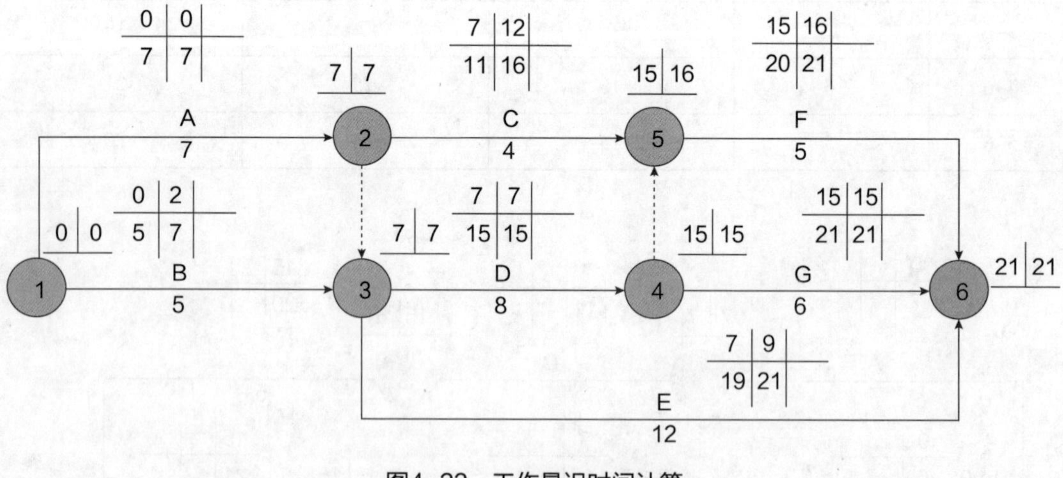


图4–22 工作最迟时间计算

工作时差的计算。所谓时差，就是指工作的机动时间。按照不同性质和作用，可以分为总时差、自由时差等。总时差（$TF_{i-j}$）是工作的最早开始时间到最迟开始时间之间所具有的机动时间，也可以说是在不影响计划总工期的条件下，各项工作所具有的机动时间。总时差为零的工作，称为关键工作。其计算公式为：

$TF_{i-j} = LT_j - ET_i - D_{i-j}$; $TF_{i-j} = LS_{i-j} - ES_{i-j} = LF_{i-j} - EF_{i-j}$

自由时差（$FF_{i-j}$）是在不影响紧后工作最早开始的情况下，该工作可利用的机动时间。计算公式为：

$FF_{i-j} = ET_j - ET_i - D_{i-j}$

$FF_{i-j} = \min\{ES_{j-k} - EF_{i-j}\}_j$（当工作 i − j 有紧后工作j − k时）

示例的总时差和自由时差，可以根据图4–16节点最早时间和图4–17节点最迟时间计算结果来推算，也可以根据表4–7工作最早时间和表4–8工作最迟时间的计算结果推算，其计算过程在表4–9中列出。

表4–9　　工作总时差和自由时差计算过程

| 工作名称<br>i–j | 工作持续时间<br>$D_{i-j}$/天 | 总时差 $TF_{i-j}$/天<br>$TF_{i-j}=LT_j-ET_j-D_{i-j}$ | 自由时差 $FF_{i-j}$/天<br>$FF_{i-j}=ET_j-ET_i-D_{i-j}$ |
|---|---|---|---|
| 1–2 | 7 | 7−0−7=0 | 7−0−7=0 |
| 1–3 | 5 | 7−0−5=2 | 7−0−5=2 |
| 2–5 | 4 | 16−7−4=5 | 16−7−4=5 |
| 3–4 | 8 | 15−7−8=0 | 15−7−8=0 |
| 3–6 | 12 | 21−7−12=2 | 21−7−12=2 |
| 4–6 | 6 | 21−15−6=0 | 21−15−6=0 |
| 5 6 | 5 | 21−15−5=1 | 21−15−5=1 |

从表4–9可以看出工作1–2、3–4、4–6的总时差为0。因此，这3项工作是关键工作，其余工作为非关键工作。最终结果如图4–23所示。

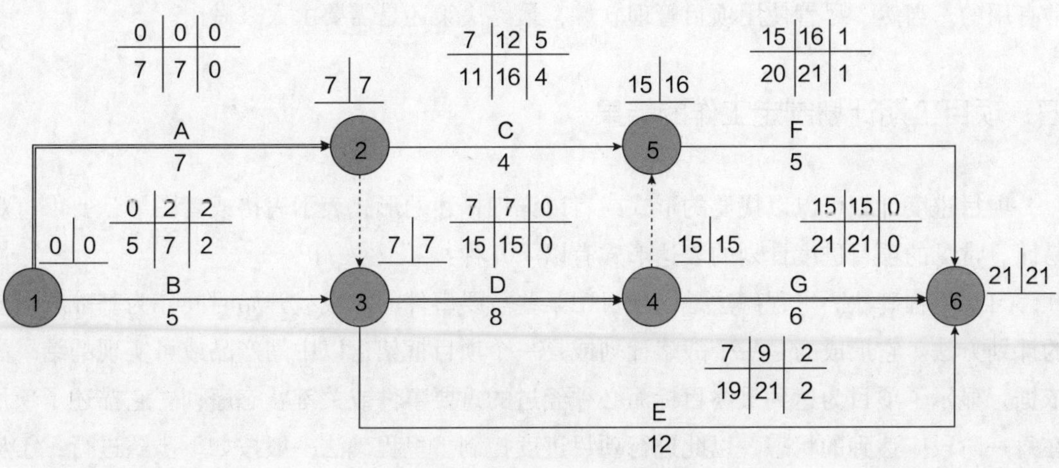


图4–23　工作总时差和自由时差

关键线路就是连接总时差为0的关键工作所组成的线路，其总时长最长，其他线路称为非关键线路。关键线路可以通过求总时差来求得，也可以寻找工作持续时间之和最长的路径来得到。关键线路一般用双线表示，如图4-21所示，关键线路为1-2-3-4-6。掌握关键线路的特点，就可以合理地安排项目计划，做好项目进度控制。关键线路有以下特点：①关键线路上的工作总时差和自由时差均为0。②关键线路是从网络计划开始节点到结束节点之间持续时间最长的线路。③关键线路在网络图中不一定只有一条，有时存在两条以上。④关键线路以外的工作称为非关键工作，如果使用了总时差，可转化为关键工作。⑤在非关键线路上的工作时间延长超过其总时差时，关键线路就变成非关键线路。

2. 模拟法

模拟法是根据一定的假设条件和这些条件发生的概率，运用像蒙特卡罗模拟、三角模拟等方法，确定每个项目活动可能工期的统计分布和整个项目可能工期的统计分布，然后使用这些统计数据去编制项目工期计划的一种方法。同样，由于三角模拟法相对比较简单，一般都使用这种方法去模拟估算项目单项活动的工期，然后再根据各个项目可能工期的统计分布做出整个项目的工期估算，最终编制出项目的工期计划。

3. 资源水平法

使用系统分析法制定项目工期计划的前提是项目的资源充足，但是在实际中多数项目都存在有资源限制，因此有时需要使用资源水平法去编制项目的工期计划。这种方法的基本指导思想是“将稀缺资源优先分配给关键路线上的项目活动”。这种方法制定出的项目工期计划常常比使用系统分析法编制的项目工期计划的工期要长，但是更经济和实用。这种方法有时又叫作“基于资源的项目工期计划方法”。

4. 项目管理软件法

项目管理软件是广泛应用于项目工期计划编制的一种辅助方法。使用特定的项目管理软件就能够运用系统分析法的计算方法和对于资源水平的考虑，快速地编制出多个可供选择的项目工期计划方案，最终决策和选定一个满意的方案。这对于优化项目工期计划是非常有用的。当然，尽管使用项目管理软件，最终决策还是需要由人来做出。

## 四、项目工期计划制定工作的结果

项目进度计划可以以提要的形式或者以详细描述的形式表示表格或者图形，要求直观易懂。常见的项目进度计划的表达形式有以下几种：

（1）里程碑法。里程碑法是以项目中某些重要事件的完成或开始时间作为基准所形成的计划方法。它形成的是一个战略计划或是一个项目框架，以中间产品或可实现的结果为依据，显示了项目为达到最终目标而必须经过的重要事件或关键状态序列。它描述了项目在每一阶段应达到的状态，以此进行项目进度控制。里程碑法一般按如下步骤进行：①从达到项目的最后一个里程碑．即项目的最终成果开始反向进行。②设置里程碑。项目一般都分为许多阶段，有各种事件，到底哪些事件可作为里程碑事件需要采用一定的方法确定，最常用的是“头脑风暴法”。③里程碑复查。有的里程碑难免会遇到这种情况，它是别的里程碑的一部分应该设置而尚未设置，这些可通过复查的方式加以解决。④分析每条因果路径。找出逻辑关系，并加以修缮。⑤编制里程碑计划。通常用里程碑图或里程碑表的形式表达。里程碑法仅表示可交付成果的计划开始和完成时间及关键的外部界面，如表4-10所示。

表4-10 产品开发项目里程碑示例

| 里程碑活动 | 3月15日 | 4月20日 | 7月30日 | 9月1日 | 10月16日 |
|---|---|---|---|---|---|
| 产品定义完成 | Δ | | | | |
| 源程序编码开始 | | Δ | | | |
| 子系统测试开始 | | | Δ | | |
| 系统联调测试完成 | | | | Δ | |
| 系统试运营 | | | | | Δ |

（2）甘特图。甘特图是由美国学者甘特（Gantt）发明的一种使用条形图编制项目进度计划的方法，又称横道图，是一种比较简便的工期计划和进度安排工具。甘特图是一个二线平面图，横轴表示项目进度的时间，可以以年、月、周、天或者小时作为度量单位，纵轴表示项目活动内容。图中每一个横道代表一个活动，显示了每项活动开始时间和结束时间，横道的长短代表了活动持续的时间，如图4-24所示。

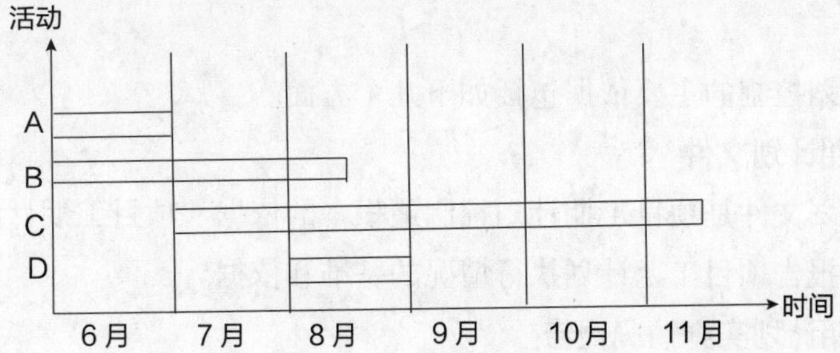


图4-24 甘特图

甘特图的优点是直观易懂，容易制作，常常用作管理计划的介绍。但是，随着科技的发展，甘特图的弊端也在不断地显现出来，概括来说，主要有以下3个方面的缺点：①甘特图无法系统地表述出各项活动之间的复杂关系，通过它无法运用定量的方法分析或计算，而这对于控制项目成本恰恰是至关重要的。②甘特图不能表示活动最早和最晚开始、结束对项目进度的影响，也无法显示改变进度对项目日期的影响。③甘特图不能表明执行活动的不确定性，无法确定哪些是项目中最重要的，其关键作用的工作或线路，因而无法指出影响项目进度的关键所在。由于上述缺陷，因此，甘特图一般只适用于比较简单的小型项目。为了弥补这些缺陷，陆续发展出了带有时差的甘特图和具有逻辑关系的甘特图。这类甘特图实际上是将网络计划原理与甘特图两种表达形式进行有机结合的产物，兼备了甘特图的直观性和网络图的关联性。

## 子项目7 项目进度管理

### 一、项目工期计划控制的概念

项目工期计划控制是对项目工期计划的实施与项目工期计划的变更所进行的管理控制工作。项目工期计划控制的主要内容包括：对于项目工期计划影响因素的控制（事前控制），对于项目工期计划完成情况的绩效度量，对项目实施中出现的偏差采取纠偏措施，以及对于项目工期计划变更的管理控制等。项目开始实施以后就必须严格控制项目的进程，以确保项目能够按项目工期计划进行和完成。在这一工作中，必须及时定期地将项目实施的情况与项目计划进度进行比较并找出二者的差距，一旦发现这种差距超过了控制标准就必须采取纠偏措施，以维持项目工期进度的正常发展。项目经理必须根据项目实际进度并结合其他发生的具体情况，定期地改进项目的实际工作或更新项目进度计划，最终实现对于整个项目工期的全面和有效的控制。

### 二、项目工期计划控制的依据

项目工期计划控制的主要依据包括如下几个方面。

**1. 项目工期计划文件**

项目工期计划文件是项目工期计划控制最根本的依据。项目工期计划文件提供了度量项目实施绩效和报告项目工期计划执行情况的基准和依据。

**2. 项目工期计划实施情况报告**

这一报告提供了项目工期计划实施的实际情况及相关的信息。例如，哪些项目活动按期完成了，哪些未按期完成，项目工期计划的总体完成情况等。通过比较项目工期计划和项目工期计划实施情况报告可以发现项目工期计划实施的问题和差距。

**3. 项目变更的请求**

项目变更请求是对项目计划任务所提出的改动要求。它可以是由业主/客户提出的，也可以是项目实施组织提出的，或者是法律要求的。项目的变更可能会要求延长或缩短项目的工期，也可能是要求增加或减少项目的工作内容。但是，无论哪一方面的项目变更都会影响到项目工期计划的完成，所以项目变更的请求也是乡民工期计划控制的主要依据之一。

4. 项目进度管理的计划安排

项目进度管理的计划安排给出了如何应对项目工期计划变动的措施和管理安排。这包括项目资源方面的安排，应急措施方面的安排等。这些项目进度管理（或叫项目作业管理）的安排也是项目工期计划控制的重要依据。

## 三、项目工期计划控制的方法

项目工期计划控制的方法多种多样，最常用的有。

1. 项目工期计划变更的控制方法

项目工期计划变更的控制方法是针对项目工期计划变更的各种请求，按照一定的程序对项目工期计划变更进行全面控制的方法。这包括：项目工期变更的申请程序、项目工期变更的批准程序和项目工期变更的实施程序等一系列的控制程序及相应的方法。

2. 项目工期计划实施情况的度量方法

项目工期计划实施情况的度量方法是一种测定和评估项目实施情况，确定项目工期计划完成程度和实际情况与计划要求的差距大小与幅度的管理控制方法，它是项目工期计划控制中使用的重要方法之一。这一方法的主要内容包括：定期收集项目实施情况的数据，将实际情况与项目计划要求进行比较，报告项目工期计划实施情况存在的偏差和是否需要采用纠偏措施。这一方法要求有固定的项目工期计划实施情况报告期，并定期和不定期地度量和报告项目工期计划的实施情况。在一个报告期内，需要为项目工期计划的控制而收集和积累的数据或信息包括：项目实施情况的数据、项目各种变更的信息等。其中，必须注重这些数据或信息收集的及时、准确，以便为更新项目工期计划服务。例如，如果项目报告期是一个月，这些数据和信息就应该在月末之前收集完毕，这样才能保证信息的及时和有效。反之，如果信息已经过时或不准确就会引起项目工期计划和控制方面的决策失误。从对项目的控制角度来看，这种报告的报告期越短，越有利于及早发现问题并采取纠正措施。特别是当细密的不确定性因素较多，风险较大或项目出现问题时，一定要缩短报告期，增加报告的频率，直到项目计划进度恢复正常为止。例如，如果对于一个工期5年的项目而言，其报告期可以是一个月，但是当出现偏离项目工期进度计划或超出项目预算等情况时，就应该立即将这一项目的报告期缩减至一周，以便更好地控制项目工期计划的实施。

3. 追加计划法

在整个项目的实施过程中，很少有项目能完全依照工期计划实施。一些项目活动会提前完成，而另一些项目活动则会延期完成。实际项目工期计划实施情况无论快还是慢都会对项目的最终完工时间产生影响。因此，项目工期计划控制方法中还有一种是追加计划法（或叫附加计划法），这种方法可以根据可能出现的工期计划变化，去修订项目活动的工期估算、修订项目的活动排序和修订整个项目的工期计划。在整个项目实施的过程中可能发生的各种变更也会对项目工期计划产生影响，这也要求对项目的范围、预算或工期计划进行修改。这些都需要使用项目工期计划控制的附加计划法。追加计划法包括4个步骤：首先是分析项目实施进度并找出存在的问题；其次是确定应采取哪些具体的纠偏措施；再次是修改项目工期计划并将纠偏措施列入计划中；最后是重新计划安排项目工期，估算和评价采取纠偏措施的效果并编制出项目工期的追加计划。这种方法需要重点分析两种活动，其一是近期需要开展的项目活动；其二是所需时间较长的项目活动。因为积极控制正在进行或随后即将开展的项目活动的工期比对未来很久以后开始的项目活动工期要有效地多。同时，如果能够减少所需工期较长的项目活动的工期，显然要比在所需工期较短的项目活动上想办法有用地多。有多种方法可以用于缩短项目活动的时间，其中最显而易见的方法是投入更多的资源。例如，分派更多的人来完成同一项活动，或者要求工作人员增加每天的作业时间就可以缩短项目工期。另外，缩小项目的范围或降低项目的质量要求也是缩短项目工期的常用方法。在一些非常情况下，甚至可以取消一些项目活动来缩短项目工期。当然，通过改进项目工作方法或技术、提高劳动生产率才是缩短项目活动工期的最佳方法。

4．项目工期管理软件法

对项目工期计划的管理控制而言，运用项目管理软件也是很有用的方法之一。这种方法可以用来追踪和对比项目实际实施情况与工期计划要求的差距，预测项目工期计划的变化及其影响和调整、更新与追加项目工期计划。

## 四、项目工期计划控制工作的结果

项目工期计划控制工作的结果主要包括如下几个方面。

1．更新后的项目工期计划

这是根据项目工期计划实施中的各种变化和纠偏措施，对项目工期计划进行修订以后所形成的新的项目工期计划。它是对原有项目工期计划进行全面修订后给出的结果。

2．项目工期计划中要采取的纠偏措施

这里的纠偏措施是指为纠正项目工期计划实施情况与计划要求之间的偏差，所采取的具体行动方案。在项目工期管理中需要采取各种纠偏措施去保证项目的工期进度和项目按时完工，所以项目工期计划中要采取的纠偏措施也是项目工期控制的重要工作结果之一。

3．可供吸取的经验教训

在项目实施过程中，有关项目工期计划控制方面的各种可供吸取的经验教训也是项目工期计划控制工作的结果之一。这方面的内容包括：有关项目工期计划变动的原因、采取纠偏措施的理由，以及项目工期计划失控的经验和教训等。

### 4. 项目工期计划实施结果的改善

这是项目工期计划控制工作最主要的结果，正是由于项目工期计划控制工作的开展才使得项目工期计划的实施结果得以提高和改善，才使得项目实施工作能够按照计划（包括最初的和更新后的计划）去完成。

## 复习与思考

1. 确定项目目标的意义体现在哪些方面?
2. 项目范围管理有哪些主要工作? 作用是什么?
3. 什么是关键路径?

实训操作·任务5

# 项目质量管理

**任务目的** 了解质量管理要素体系，掌握质量计划的主要流程和进行质量控制的相关工具、技巧。

**实训任务内容** 针对课程项目进行质量规划，运用脑力震荡法、因果图、流程图等工具技术进行问题分析，做出课程项目的质量计划。

- ❑ 子项目1 项目质量管理概念
- ❑ 子项目2 项目质量计划
- ❑ 子项目3 项目质量保障
- ❑ 子项目4 项目质量控制

# 子项目1 项目质量管理概念

项目质量管理是指为确保项目质量目标要求而开展的项目管理活动，其根本目的是保障最终交付的项目产出物能够符合质量要求。项目质量管理包括两个方面的内容：其一是项目工作质量的管理；其二是项目产出物的质量管理，因为任何项目产出物的质量都是靠项目的工作质量保证的。项目质量管理的概念与一般质量管理的概念有许多相同指出，也有许多不同之处，这些不同之处是由于项目的一次性和独特性等特性所决定的。因此要弄懂和掌握项目质量管理的概念，首先要搞清楚一般的质量和质量管理的概念，然后根据项目的特性去学好项目质量管理。

## 一、质量的基本概念

在日常生活中，人们每天都要消费各种各样的产品和服务，这些产品和服务有好有坏，它们的好坏代表了它们的质量，同时它们的好坏也代表了一个企业或组织的质量管理水平。实际上，质量和质量管理是日常生活中天天和事事都会遇到的问题。

**1．质量的定义**

对于什么是质量有许多不同的说法，所以对于质量的定义也有许多种。其中美国著名质量管理专家朱兰对于质量的定义和国际标准化组织（International Standard Organization—ISO）对于质量的定义最具权威性。这两种定义的具体描述与含义如下：

（1）朱兰关于质量的定义。美国质量管理专家朱兰（J. M. Juran）博士认为：质量就是产品的适用性，即产品在使用时能够满足用户需要的程度。

这一定义从两个方面对质量做出了规定。其一，“质量就是产品的适用性”，这表明只要产品适用就是好产品，就是达到质量要求的产品。其二，“产品在使用时能够满足用户需要的程度”，这表明产品质量的高低取决于产品能够在多大程度上满足用户对于该产品的具体需要，满足需要程度高的产品就是高质量的产品，满足需要程度低的产品就是低质量的产品。

（2）国际标准化组织关于质量的定义。国际标准化组织在其《质量管理与质量保障术语》（以下简称《术语》）中对于质量的定义是“质量是反映实体（产品、过程或活动等）满足明确和隐含的需要能力和特性总和。”

由上述定义可以看出质量包括如下含义：

1）所谓“实体”是指承载质量属性的具体事物。反映质量的实体包括产品、过程（服务）和活动（工作）三种，其中，“产品”是指能够为人们提供各种享用功能的有形实物；“过程”是指为人们带来某种享受的服务；而“活动”是指人们在生产产品或提供服务中所开展的作业或工作。

2）质量本身的含义是指“实体”能够满足用户需求的能力和特性的总和。这表明质量的高低并不取决于“实体”的各种能力特性是否都是最好的，只要“实体”的能力和特性总和能够满足用户的需求即可。当然，这里的“需求”包括用户“明确和隐含”的两类需求。其中，“明确的需求”一般是在具体产品交易合同中标明的，“隐含的需求”一般是需要通过市场或用户调查获得的。

3）对于不同“实体”，质量的实质内容不同，即“实体”满足用户明确和隐含的需求在实质内容上也不同。具体对产品而言，质量主要是指产品能够满足用户使用要求所具备的功能特性，一般包括产品的性能、寿命、可靠性、安全性、经济性、外观等具体特性。具体对服务（过程）而言，质量主要是指服务能够满足客户（包括内部客户）期望的程度，因为服务质量取决于用户对于服务的预期与客户对于服务的实际体验二者的匹配程度，由于人们对于服务质量的要求和期望在不同的时间和情况下也会不同，而且客户对于服务质量的期望与体验会随时间与环境的变化而变化，所以服务质量中“隐含的需求”成分比较高。具体对活动（工作）而言，质量一般是由工作的结果来衡量的，工作的结果既可以是工作所形成的产品，也可以是通过工作而提供的服务，所以工作质量也可以用产品或服务质量来度量。反过来说，实际上是工作质量决定了工作产出物（产品或服务）的质量，因此，在质量管理中对于工作质量的管理是最为基础的质量管理。

**2. 质量特性概念**

质量特性是指产品或服务满足人们明确或隐含需求的能力、属性和特征的总和。不同的产品或服务能够满足人们不同的需要，所以不同的产品和服务各自有不同的质量特性。服务的质量特性与产品的质量特性就有很大差异，这是由于服务本身所具有的无形性、不可储存性等特性决定的。产品或服务的质量特性又分为：内在的特性、外在的特性、经济方面的特性、商业方面的特性和环保方面的特性等多种特性。这些不同质量特性的具体内涵如下：

（1）内在质量特性。这主要是指产品的性能、特性、强度、精度等方面的质量特性。这些质量特性主要是在产品或服务的持续使用中体现出来的特性。

（2）外在质量特性。这主要是指产品外形、包装、装潢、色泽、味道等方面的特性。这些质量特性都是产品或服务外在表现方面的属性和特性。

（3）经济质量特性。这主要是指产品的寿命、成本、价格、运营维护费用等方面的特性。这些特性是与产品或服务购买和使用成本有关的特性。

（4）商业质量特性。这主要是指产品的保质期、保修期、售后服务水平等方面的特性。这些特性是与产品生产或服务提供企业承担的商业责任有关的特性。

（5）环保质量特性。这主要是指产品或服务对于环境保护的贡献或对于环境造成的污染等方面的特性。这些特性是与产品或服务对环境的影响有关的特性。

## 二、质量管理基本概念

一个企业或组织为了确保自己产品或服务的质量能够达到客户的要求和期望，就必须开展质量管理活动，通过开展质量管理去保障和提高企业或组织的工作质量和产品或服务的质量，完成组织的使命、实现组织的目标。实际上，现在的质量管理是企业或组织在市场经济下的安身立命之本。

### 1. 质量管理的定义

对于什么是质量管理也有许多不同的说法和许多不同的定义。其中日本的质量管理学家谷津进对于质量管理的定义和国际标准化组织（ISO）对于质量管理的定义，从不同的角度诠释了质量管理的定义。这两种定义的具体描述与含义如下：

（1）谷津进的定义。谷津进认为质量管理“就是向消费者或客户提供高质量产品与服务的一项活动。这种产品和服务必须保证满足需求、价格便宜和供应及时。”

这一定义给出了质量管理的目的、目标和作用，明确了质量管理的根本目的是向客户和消费者提供高质量的产品与服务，明确了质量管理的目标和作用就是使产品和服务达到三项要求，其一是“满足需求”；其二是“价格便宜”；其三是“供应及时”。

（2）国际标准化组织的定义。国际标准化组织认为“质量管理是确定质量方针、目标和职责，并在质量体系中通过诸如质量策划、质量控制、和质量改进，使质量得以实现的全部管理活动。”

国际标准化组织对于质量管理的定义是从质量管理活动所涉及的内容和方法角度做出的。由这一定义可以看出，质量管理是一项具有广泛含义的企业管理活动，它包括下述几个方面的内容：

1）质量管理是涉及从企业质量方针的制定，一直到用户对质量的最终体验这一全过程中的管理活动。质量管理是一项贯穿在企业产品生产和服务全过程中各阶段、各项工作中的一项专门针对质量保障和提高的管理活动。

2）质量管理是各级管理者的一项重要管理职责。这包括从最高管理者的质量管理决策（“质量方针、目标和职责”的制定）和中层管理者对于质量管理的实施（“质量策划、质量控制”等），以及基层管理者对于质量管理方针政策的贯彻执行（“质量控制”和“质量改进”等）。

3）质量管理既涉及对于产品和服务本身功能与特性的管理，同时也涉及对于制造产品和提供服务过程中的工作质量管理。因为工作质量是产品和服务质量的保障，所以只有高水平的工作质量，才会有高水平的产品或服务质量。

### 2. 质量管理的内涵和术语

质量管理既是一项企业各级管理者的管理职责，又是一项涉及企业活动全过程的管理工作。这项管理工作具有非常深刻的内涵和许多独特的术语。国际标准化组织在有关质量管理的定义和标准中给出了质量管理的基本内涵和相关的术语解释。这些基本的内涵和术语解释如下：

（1）质量方针。“质量方针是由组织的最高管理者正式发布的关于一个组织总的质量宗旨和质量方向”。质量方针作为组织的质量宗旨和方向是一个组织的大政方针中一个重要组成部分，它反映了组织最高领导的质量意识和决心，它是一个组织在一定时期内相对稳定的质量工作指导思想。它的制定和实行会直接影响到一个组织的质量管理工作。

（2）质量体系。“质量体系是为实施质量管理所需的组织结构、程序、过程和资源”。一个组织只有建立了科学的质量体系，才能全面地开展质量管理活动，因为质量体系是质量管理的基础，是质量管理工作的组织保障体系，没有它就无法开展科学的质量管理，就无法保证产品或服务的质量。

（3）质量策划。“质量策划是确定质量的目标和要求，以及确定采用质量体系要素的目标和要求的活动”。这种策划活动实际上就是质量管理的一种规划或计划性的工作，通过这种规划或计划工作可以确定下一步质量和质量管理目标、管理措施和具体要求（时间、工作、质量等）。

（4）质量控制。“质量控制是为达到质量要求所采取的作业技术与活动”。其中的“质量要求”是指：“对于需要的表达或将需要转化为一组针对实体特性的定量或定性的规定要求，以便使其能够实现和考核。”而其中的“作业技术和活动”的内容包括：确定控制对象、规定控制标准、制定控制方法、选用检验技术、处理事故（失控）等。

（5）质量保障。“质量保障是为了保证实体能够满足质量要求，并提供足够的证明以表明实体保证能够满足质量要求，而在质量体系中实施的，并根据需要进行证实的，全部有计划和有系统的活动”。由此可见，质量保障是一系列有计划的活动，而这种活动的目的是为了确保“实体”的质量。另外，为了证明一个组织能够确保提供高质量的实体就需要对其生产和管理活动的可信性和可靠性进行审核和评价，这些也都属于质量保障活动的范畴。

（6）质量改进。“质量改进是为向本组织及其客户提供更多的收益，在整个组织内所采取的旨在提高组织活动和过程的效益和效率的各种措施”。这里的“过程”是指将输入转化为输出的一组彼此相关的活动。实际上质量改进是一种持续改进与完善的组织活动，这包括对于产品与服务的持续改进与完善、对于生产过程与作业方法的持续改进与完善，以及对于组织管理活动的持续改进和完善。

上述有关质量管理的概念、内涵与术语之间的关系可以用如图5-1所示给出。

由图5-1可以看出，质量管理的各个要素最终构成了一个有机的整体，这一整体为质量管理提供了总体的解决方案。

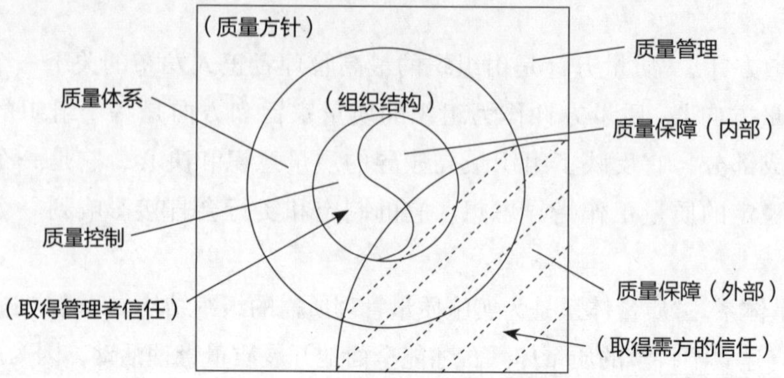


图5-1 质量管理各要素关系图

资料来源：根据郑跃文等著《质量管理理论与实务》（经济管理出版社，1997年）整理而成。

## 三、项目质量概念

项目质量在很大程度上既不同于产品质量，也不同于服务质量，因为项目兼具产品和服务两个方面的特性，和一次性、独特性与创新性的自己的特性，所以项目质量也具有自己的特性。项目质量的这些特性主要表现在以下两个方面。

### 1. 项目质量的双重性

项目质量的双重性是指项目质量既有产品质量的特性，又有服务质量的特性。这是因为在同一个项目中会有许多项目产出物具有产品的有形性、可储存性和可预先评估性等特性，所以完全属于产品的范畴，而这一项目的另一些产出物具有无形性、不可储存性和无法预先评估等特性，所以完全属于服务的范畴。例如，对于一个房屋建设项目而言，最终形成的建筑物属于产品的范畴，但是在建房过程中的图纸设计、施工管理和顾问咨询等都属于服务的范畴。当然，不同项目的产出物不同，所以它们所包含的产品和服务的比例也不同。例如，一个婚礼的组织项目的产出物有很大比例属于服务的范畴，而一个专用车辆制造项目的产出物有很大比例属于产品的范畴。但是无论如何，一个项目的产出物都具有产品和服务两个方面的成分，因此项目的质量一定会具有产品质量和服务质量的双重特性。

### 2. 项目质量的过程特性

项目质量的过程特性是指一个项目的质量是由整个项目的全过程形成的，是受项目全过程的工作和活动质量直接和综合影响的。任何项目的质量不是由一个项目的某个阶段或某项活动形成的，而是由整个项目的全过程形成的。特别需要指出的是，项目质量的形成与产品和服务的质量形成都不相同。由于项目具有的一次性和独特性的特性，所以人们（包括项目业主和实施者）在项目的定义和决策阶段往往无法充分认识和界定自己“明确和隐含”的需求，所以项目的质量要求在许多情况下，一开始无法比较明确和完全的确定下来，它是在项目进行过程中通过不断修订和变更而最终形成的。尤其是一些带有探索性质的项目（像科研项目、产品开发项目、创新项目等），它们的质量在很大程度上是在项目实施过程中通过各种各样的项目质量变更而不断地修订，最终在项目结束前才形成一个项目质量的明确要求与最终结果。甚至，就是一些很小的项目（像房屋内装修）也需要使用项目变更等手段去不断地修改对于项目质量的要求，直至最终项目结束才能完全确定对于项目质量的要求，并最终形成项目的质量。这与单纯的产品或服务质量的确定和形成过程相比要复杂和麻烦得多，所以项目在质量管理所需的努力要比单纯的产品或服务（可以周而复始生产的产品或提供的服务）质量管理艰巨很多。

## 四、项目质量管理概念

现代项目管理中的质量管理是为了保障项目的产出物能够满足项目业主/客户以及项目各相关利益者的需要所开展的对于项目产出物质量和项目工作质量的全面管理工作。项目质量管理的概念与一般质量管理的概念有许多相同之处，但是也有许多不同之处。这些不同之处是由于上述有关项目的特性所决定的。项目质量管理的基本概念也包括：项目质量方针的确定、项目质量目标和质量责任的制定，项目质量体系的建设，以及为实现项目质量目标所开展的项目质量计划、项目质量控制和项目质量保障等一系列的项目质量管理工作。

一般情况下，在项目质量管理中同样要使用全面质量管理（Total Quality Management—TQM）的思想。所谓全面质量管理的思想，国际标准化组织认为“是一个组织以质量为中心，以全员参与为基础，目的在于通过让客户满意和本组织所有成员及社会受益而达到长期成功的一种质量管理模式”。从这一定义中可以看出，全面质量管理的指导思想分两个层次：其一,一个组织的整体要以质量为核心，并且一个组织的每个员工要积极参与质量管理；其二，全面质量管理的根本目的是使全社会受益和使组织本身获得长期成功。确切地说，全面质量管理的核心思想是质量管理的全员性（全员参与质量管理的特性），全过程性（认真管理好质量形成的全过程）和全要素性（认真管理好质量所涉及的各个要素）。

现代项目管理认为，全面质量管理的思想也必须在项目质量管理中使用和贯彻，项目质量管理必须按照全团队成员都参与的模式开展质量管理（全员性）；项目质量管理的工作内容必须是贯穿项目全过程的（全过程性），从项目的初始阶段、计划阶段、实施阶段、控制阶段，一直到项日最终结束阶段；项目的质量管理要特别强调对于项目工作质量的管理，强调对于项目的所有活动和工作质量的管理和改进（全要素性），因为项目产出物的质量是由项目工作质量保障的。

需要说明的是，这里所讨论的项目质量管理的基本方针与国际标准化组织（ISO）在ISO9000和10006系列中的标准和方针是一致的，实际上现代质量管理与现代项目质量管理相互间的影响很大，基本的理念并无大的差异。本章所介绍的项目质量管理的一般性方法与戴明和其他人提出的质量管理方法，以及近年来备受推崇的全面质量管理的方法也是一致的。当然，项目质量管理的方法与产品质量管理的方法是有很大差别的，这种差别是由项目本身所具有的一次性、独特性、创新性等特性，和项目在所具有的双重性和过程性（见前面的讨论）所决定的。但是在质量管理的思想和理念上，项目质量管理和产品质量管理都认为下述理念是至关重要。

**1. 使客户满意是质量管理的目的**

全面理解客户的需求，努力设法满足或超过客户的期望是项目质量管理和产品或服务质量管理的根本目的。任何项目的质量管理都要将满足项目业主/客户的需要（明确的需求是在项目说明书中规定的，隐含的需求需要对项目业主/客户作深入地沟通能够和了解）作为自己最根本的目的，因为整个项目管理的目标就是要提供能够满足项目业主/客户需要的项目产出物。

**2. 质量是干出来的不是检验出来的**

项目质量和产品质量都是通过各种实施和管理活动而形成的结果，它们不是通过质量检验获得的。质量检验的目的是为了找出质量问题（不合格的产品或工作），是一种纠正质量问题或错误的管理工作。但是，任何避免错误和解决问题的成本通常总是比纠正错误和造成问题后果的成本要低，所以在质量管理中要把管理工作的中心放在避免错误和问题的质量保障方面，对于项目质量管理尤其应该如此。

**3. 质量管理的责任是全体员工的**

项目质量管理和产品质量管理的责任都应该是全体员工的，项目质量管理的成功是项目全体团队人员的积极参与和努力工作的结果。因此，需要项目团队的全体成员明确和理解自己的质量责任并积极地承担自己的质量责任。项目质量管理的成功所依赖的最关键因素是项目团队成员的积极参与对于项目产出物质量和项目工作质量的责任划分与责任履行的管理。

**4. 质量管理的关键是不断地改进和提高**

项目质量管理和产品质量管理的过程中都会使用“戴明循环”（戴明博士所提倡的PDCA循环，其中P是计划、D是执行、C是检查、A是处理）。这是一种持续改进工作的方法和思想，这种思想和方法同样是项目质量管理的一种指导思想和技术方法，但是由于项目的一次性和独特性，这种方法的使用有时具有一定的局限性。这种局限性主要体现在项目管理中的PDCA只能使用于那些重复性作业和活动中，大多数的项目一次性活动是很难使用的。

## 子项目2 项目质量计划

### 一、项目质量计划的概念

项目质量计划是指确定项目应该达到的质量标准和如何达到这些质量标准的工作计划与安排。项目质量管理的基本原则之一是：项目质量是通过质量计划的实施和所开展的质量保障与控制活动达到的，而不是通过质量检查得到的。因此，项目质量管理是从对项目质量的计划安排开始，通过对于项目质量计划的实施和开展的新颖质量保障与控制活动实现的。项目质量管理只有通过这些工作，才能努力控制和杜绝返工及质量失败等消极后果的出现，最终使项目达到质量要求。

## 二、项目质量计划的前提条件

项目质量计划编制的前提条件是确定项目质量计划的依据和编制项目质量计划所需的各种信息与文件。这主要包括：

### 1. 项目质量方针

项目质量方针是项目组织和项目高级管理层规定的项目质量管理的大政方针，是项目组织将如何实现项目质量的正式描述和表达，是一个项目组织对待项目质量的指导思想和中心意图。任何一个项目组织都必须制定自己的项目质量方针，因为它是制定项目质量计划的根本出发点。

在项目的定义与决策阶段，项目经理和管理者就应该准确地认识项目目标，并根据项目最终要达到的目标，确定出项目质量管理的总方针。在项目的计划与设计阶段，还需要根据项目的设计和计划进一步明确项目的各种目标和修订项目的质量方针，使项目质量目标和质量方针具体化。

从项目质量管理的角度来看，质量方针的主要内容如下：

（1）项目设计的质量方针。项目设计应该符合国家有关方针政策和现行设计规范；项目设计需要符合设计纲要（要求）的规定；项目设计必须符合实际和体现经济合理与技术先进的原则；项目设计必须充分发挥项目的社会、经济和环境效益。

（2）项目实施的质量方针。在项目实施阶段的质量方针主要有：应该实行项目经理领导下的质量目标管理，在项目管理中，必须坚持质量第一的方针，实行全员的、全过程的质量管理，一般需要将国际标准化组织（ISO）的标准作为项目质量保障的依据。

（3）项目完工交付的质量方针。在项目完结和交付阶段的质量方针应该是由项目团队全面开展检验项目的工作和项目产出物的质量，并对照项目产出物的质量是否达到了定义与决策阶段和计划与设计阶段所提出的项目目标和各种要求给出结论后，再将项目交付给项目业主/客户。

### 2. 项目范围的描述

项目范围的描述是指有关项目所涉及范围的说明，这包括项目目标的说明和项目任务范围的说明，它明确说明了为提交既定特色和功能的项目产出物而必须开展的工作和对这些工作的要求，因此它同样是项目质量计划编制的主要依据文件之一。项目范围描述主要包含下述内容：

（1）项目的目的说明。这是指项目的根本使命和特定需求。在项目完成之后将依据项目的目的去衡量一个项目成功的程度，评估项目的完成情况。

（2）项目目标说明。项目目标是指项目要实现的目的性指标。这既包括项目的总体目标，也包括项目的专项具体指标。例如，项目的成本、质量、工期等专项目标。

（3）项目产出物简要说明。这是指对于项目要提交产出物的特征、性能、要求等方面的简短而明确的描述，它是项目质量管理活动的基础性依据之一。

（4）项目成果说明。这是指项目产出物所包含的全部成果的概要清单，是对于项目产出物的“部件”的说明。通常既包括项目有形产出物也包括项目无形产出物（过程或服务）的说明。

### 3. 项目产出物的描述

项目产出物的描述是指对于项目产出物（产品）的全面与详细的说明，这种说明既包括对于项目产出物的特性和功能说明，也包括对于项目产出物有关技术细节的说明，以及其他可能影响制定项目质量计划的有关信息。项目产出物描述要比在项目范围描述中给出的项目产出物简要说明详细的多，因为这是一份专门对项目产出物进行描述和说明的文件，所以它更为详细和准确，而且有时还是项目合同规定的说明内容之一（当项目采用承发包或招投标的方式，使用承包商去实施时更是如此）。

### 4. 标准和规定

项目组织在制定项目质量计划时还必须充分考虑所有与项目质量相关领域的国家、行业标准，各种规范以及或政府规定等。当项目所属专业领域暂时没有相关的标准、规范以及规定时，项目组织应该组织有关人员根据项目的目的和目标制定项目的标准和规范。

### 5. 其他信息

其他信息是指除项目范围描述和项目产出物描述外，其他项目管理方面的要求以及与项目质量计划制定有关的信息。例如，有关项目工作分解结构、项目进度计划、项目成本计划等方面的信息。

## 三、制定项目质量计划的方法

项目质量计划的制定方法有许多，一般会根据项目所属专业领域的不同而不同，最常用的项目质量计划编制方法有如下几种。

### 1. 成本/收益分析法

这也叫经济质量法，这种方法要求在制定项目质量计划时必须同时考虑项目质量的经济性。项目质量成本是指开展项目质量管理活动所需的开支，项目质量收益是指开展项目质量活动带来的好处（如，质量保障的主要好处是减少返工，提高生产率和降低成本等），项目质量成本/收益分析法的实质是通过运用这种方法编制出能够保障项目质量收益超过项目质量成本、项目质量管理计划。任何一个项目的质量管理都需要开展两个方面的工作：其一是项目质量的保障工作，这是防止有缺陷的项目产出物出现而形成的管理工作；其二是项目质量检验与质量恢复工作，这是通过检验发现质量问题，并采取各种方法恢复项目质量的工作。这两个方面的工作使项目质量成本具有了两种不同的成本：一种是项目质量保障成本；一种是项目质量纠偏成本。二者的关系是项目质量保障成本越高，项目质量的纠偏成本就会越低，反之亦然。项目的质量收益是通过努力降低这两种质量成本而获得的收益。项目质量的成本/收益法就是一种合理安排和计划项目这两种质量成本，是使项目的质量总成本相对最低，而质量收益相对最高的一种项目质量计划的方法。

2. 质量标杆法

质量标杆法是指利用其他项目的实际的或计划质量结果或质量计划，作为新项目的质量比照目标，通过对照比较制订出新项目质量计划的方法，它是项目质量管理中常用的有效方法之一。这里所说的其他项目可以是项目组织自己以前完成的项目，也可以是其他组织完成的或正在进行的项目。通常的做法是以标杆项目的质量方针、质量标准和规范、质量管理计划、质量核检清单、质量工作说明文件、质量改进记录和原始质量凭证等文件为蓝本，运用相关技术和工具，结合新项目的特点来制定新项目的质量计划文件。使用这一方法时应充分注意标杆项目质量中所实际发生的质量问题及教训，在制定新项目质量计划文件时要考虑相应的这些质量问题的防范措施方案和应急计划，尽可能避免类似项目质量事故的发生。

3. 流程图法

流程图法是用于表达一个项目的工作过程和项目不同部分之间相互联系的方法，通常它也被用于分析和确定项目实施的过程和项目质量的形成过程，所以它也是编制项目质量计划的一种有效方法。一般的项目流程图包括：项目的系统流程图、项目的实施过程流程图、项目的作业过程流程图等。同时还有许多用于分析项目质量的其他图表，如帕累斯图、鱼骨图、X-R图等也属于使用流程图法编制项目质量计划的工具和技术之列。因为这些工具和技术从不同的侧面给出了项目质量问题的各种原因，和如何影响项目质量因素与后果等方面的信息。通过对项目流程中可能发生的质量问题、质量问题的原因分析和归类，人们能够编制出应对质量问题的对策和项目质量计划。同时，编制项目流程图还有助于预测项目质量问题的发生环节，有助于分配项目质量管理的责任，有助于找出解决项目质量问题的措施，所以流程图法是一种编制项目质量计划的非常有效的方法。在编制流程图时要注意收集必要的信息和实际情况，要将所有的项目活动均考虑进去，尽量避免漏项，而且各个项目活动的时间顺序应可行。这种方法通常是参考其他类似项目使用过的，或已编制出的各种流程图，先编制一个粗略的流程图，然后再逐步细化，最终得到新项目的质量计划。

4. 实验设计法

实验设计法是一种计划安排的分析技术方法，它有助于识别在多种变量中何种变量对项目成果的影响最大，从而找出项目质量的关键因素以用于指导项目质量计划的编制。这种方法最广泛的应用范畴是用于寻找解决项目质量问题的措施与方法。对这种方法的简要介绍如下：

在一般项目的实施和科研活动中，为保证质量和降低成本，经常会遇到如何选择最优方案的问题。例如，怎样选择合适的配方，合理的工艺参数，最佳的生产条件，以及怎样安排核查方案能做到时间最节省成本。这一类问题在数学上称为最优化或称优选法，实验设计法是这类决策优化的方法之一，它特别是用于对于质量方案和质量管理方案的优化分析。常用的实验设计法有：对分法、均分法和0.618法（又叫黄金分割法）等。这些方法都可以用于计划和安排科学研究及技术开发等项目的质量计划。

## 四、项目质量计划工作的成果

项目质量计划编制的工作结果是生成一系列项目质量计划文件，这些项目质量计划文件主要包括如下几种。

### 1. 项目质量计划

项目质量计划是描述项目组织为实现其质量方针，对项目质量管理工作的计划与安排。这一文件的内容包括：实现项目质量目标所需的资源、质量保障的组织结构、质量管理的责任、质量管理的措施和方法等。在整个项目实现过程中，项目质量计划是整个项目质量管理的指导性文件，一个项目需要通过质量体系去执行项目质量计划来保证项目的质量。所以项目质量计划是一份非常重要的项目质量管理文件，是项目质量计划编制工作最重要的结果之一。

### 2. 项目质量工作说明

项目质量工作说明是指对于项目质量管理工作的描述以及对于项目质量控制方法的具体说明。这一文件应做出如何检验项目质量计划的执行情况，如何确定项目质量控制规定等内容。通常这种项目质量计划文件是项目质量计划的辅助和支持文件，应该全面给出项目质量管理各方面的支持细节和具体说明。这包括执行项目质量计划中所需使用的具体方法、工具、图表、程序等各方面的规定和说明。

### 3. 质量核检清单

质量核检清单是一种结构化的质量管理工具，它可用于检查各个项目流程步骤的质量计划执行情况和质量控制的实际结果，它也是项目质量计划文件的组成部分之一。质量核检清单常见的形式是以分别开列的一系列需要检查核对的工作与对象的清单。质量核检清单通常可以由工作分解结构的细化和转换得到。随着项目种类和所属专业领域的不同，质量核检清单的内容也会有很大差别，所以在项目中计划编制中要根据具体项目所属专业领域和项目本身的特性，确定出相应的质量核检清单，作为项目质量计划的重要内容之一。

### 4. 可用于其他管理的信息

项目质量计划的另外一个结果是给出了一系列可用于项目其他方面管理的信息，这主要是指在制定项目质量计划的过程中，通过分析与识别而获得的有关项目其他方面管理所需的信息，这些信息对于项目的集成管理和项目的其他专项管理都是非常有用的。

## 子项目3 项目质量保障

### 一、项目质量保障的概念与工作内容

项目质量保障是在执行项目质量计划过程中，经常性地对整个项目质量计划执行情况所进行的评估、核查与改进等工作。这是一项确保项目质量计划能够得以执行和完成，使项目质量能够最终满足项目质量要求的系统性工作。项目质量保障既包括项目工作本身的内部质量保障，也包括为项目业主/项目客户和其他项目利益相关主体提供的外部质量保障。为了保证项目质量所需开展的项目质量保障工作主要有以下几个方面的工作。

**1. 清晰的质量要求说明**

没有清晰明确要求达到的质量，项目组织就无法开展项目质量保障工作，就没有了项目质量保障的方向和目标。对于项目来说，质量保障的首要工作是提出项目的质量要求，既包括清晰明确的项目最终产出物的质量要求，也包括项目中间产出物和项目过程的质量要求。这些项目产出物和过程既包括项目工作的里程碑，又包括项目活动所生成的可交付产品。对于项目产出物的质量要求越详细和具体，项目的质量保障也就会越周密和可靠。

**2. 科学可行的质量标准**

项目质量保障工作还需要依赖科学可行的项目质量标准，项目质量管理需要进行科学可行的质量管理标准的设计，即根据以前的经验和各种各样的国家、地区、行业质量标准设计出的适合于具体项目质量保障的项目工作（过程）和项目产出物的质量标准。项目环境和一般运营企业的环境有很大差别，在项目环境中许多工作都是一次性和不重复的，所以项目必须需要根据各种资料和信息，制定出具体的、科学而可行的质量标准，通过项目质量保障确保项目质量（因为很多项目没有返工和重做的改进机会），这对于项目的质量保障来说是至关重要的一项工作。

**3. 组织和完善项目质量体系**

这是项目质量保障中的组织工作，这一工作的目标是要建立和健全一个项目的质量保障体系的组织机构，并通过这一质量体系去开展项目质量保障的各项活动。一般说来，任何项目的质量保障如果没有一套健全的质量体系是无法实现的。由于这个原因，在项目质量保障中最为重要的工作之一是建立和不断健全项目的质量体系。项目质量体系是为实施项目质量管理所需的组织结构、工作程序、质量管理过程和质量管理各种资源所构成的一个整体。一个项目组织只有建立了有效的质量体系，才能全面地开展项目质量管理活动，因为质量体系是质量管理的基础，是质量管理工作的组织保障。

**4. 配备合格和必要的资源**

在项目质量保障中需要使用各种各样的资源，这包括人力资源、物力资源和财力资源等。因此，项目质量保障的另一项工作内容就是要为项目质量保障配备合格和必要的资源。如果项目聘用的人员不熟悉项目的专业工作，不管是缺乏经验还是缺少培训都会给项

目的质量带来问题。同样，如果缺少足够的资金和必需的设备，项目质量管理人员就很难开展项目质量的保障和控制活动，这也会给项目质量造成问题。所以在项目质量保障中必须开展配备合格和必要的资源这项工作。例如，不管是对于专业人员还是对于技术工人，在他们承担项目工作之前，都必须经过严格的考核和培训，而对于各种物料和设备在投入使用之前必须经过严格的测试与检查等。

5. 持续开展有计划的质量改进活动

项目质量保障是为了保证项目产出物能够满足质量要求，通过质量体系所开展的各种有计划和有系统的活动。项目质量保障的一项核心工作是持续开展一系列有计划的，为确保项目产出物质量的项目实际质量而开展的审核、评价和质量改进工作。其中，最主要的是持续的质量改进工作。质量改进是为了向项目组织及项目业主/客户提供更多的利益，由项目组织所采取的旨在提高项目活动效益和效率的各种措施。实际上，项目质量改进是一种持续改进与完善的项目活动，包括对项目工作（过程）和项目产出物的持续改进和完善，包括对于项目作业与作业方法的持续改进与完善和对于项目管理活动的持续改进和完善。

6. 项目变更的全面控制

要开展项目质量保障和实现规定的项目质量就必须开展对于项目变更的全面控制。这并不是说所有项目的变更都必须避免和消除，因为有些项目变更是为提高项目质量服务的，是为更好地满足项目业主/客户的需求服务的，这种项目变更对于项目质量管理而言是可取的。但是有些项目变更却会严重影响项目的质量。例如，项目范围的缩小、项目资源的降级替代、项目预算的消减、项目工期的缩短等，都会对项目质量产生不利的影响，所以都需要进行全面的控制。一般对于项目，每个变更都需要仔细定义其目的，仔细分析它对项目质量的影响，仔细设计相应的质量保障对策，所有这些工作都属于项目质量保障的重要领域。

## 二、项目质量保障的依据与方法

1. 项目质量保障的依据

项目质量保障的依据主要包括如下几个方面：

（1）项目质量计划。这是项目质量计划工作的结果，是有关项目质量保障工作的目标、任务和要求的说明文件，所以它是项目保障工作最根本的依据。

（2）项目实际质量的度量结果。项目实际质量的度量结果是有关项目质量保障和控制工作情况绩效的度量和评价结果，这是给出项目实际质量情况和相应的事实分析与评价的报告，这也是项目质量保障工作的依据。

（3）项目质量工作说明。项目质量工作说明是对于项目质量管理具体工作的描述，以及对于项目质量保障与控制方法的说明。这同样是项目质量保障工作的具体依据。

### 2. 项目质量保障的方法与工具

项目质量保障的主要方法和工具包括如下几种：

（1）质量核查方法。质量核查方法是用于质量保障的一种结构化审核方法。质量核查的目标是找出可改进项目质量的问题，从而开展项目质量的改善与提高。项目质量核查可以定期进行，也可以随机抽查，可以由项目组织内部人员实施核查，也可由第三方（如，质量监理组织、质量管理咨询公司等）或专业机构完成，然后将结果通知项目组织，以便开展项目质量的持续改进和提高工作。项目质量核查方法主要用于：对于项目所用材料、半成品和配件的质量核查；对于项目各项工作质量的核查；对于项目最终或中间产出物的质量核查；对于项目质量控制方法和工作的核查；对于项目各种管理与技术文件的核查等。

（2）质量改进与提高的方法。项目质量的改进与提高方法可以用于提高项目的效益和效果，给项目组织和项目业主/客户带来更多的收益。项目质量改进与提高的方法包括项目质量改进建议和质量改进行动两个方面。项目质量改进建议是通过要求和倡导项目团队成员提出项目质量改进的建议，从而更好地保障项目质量的一种方法。一般的项目质量改进建议至少应包括：目前存在的项目质量问题及后果；发生项目质量问题的原因分析；进行项目质量改进的建议目标；进行项目质量改进的方法和步骤；进行项目质量改进所需的资源；项目质量改进成果的确认方法等。项目质量改进行动的方法多数是根据项目质量改进建议而确定的具体工作方法。在项目质量保障工作中，项目质量改进建议是一项非常重要的项目质量保障方法，这种方法的原理与一般运营管理的全面质量管理中的质量小组活动方法的原理是一致的。

## 子项目4　项目质量控制

### 一、项目质量控制的概念

项目质量控制是指对于项目质量实施情况的监督和管理。这项工作的主要内容包括：项目质量实际情况的度量，项目质量实际与项目质量标准的比较，项目质量误差与问题的确认，项目质量问题的原因分析和采取纠偏措施以消除项目质量差距与问题等一系列活动。这类项目质量管理活动是一项贯穿项目全过程的项目质量管理工作。

项目质量控制与项目质量保障的概念最大的区别在于，项目质量保障是一种从项目质量管理组织、程序、方法和资源等方面为项目质量保驾护航的工作，而项目质量控制是直接对项目质量进行把关和纠偏的工作；项目质量保障是一种预防性、提高性和保障性的质量管理活动，而项目质量控制是一种过程性、纠偏性和把关性的质量管理活动。虽然项目质量控制也有项目质量的事前控制、事中控制和事后控制，但是项目质量的事前控制主要是对于项目质量影响因素的控制，而不是从质量保障的角度所开展的各种保障活动。当然，项目质量保障和项目质量控制的目标是一致的，都是确保项目质量能够达到项目组织和项目业主/客户的需要，所以在项目开展的工作和活动方面，二者目标一致，且有交叉和重叠，只是管理方法和工作方式不同而已。

## 二、项目质量控制的依据和方法

### 1. 项目质量控制的依据

项目质量控制的依据有一些与项目质量保障的依据是相同的，有一些是不同的。项目质量控制的主要依据有：

（1）项目质量计划。这与项目质量保障是一样的，这是在项目质量计划编制中所生成的计划文件。

（2）项目质量工作说明。这也是与项目质量保障的依据相同的，同样是在项目质量计划编制中生成的工作文件。

（3）项目质量控制标准与要求。这是根据项目质量计划和项目质量工作说明，通过分析和设计而生成的项目质量控制的具体标准。项目质量控制标准与项目质量目标和项目质量计划指标是不同的，项目质量目标和计划给出的都是项目质量的最终要求，而项目质量控制标准是根据这些最终要求所制定的控制依据和控制参数。通常这些项目质量控制参数要比项目目标和依据更为精确、严格和有操作性，因为如果不能够更为精确与严格就会经常出现项目质量的失控状态，就会经常需要采用项目质量恢复措施，从而形成较高的项目质量成本。

（4）项目质量的实际结果。项目质量的实际结果包括项目实施的中间结果和项目的最终结果，同时还包括项目工作本身的好坏。项目质量实际结果的信息也是项目质量控制的重要依据，因为有了这类信息，人们才可能将项目质量实际情况与项目的质量要求和控制标准进行对照，从而发现项目质量问题，并采取项目质量纠偏措施，使项目质量保持在受控状态。

### 2. 项目质量控制的方法与工具

项目质量控制的方法与一般运营管理的质量控制方法在许多方面是相同的。项目质量控制的方法主要有如下几种：

（1）核检清单法。核检清单是项目质量控制中的一种独特的结构化质量控制方法。这种方法主要是使用一份开列有用于检查项目各个流程、各项活动和各个活动步骤中所需核对和检查的科目与任务清单，并对照这一清单，按照规定的核检事件和核检频率去检查项目的实施情况，并对照清单中给出的工作质量标准要求，确定项目质量是否失控，是否出现系统误差，是否需要采取纠偏措施，最终给出相关核查结果和相应的对策措施决策。

（2）质量检验法。质量检验是指那些测量、检验和测试等用于保证工作结果与质量要求相一致的质量控制方法。质量检验方法可在项目的任何阶段上使用。例如，可以检验项目的单个活动，也可以检验项目的最终产品。质量检验方法还可以对项目的各方面工作使用。例如，对于项目工作质量的检验方法，对于项目资源质量的检验方法，项目产出物质量的检验方法等。其中，对于项目工作和项目产出物的质量检验方法又可分为：自检（自己不断检验工作和工作结果的方法）、互检（团队成员相互检验工作和工作结果的方法）和专检（由专门质量检验和监督人员检验工作和工作结果的方法）这样三种不同的质量检验方法。对任何一个项目活动而言，在必需的检验及必要的检验文件未完成之前，和项目阶段成果未取得认可、接收或批准之前，一般不应该开展后续工作。项目的质量检验要求每次严格纪录检验结果，并由合格人员进行评定并决定接受与否。因为项目是不可重复的一次性工作，如果不能按照这种检验方法去做，不但会造成各种责任纠纷，而且会出现由于项目某个中间环节存在的质量问题使整个项目最终结果全部报废的严重后果。

（3）控制图法。控制图是用于开展项目质量控制的一种图示方法。图中给出来关于控制界限、实际结果、实施过程的图示描述。它可用来确认项目过程是否处于受控状态，图中上/下控制线表示变化的最终限度，当几个设定间隔内发生连续同一方向的变化时就应分析和确认项目是否存在系统误差并处于失控状态。当确认项目过程处于失控状态时就必须采取纠偏措施，调整和改进项目过程使项目过程回到受控状态。控制图法是建立在统计质量管理方法基础之上的，它利用有效数据建立控制界限，如果项目过程不受异常原因的影响，从项目运行中观察得到的数据将不会超出这一界限。控制图的实例如图5-2所示。

（4）帕累斯图法。帕累斯（Pareto）图法是一种表明“关键的少数和次要的多数”关系的一种统计图表，它也是质量控制中经常使用的一种方法。帕累斯图又叫排列图，它将有关质量问题的要素进行分类，从而找出“重要的少数”（A类），和“次要的多数”（C类），以便对这些要素采取ABC分类管理的方法。这种图表的具体做法和结果如图5-3所示。图中两条纵轴，左边的表示频数（n），右边的表示频率（f%），二者是等高的。图中横轴以均匀等分的宽度表示质量要素（或质量影响因素），需要标明序号和要素名。图中

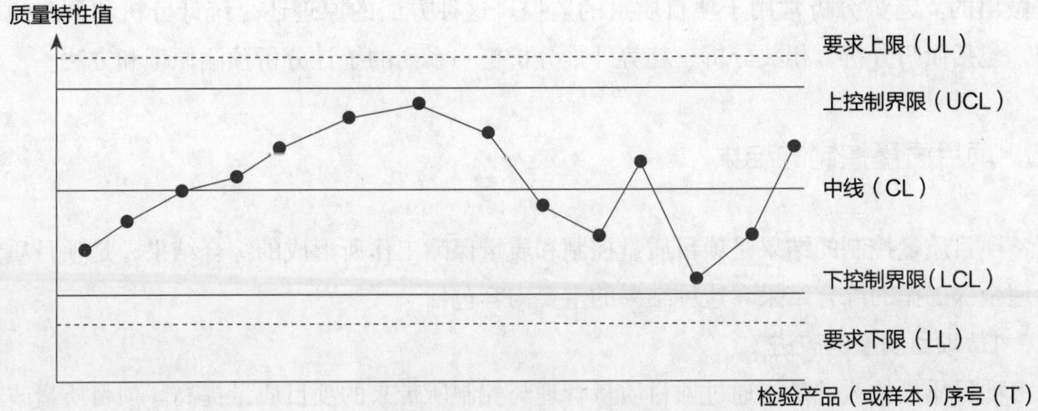


图5-2 控制图法示意图

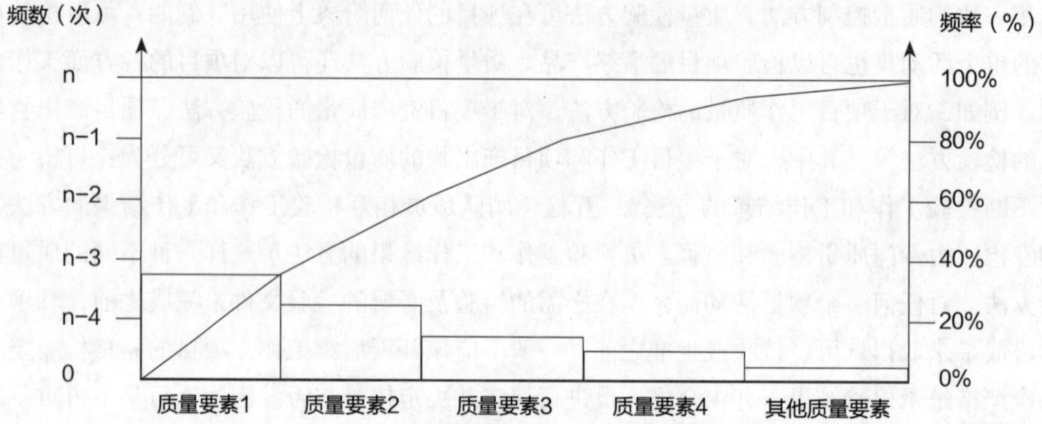


图5−3 帕累斯图（排列图）示意图

按质量要素等分宽度，沿纵轴画出表示各要素的频数和频率的矩形图。累计各矩形代表的频数和频率，得到排列图，并从中找出“重要的少数”和“次要的多数”，划分出ABC三类要素，以便对项目质量实现ABC分类控制。

（5）统计样本法。统计样本法是指选择一定数量的样本，通过检验样本得到的统计数据去推断总体的质量情况，以获得项目质量的信息和开展项目质量控制的方法。这种方法适用于大批量生产项目的质量控制，因为样本比总体减少许多，所以可以减少质量控制的成本。统计样本法在一般运营的质量管理中广泛使用，但是在项目质量控制中也是最重要的方法之一。当然，由于项目的一次性、独特性等特性，这种方法在某些项目中使用得不多。

（6）流程图法。流程图法原理和内容在前面已经做了介绍和描述。流程图法在项目质量管理中是一种非常有用和经常使用的质量控制方法，这是由项目的过程性所决定的。这种方法主要用于在项目质量控制中，分析项目质量问题的发生在项目流程的哪个环节，造成这些质量问题的原因和这些质量问题发展和形成的过程。

（7）趋势分析法。趋势分析法是指使用各种预测分析技术来预测项目质量未来发展趋势和结果的一种质量控制方法。这种质量控制方法所开展的预测都是基于项目前期历史数据做出的。趋势分析常用于项目质量的监控。这种方法的原理还是统计分析和预测的原理，包括回归分析、相关分析、趋势外推分析等一系列的统计分析预测原理和方法。

## 三、项目质量控制的结果

项目质量控制的结果是项目质量控制和质量保障工作所形成的综合结果，是项目质量管理全部工作的综合结果。这种结果的主要内容包括。

### 1. 项目质量的改进

项目质量的改进是指通过项目质量管理与控制所带来的项目质量提高。项目质量改进是项目质量控制和保障工作共同作用的结果，也是项目质量控制最为重要的一项结果。

### 2. 对于项目质量的接受

对于项目质量的接受包括两个方面：其一是指项目质量控制人员根据项目质量标准对已完成的项目结果进行检验后对该项结果所做出的接受和认可；其二是指项目业主/客户或其代理人根据项目总体质量标准对已完成项目工作结果进行检验后做出的接受和认可。一旦做出了接受项目质量的决定，就表示一项项目工作或一个项目已经完成并达到了项目质量要求，如果做出不接受的决定就应要求项目返工和恢复并达到项目质量要求。

### 3. 返工

返工是指在项目质量控制中发现某项工作存在着质量问题并且其工作结果无法接受时，所采取的将有缺陷或不符合要求的项目工作结果重新变为符合质量要求的一种工作。返工既是项目质量控制的一个结果，也是项目质量控制的一种工作和方法。返工的原因一般有三个：其一是项目质量计划考虑不周；其二是项目质量保障不力；其三是出现意外变故。返工所带来的不良后果主要也有三个：其一是延误项目进度；其二是增加项目成本；其三是影响项目形象。有时重大或多次的项目返工会导致整个项目成本突破预算，并且无法在批准工期内完成项目工作。在项目质量管理中返工是最严重的质量后果之一，项目团队应尽力避免返工。

### 4. 核检结束清单

这也是项目质量控制工作的一种结果。当使用核检清单开展项目质量控制时，已经完成了核检的工作清单记录是项目质量控制报告的一部分。这一项目质量控制工作的结果通常可以作为历史信息使用，以便对下一步项目质量控制所做的调整和改进提供依据和信息。

### 5. 项目调整和变更

项目调整和变更是项目质量控制的一种阶段性和整体性的结果。它是指根据项目质量控制的结果和面临的问题（一般是比较严重的，或事关全局性的项目质量问题），或者是根据项目各相关利益者提出的项目质量变更请求，对整个项目的过程或活动所采取的调整、变更和纠偏行动。在某些情况下，项目调整和变更是不可避免的。例如，当发生了严重质量问题而无法通过返工修复项目质量时；当发生了重要意外而进行项目变更时都会出现项目调整的结果。

### 复习与思考

1. 项目质量包含哪些内容?
2. 项目质量管理的职能有哪些?
3. 项目质量规划的常用工具和技术有哪些?
4. 项目质量管理的原则是什么?

实训操作·任务6

# 项目成本管理

| | |
|---|---|
| 任务目的 | 了解项目成本管理、成本预算、成本控制的概念及影响项目成本的因素，明确项目成本资源计划的依据、项目成本的特性和内容、项目成本控制的方法；掌握项目资源计划的工具和方法、项目成本估算的步骤和方法、项目成本计划编制以及成本控制流程。 |
| 实训任务内容 | 根据课堂学习内容估算课程项目成本；编制项目成本预算计划表；根据成本控制流程进行成本控制。 |

- ❑ 子项目1　项目成本管理概念
- ❑ 子项目2　项目资源计划
- ❑ 子项目3　项目成本控制

## 子项目1 项目成本管理概念

项目成本管理是为保障项目实际发生的成本不超过项目预算而开展的项目成本估算、项目预算编制和项目预算控制等方面的管理活动。项目成本管理也是为确保项目在既定预算内按时、按质、经济、高效地实现项目目标所开展的一种项目管理过程。

### 一、项目成本管理概念

现代项目成本管理首先考虑的是以最低的成本完成项目的全部活动，但同时也必须考虑项目成本对于项目成果和质量的影响，这是现代项目成本管理与传统项目成本管理的重要区别。同时，项目成本管理不能只考虑项目成本的节约，还必须考虑项目带来的经济收益的提高。特别是对一些特殊项目，如资本投资项目、新产品开发项目、信息系统建设项目等，预测和分析项目产出物未来的经济价值与收益是项目成本管理重要的核心工作之一。在项目成本管理中还需要运用像投资回收期分析、现金流量表分析、收益回报分析等方法去管理好项目的成本和收益。

现代项目成本管理的主要内容包括。

**1. 项目资源计划**

项目资源计划是指通过分析、识别和确定项目所需资源种类（人力、设备、材料、资金等）、多少和投入时间的这样一种项目管理活动。在项目资源计划工作中最为重要的是确定出能够充分保证项目实施所需各种资源的清单和资源投入的计划安排。

**2. 项目成本估算**

项目成本估算是指根据项目资源需求和计划，以及各种资源的市场价格或预期价格等信息，估算和确定出项目各种活动的成本和整个项目全部成本这样一种项目成本管理工作。项目成本估算最主要的任务是确定用于项目所需的人、机、料、费等成本和费用的概算。

**3. 项目成本预算**

项目成本预算是一项制订项目成本控制基线或项目总成本控制基线的项目成本管理工作。这主要是根据项目的成本估算为项目各项具体活动或工作分配和确定其费用预算，以及确定整个项目总预算这样两项工作。项目成本预算的关键是合理、科学地确定出项目的成本控制基准（项目总预算）。

**4. 项目成本控制**

项目成本控制是指在项目的实施过程中，努力将项目的实际成本控制在项目成本预算范围之内的一项成本管理工作。这包括：依据项目成本的实施发生情况，不断分析项目实际成本与项目预算之间的差异，通过采用各种纠偏措施和修订原有项目预算的方法，使整个项目的实际成本能够控制在一个合理的水平。

5. 项目成本预测

项目成本预测是指在项目的实施过程中，依据项目成本的实施发生情况和各种影响因素的发展与变化，不断地预测项目成本的发展和变化趋势与最终可能出现的结果，从而为项目的成本控制提供决策依据的工作。

事实上，上述这些项目成本管理工作相互之间并没有严格独立而清晰的界限，在实际工作中，它们常常相互重叠和相互影响。同时在每个项目阶段，上述项目成本管理的工作都需要积极地开展，只有这样项目团队才能够做好项目成本的管理工作。

## 二、项目成本管理的一般程序

项目成本管理的一般程序如图6-1所示。

需要说明的是：①项目资源计划是对完成项目全部所需要的各种资源（人、财、物、时间、信息）进行的估算和安排。项目成本估算应该在项目资源计划指导下进行，它受到资源计划的约束。②项目结果是指结构分解的结果，项目工作结构分解是项目成本管理的基础。③项目成本计划值与实际值进行比较时，当偏差超过了允许范围时，需要分析原因和实时调整；反之，偏差在允许范围时，视为无偏差，无须调整。

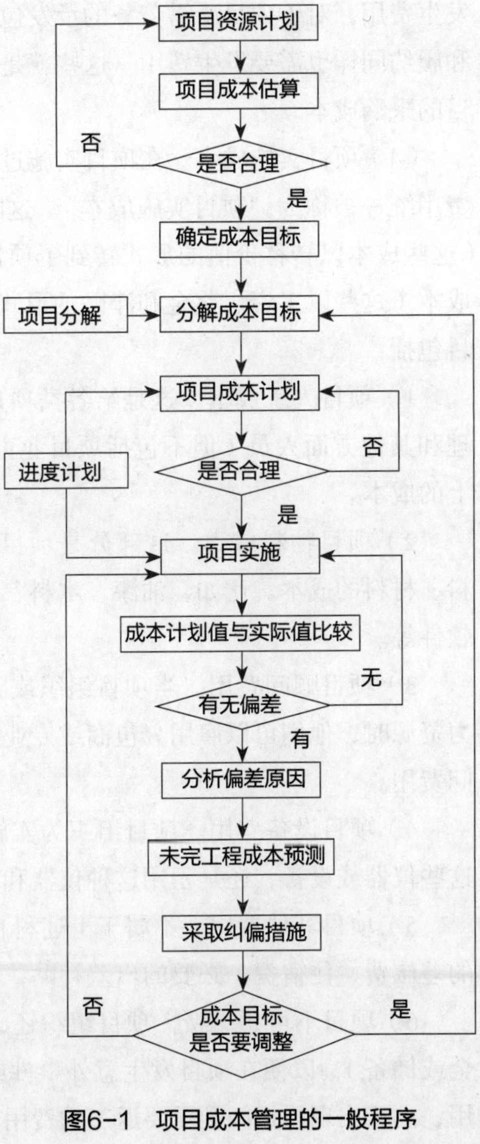


图6-1 项目成本管理的一般程序

## 三、项目成本构成与成本估算

1. 项目成本的构成

项目成本是指项目形成全过程所耗用的各种费用的总和。项目成本是由一系列的项目成本细目构成的。主要的项目成本细目包括：

（1）项目定义与决策成本。项目定义与决策是每个项目都必须要经历的第一个阶段，项目定义与决策的好坏对项目实施和项目建成后的经济效益与社会效益会产生重要影响。为了对项目进行科学的定义和决策，在这一阶段要进行翔实的各种调查研究，收集和掌握第一手信息资料，进行项目的可行性研究，最终做出抉择。要完成这些工作需要耗用许多人力、物力资源，需要花费许多的资金，这些资金构成了项目成本中的项目定义与决策成本。

（2）项目设计成本。根据项目的可行性研究报告，通过分析、研究和试验等环节以后，项目就可以进入设计阶段了。任何一个项目都要开展项目设计工作，不管是工程建设项目（它的设计包括：初步设计、技术设计和施工图设计），还是新产品开发项目（它的设计就是对于新产品的设计），还是科学研究项目（它的设计是对整个项目的技术路线和试验方案等方面的设计）。这些设计工作同样要发生费用，同样是项目成本的一个重要组成部分，这一部分通常被称为项目设计成本。

（3）项目采购成本。所谓项目采购成本是指为获得项目所需的各种资源（包括物料、设备和劳务等），项目组织就必须开展询价、选择供应商、广告、承发包、招投标等一系列的工作。对于项目所需商品购买的询价、供应商选择、合同谈判与合同履约的管理需要发生费用，对于项目所需劳务的承发包，从发标、广告、开标、评标、定标、谈判到签约和履约同样也需要发生费用。这些就是项目为采购各种外部资源所需要花费的成本，即项目的采购成本。

（4）项目实施成本。在项目实施过程中，为生成项目产出物所耗用的各项资源构成的费用统一被称为“项目实施成本”。这既包括在项目实施过程中所耗费的物质资料的成本（这些成本以转移价值的形式转到了项目产出物中）也包括项目实施中所消耗的活劳动的成本（这些以工资、奖金和津贴的形式分配给了项目团队成员）。项目实施成本的具体科目包括：

1）项目人工成本。这是给各类项目实施工作人员的报酬。这包括项目施工、监督管理和其他方面人员（但不包括项目业主/客户）的工资、津贴、奖金等全部发生在活劳动上的成本。

2）项目物料成本。这部分是项目组织或项目团队为项目实施需要所购买的各种原料、材料的成本。比如，油漆、木料、墙纸、灌木、毛毯、纸、艺术品、食品、计算机或软件等。

3）项目顾问费用。当项目组织或团队因缺少某项专门技术或完成某个项目任务的人力资源时，他们可以雇用分包商或专业顾问去完成这些任务。为此项目就要付出相应的顾问费用。

4）项目设备费用。项目组织为实施项目会使用到某种专用仪器、工具，不管是购买这些仪器或设备，还是租用这种仪器和设备，所发生的成本都属于设备费用的范畴。

5）项目其他费用。不属于上述科目的其他费用。例如，项目期间有关人员出差所需的差旅费、住宿费，必要的出差补贴，各种项目所需的临时设施费等。

6）项目不可预见费。项目组织还必须准备一定数量的不可预见费（意外开支的准备金或储备），以便在项目发生意外事件或风险时使用。例如，由于项目成本估算遗漏的费用，由于出现质量问题需要返工的费用，发生意外事故的赔偿金，因需要赶工加班而增加的成本等。

项目实施成本是项目总成本的主要组成部分，在没有项目决策或设计错误的情况下，项目实施成本会占项目总成本的90%左右。因此项目成本管理的主要工作是对项目实施成本的管理与控制。

项目成本估算是项目成本管理的一项核心工作，其实质是通过分析去估计和确定项目成本的工作。这项工作是确定项目成本预算和开展项目成本控制的基础和依据。

2. 项目成本的估算

（1）项目成本估算概念。项目成本估算是指根据项目的资源需求和计划以及各种资源的价格信息，估算和确定项目各种活动的成本和整个项目总成本的项目管理工作。当项目有承发包合同时应仔细区分项目造价与项目成本这两个概念，因为项目造价中不仅包括项目的成本，还包括承包商的赢利部分。

项目成本估算根据估算精度的不同可分为多种项目估算。一般情况下有：初步项目成本估算、技术设计后的成本估算和详细设计后的项目成本估算等几种不同精度的项目成本估算。因为在项目初始阶段许多项目的细节尚未确定，所以只能粗略地估计项目的成本；但是在项目完成了技术设计（属于一种较为详细的设计）之后就可以进行更详细的项目成本估算；而等到项目各种细节已经确定之后就可以进行详细的项目成本估算了。因此，项目成本估算在一些大型项目的成本管理中都是分阶段做出不同精度的成本估算，而且这些成本估算是逐步细化和精确的。

项目成本估算既包括识别各种项目成本的构成科目，也包括估计和确定各种成本的数额大小。例如，在大多数项目应用领域中，人工费、设备费、管理费、物料费、开办费等都属于构成项目成本的科目（其下面可以进一步细分出二级科目）；而使用项目成本估算来确定项目各项工作需要的费用数额。项目成本估算也包括综合分析和考虑各种可选择项目成本方案与估算的协调问题。例如，在许多项目应用领域中，如果在设计阶段增加一些工作会提高项目设计成本，但是设计质量的提高可能会大大减少项目实施的成本。因此，在项目成本估算过程中必须考虑项目设计成本与项目实施成本的关系，努力使项目预期的收益最大。

（2）项目成本估算的方法。项目成本估算的方法有：类比估算法、参数估计法、工料清单法和软件工具法等。

1. 类比估算法

这是一种在项目成本估算精确度要求不高的情况下使用的项目成本估算方法。这种方法也被叫作自上而下法，是一种通过比照已完成的类似项目实际成本，估算出新项目成本的方法。类比估算法通常比其他方法简便易行，费用低，但它的精度也低。有两种情况可以使用这种方法：其一是以前完成的项目与新项目非常相似；其二是项目成本估算专家或小组具有必需的专业技能。类比估算法是最简单的成本估算技术，它将被估算项目的各个成本科目与已完成同类项目的各个成本科目（有历史数据）进行对比，从而估算出新项目的各项成本。这种方法的局限性在于很多时候没有真正类似项目的成本数据，因为项目的独特性和一次性是的多数项目之间不具备可比性。类比估算法的优点是这种估算是基于实际经验和实际数据的，所以可信度较高。

2. 参数估计法

这也叫参数模型法，是利用项目特性参数建立数学模型来估算项目成本的方法。例如，工业项目可以使用项目生产能力作参数，民用住宅项目可以使用每平方米单价等作参数去估算项目的成本。参数估算法很早就开始使用了，如赖特1936年在航空科学报刊中提出了基本参数的统计评估方法后，又针对批量生产飞机提出了专用的参数估计法的成本估算公式。参数估计法使用一组项目费用的估算关系式，通过这些关系式对整个项目或其中大部分的费用进行一定精度的估算。参数估计法重点集中在成本动因（即影响成本最重要因素）的确定上，这种方法并不考虑众多的项目成本细节，因为是项目成本动因决定了项目成本总量的主要变化。参数估计法能针对不同项目成本元素分别进行计算。参数估计法是许多国家规定采用的一种项目成本的估算和分析方法，它的优点是快速并易于使用，只需要一小部分信息，并且其准确性在经过模型校验后能够达到较高精度。这种方法的缺点是：如果不经校验，参数估计模型可能不精确，估算出的项目成本差距会较大。

3. 工料清单法

工料清单法也叫自下而上法，这种方法首先要给出项目所需的工料清单，然后再对工料清单中各项物料和作业的成本进行估算，最后向上滚动加总得到项目总成本。这种方法通常十分详细而且耗时但是估算精度较高，它可对每个工作包进行详细分析并估算其成本，然后统计得出整个项目的成本。这种方法的优点是对使用工料清单为项目成本估计提供了相对详细的信息，所以它比其他方式的成本估算更为精确。这种基于项目详细工料资源需求清单的项目成本估算方法能够给出一个项目最接近实际成本的成本估算。这种方法的缺点是要求有详细的工料消耗和占用量信息，这种信息本身就需要大量的时间和经费的支持。另外，这种成本估算方法所需的工料消耗与占用数据本身也需要有数据来源，而且这些数据经常是过时的数据，所以这种方法往往需要在成本估算中做出各种各样的项目成本费率调整。

4. 软件工具法

这是一种运用现有的计算机成本估算软件去确定项目成本的方法。项目管理技术的发展和计算机技术的发展密不可分，计算机的出现和运算速度的迅猛提升使得使用计算机估算项目成本变得可行以后，涌现出了大量的项目成本估算软件。经过近20年的发展，目前项目成本管理软件根据功能和价格水平被分为两个档次：一种是高档项目成本管理软件，这是供专业项目成本管理人士使用的软件，这类软件功能强大，价格高，能够较好地估算项目的成本。另一类是低档次的项目成本管理软件，这类软件虽功能不是很齐全，但价格较便宜，可用于做一些中小型项目的成本估算。大部分项目成本管理软件都有项目成本估算的功能，但是这种功能很大程度上还要依靠人的辅助来完成，而且人的作用仍然占据主导地位，这是这种方法的关键缺陷。

## 四、项目成本预算

### 1. 项目成本预算概念

项目成本预算是一项制订项目成本控制标准的管理工作，它涉及根据项目成本估算为项目各项具体工作分配和确定预算和定额，以及确定整个项目总预算的一系列管理工作。项目的成本预算工作内容包括：根据项目成本估算向项目各项具体工作与活动的分配预算定额和确定项目成本控制的基线（项目总预算），制订项目成本控制标准和规定项目不可预见费用的划分与使用规则等。

### 2. 项目成本预算的依据

项目预算控制的依据包括：

（1）项目成本估算文件。这是上一节讨论的项目成本估算所形成的结果文件。在项目成本预算工作中，项目各项工作与活动的预算定额确定主要是依据这一文件制定的。

（2）项目工作结构分解。这是在前面讨论的项目范围界定和确认中生成的项目工作分解结构文件。在项目成本预算工作中要依据这一文件，分析和确定项目各项工作与活动成本估算的合理性和项目预算定额。

（3）项目工期进度计划。这是一种有关项目各项工作起始与终结时间的文件。依据这一文件可以安排项目的资源与成本预算方面投入时间。项目工期进度计划通常是项目业主/客户与项目组织共同商定的，它规定了项目范围必须完成的时间和每项任务所需的时间和资源，所以也是项目预算编制的依据之一。

### 3. 项目成本预算计划的编制

项目成本预算计划是按照时间分阶段给出的项目成本预算的计划安排，是项目成本控制的基线。一般这种分阶段的成本预算基线是呈“S”曲线分布的，具体如图6-2所示。由图中可以看出，项目的成本预算包括两个因素：一个是项目成本预算的高低；另一个是项目成本的投入时间。图6-2中的Tc1、Tc2、Tc3给出了三种不同的项目成本预算方案，在实际应用中，项目成本预算并不是越低越好，因为这样会造成由于成本预算过低而出现项目实施资源供给不足，从而使项目的质量或效率下降。当然，项目的成本预算也不是越高越好，因为这样虽然项目实施的资源供给会比较充裕，但却会造成各种各样的浪费。因此，项目成本预算编制实际上主要是三件事：

（1）确定项目总的预算。

（2）确定项目各项活动的预算。

（3）确定项目各项活动预算的投入时间。

### 4. 项目成本预算计划的方法

由于影响项目成本预算的因素很多，所以项目成本预算的方法必须考虑各种影响因

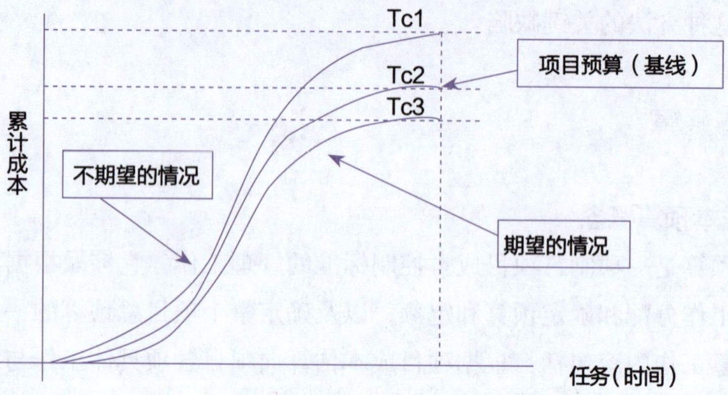


图6-2 项目成本预算及其不同情况示意图

素。因此在项目成本管理中，有很多项目成本预算的方法可供选择。

1. 项目预算计划的方法

项目预算的方法包括各种常规的预算确定方法、预算分配和安排的方法以及用于项目成本估算的一些方法。项目成本预算的这些方法各自适用于不同的项目和项目情况。这里只介绍一种利用甘特图进行项目预算计划编制的方法（图6-3）。甘特图也叫作横道图，它是以横线来表示每项活动起止时间的一种项目工期进度计划方法，但是也可以用来分配一个项目的预算。甘特图的优点是简单明了、直观和易于编制，因此是小型项目中常用的计划编制工具，即使在大型项目管理中它也是高级管理层了解全局、基层安排

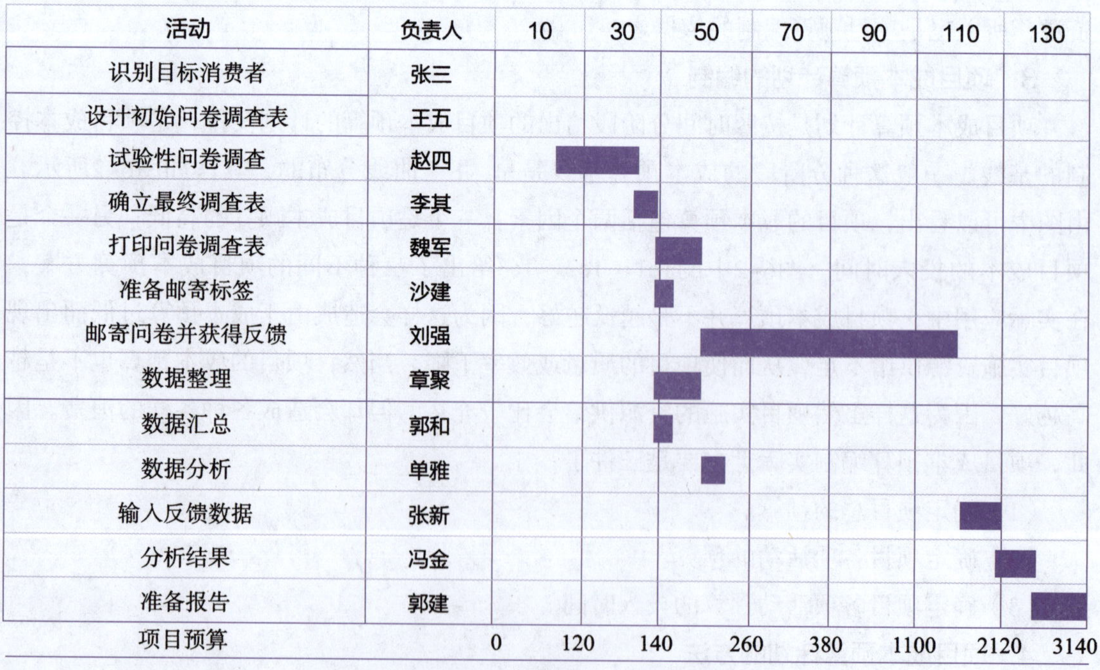


图6-3 消费者市场研究项目预算的甘特图

各种计划进度的有力工具。项目的管理者可以使用甘特图去安排各项活动的开始和终结时间，从而估算和安排各个阶段的成本和预算，合理地把项目总预算分配到各个项目阶段和项目具体活动中。图6-3中的是一个带有项目预算的甘特图，图中最上面一行是项目的时间坐标，中间是项目的时间进度计划安排，最下面的一行是项目在不同时间上的预算分配累计。如果希望项目成本预算更为详尽，还可以在项目各项工作旁边标上它们的预算额度。

### 2. 影响项目成本预算计划方法选择的因素

究竟应该采用哪一种项目成本预算计划方法，主要应考虑下列因素：

（1）项目规模大小。很显然，小项目应采用简单的成本预算方法，大项目需考虑选用较复杂的成本预算方法。

（2）项目复杂程度。但是，项目规模并不一定总是与项目复杂程度成正比。例如，修一条高速公路的项目规模虽然不小，但并不复杂，所以仍然可以用较简单的成本预算方法。

（3）项目紧急程度。在项目急需进行时，为了尽早开始工作，此时需要采用一种简易快速的项目成本预算方法。

（4）项目细节的掌握程度。项目细节的掌握程度不同，要求采用的项目成本预算方法就会不同。如果掌握的细节越多，就可以采用越精确的项目成本预算方法。

（5）有无相应的技术设备和人员。例如，需要借助于计算机的成本预算方法，没有计算机就无法采用，没有掌握项目成本预算具体方法的合格管理人员，也无法采用有些项目成本预算方法。

此外，根据情况不同还需考虑项目业主/客户、项目组织、承包商等方面的要求。一个项目到底采用哪一种方法来编制项目成本预算，需要全面考虑以上各个因素。

### 3. 项目成本预算计划的编制步骤

项目成本预算计划编制一般包括三个步骤。第一是分摊项目的总成本预算，即将项目成本预算分配到项目工作分解结构中的各个工作包上；第二是把每个工作包分配到的预算成本分配到工作包中的各项活动上；第三是制定项目成本预算时间安排。

（1）项目总预算的分配。项目成本总预算的分摊是指根据项目成本估算，在确定出项目的总预算以后，将项目总预算分配到项目工作分解结构中的各个工作包上，并为每一个工作包建立自己的总预算成本这样一项管理工作。这是一种自上而下分配项目预算的方法，它将项目总预算按照项目工作分解结构和每个工作包的实际需要进行合理的分配。

（2）工作包预算的分配。工作包预算的分配是指根据项目工作包的预算确定出一个项目工作包的各项活动具体预算定额的工作。这是一种将工作包预算按照构成工作包的各项活动内容和资源需求进行成本预算分配的工作。这可以采用自上而下的预算分配方法，也可以采取自下而上的预算分配方法。其中，自下而上法是先分析和确定一个项目工作包中的各项具体活动，然后详细分析和说明这些具体活动的资源需求，最终根据资源需求制定出各项活动的成本预算，从而分配一个工作包的预算成本。

（3）制定项目成本预算的时间安排。项目预算编制的第三步就是从时间上分配和安排整个项目的预算，即制定项目成本预算的时间安排，最终形成项目总预算的累计时间分布（“S”曲线）。通常将项目各工作包的成本预算分配到项目工期的各个时段以后就能确定项目在何时需要多少成本预算和项目从起点开始累计的预算成本了，这是项目资金投入与筹措和项目成本控制的重要依据。

## 子项目2　项目资源计划

任何一个项目目标的实现都需要消耗一定的资源，而在实际社会中资源永远是短缺的，是不可能无限制得到和使用的，实际上几乎所有的项目都要受到资源的限制。所以在项目管理活动中，项目资源能够满足需求的程度以及它们与项目实施进度的匹配都是项目成本管理必须计划和安排的。如果一个项目的资源配置不合理或使用不当，就会使项目工期拖延或使项目实际成本比预算成本有大幅度增加。例如，项目的设备成本可能会因提前租赁或在急需时租赁不到而使项目成本出现额外地增加。所以在项目成本管理过程中必须科学、经济、合理地做好项目的资源计划，以保证项目的顺利实施和项目成本目标的实现。

### 一、项目资源计划的概念

项目资源计划是指通过分析和识别项目的资源需求，从而确定出项目所需投入资源的种类（如人力、设备、材料、资金等）、资源的数量和资源投入的时间，从而制定出项目资源计划的项目成本管理活动。这项计划工作必须同项目成本的估算与评价等项目成本管理活动紧密结合进行，这样才能够制定出合理、科学、可行的项目资源计划。

### 二、项目资源计划编制的依据

项目资源计划编制的依据涉及项目的范围、时间、质量等各个方面的计划和要求的文件和相关各种支持细节与信息资料。这主要包括。

**1．项目工作分解结构**

项目工作分解结构（Work Breakdown Structure，WBS）是既定项目工作的结构图和项目工作包细目。一个项目的目标确定以后，就需要确定需开展哪些工作来实现这些目标，这些为实现项目目标所需开展的工作一览表和它们的组成结构就是项目工作分解结构。项目工作分解结构是项目团队在项目实施过程中要完成的全部任务和工作，但是要完成这些任务就必须投入各种资源，不同的项目工作会有不同的资源需要，因此有了项目工作分解结构是安排项目资源计划的主要依据之一。

### 2. 项目工作分解结构的支持细节

仅有项目工作分解结构并不能够做出全部的项目资源需求和计划，还必须知道项目工作分解结构的相关支持细节。这类支持细节信息包括：

（1）项目历史信息。这是指已完成同类项目在项目所需资源、项目资源计划和项目实际实施消耗资源等方面的历史信息。此类信息可以作为新项目资源计划的参考资料，人们可以借鉴以前同类项目中的经验和教训。这种信息既可以使人们在建立新项目的工作分解结构和资源计划时更加科学、合理和更具操作性；而且还可以使人们建立的项目资源需求、项目资源计划和项目成本估算更加科学和符合实际。通常，一个项目结束后就应该确认项目有关文件的备份和存档，以便将来作为历史信息使用。例如：2004年奥运会的各个项目就可以借鉴2000年悉尼奥运会的经验和历届奥运会的经验，去做好2004年奥运会的项目资源需求计划。

（2）项目范围计划。任何一个项目都有一个特定的范围，项目范围计划从某种角度说，确定了项目的目标、边界及其衡量标准。如果项目范围中的某个项目方面被忽略，就会在项目资源计划与保障方面出现漏洞，最终使项目的成功受到影响。例如，某个住宅项目的范围计划包括：建造房屋、修建社区道路和环境绿化等工作，但是如果项目范围计划中遗漏了环境绿化工作，项目业主/用户就会不全部接受项目的成果，甚至会提出索赔。因此，项目范围计划文件也是项目资源需求计划制定中的一个重要参考依据之一，在制定项目资源计划时，必须全面评审项目资源需求计划是否能够满足实项目范围的需要。

（3）项目资源描述。任何项目资源的种类、特性和数量都应该是限定的。所以，要制定项目资源计划就必须对一个项目所需资源的种类、数量、特性和质量予以说明和描述。这种描述的内容包括：项目需要哪些种类的资源；这些资源的特性要求是什么；这些资源的价格多少；何时需要这些资源等。比如说，在项目的早期设计阶段需要哪些种类的设计工程师和专家顾问，他们的专业技术水平有什么要求；而在项目的实施阶段需要哪些专业技术人员和项目管理人员，需要哪些种类的物料和设备等。这种项目资源的描述对于制定项目资源计划同样是至关重要的依据。

### 3. 项目组织的管理政策

项目组织的管理政策也会影响项目资源计划的编制。项目组织的管理政策包括：项目组织的企业文化、项目组织的组织结构、项目组织获得资源的方式和手段方面的方针策略及项目组织在项目资源管理方面的有关方针政策。例如，一个项目组织对于设计、施工和研究设备是采用购买、租赁的政策还是采用租用的政策，项目组织是采用零库存的资源管理政策还是采用经济批量订货的资源管理政策等。这些也是制定项目资源计划所必需的依据之一。

### 4. 各类资源的定额、标准和计算规则

这是指项目资源计划编制中需要参考的项目工作量和资源消耗量的国家、地方或民间组织发布的各种定额、标准和计算规则。在项目资源计划编制中有些项目的资源需求是按

照国家、行业、地区的官方或民间组织的统一定额或统一工程量计算规则确定的。例如，英国和英联邦国家与地区（包括我国香港特别行政区）在工程建设项目方面就有统一的工程量和工料测量标准及计算规则，我国有自己的建设项目资源消耗定额和标准，美国也有许多民间组织发布的标准和指数。这些都是工程项目人员在进行项目资源计划编制时需要参照的依据。

## 三、项目资源计划编制的方法

项目资源计划的编制同样有许多种方法，其中最主要的是。

### 1. 专家判断法

这是指由项目成本管理专家根据经验和判断去确定和编制项目资源计划的方法。这种方法通常又有两种具体的形式：

（1）专家小组法。这是指组织一组有关专家在调查研究的基础上，通过召开专家小组座谈会的方式，通过共同探讨，提出项目资源计划方案，然后制定出项目资源计划的方法。

（2）特尔斐法。这是由一名协调者通过组织专家进行资源需求估算，然后汇集专家意见，整理并编制项目资源计划的方法。为了消除不必要的迷信权威和相互影响，一般协调者只起联系、协调、分析和归纳结果的作用，专家们互不见面，互不通气，只与协调者发生联系，并做出自己的判断。

专家判断法的优点是：主要依靠专家判断，基本不需要历史信息资料，适合于全新的项目。它的缺点是：如果专家的水平不一，专家对于项目的理解不同，就会造成项目资源计划出现问题。

### 2. 统一定额法

这是指使用统一标准定额和工程量计算规则去制定项目资源计划的方法。所谓“统一标准定额”是指由权威部门所制定的，在一定的技术装备和组织条件下为完成一定量的工作，所需消耗和占用的资源质量和数量限定标准或额度。这些统一标准定额都是一种衡量项目经济效果的尺度，套用这些统一标准定额去编制项目资源需求是一种很简便的方法。但是由于统一标准定额相对比较固定，无法适应技术装备、工艺和劳动生产率的快速变化，所以近年来发达国家正在逐步放弃使用这种编制项目资源计划的方法。

### 3. 资料统计法

这是指使用历史项目的统计数据资料，计算和确定项目资源计划的方法。这种方法中使用的历史统计资料必须有足够的样本量，而且有具体的数量指标以反映项目资源的规模、质量、消耗速度等。通常这些指标又可以分为实物量指标、劳动量指标和价值量指标。实物量指标多数用来表明物质资源的需求数量，这类指标一般表现为绝对数指标。劳动量指标主要用于表明人力的使用，这类指标可以是绝对量也可以是相对量指标。价值量指标主要用于表示资源的货币价值，一般使用本国货币币值表示的活劳动或物化劳动的价值。利用资料统计法计算和确定项目资源计划能够得出比较准确合理和切实可行的项目资源计划。但是这种方法要求有详细的历史数据，并且要求这些历史数据要具有可比性，所以这种方法的推广和使用有一定难度。

## 子项目3 项目成本控制

### 一、项目成本控制的概念

项目成本控制工作是在项目实施过程中，通过开展项目成本管理努力将项目的实际成本控制在项目预算范围内的一项管理工作。随着项目的进展，根据项目实际发生成本的情况，不断修正原先的成本估算，并对项目的最终成本进行预测等工作也都属于项目成本控制的范畴。

项目成本控制涉及对那些可能引起项目成本变化的影响因素的控制（事前控制），项目实施过程中的成本控制（事中控制）和项目实际成本发生以后的控制（事后控制）这三个方面的工作。要实现对于项目成本的全面控制，最根本的任务是要控制项目各方面的变动和变更，以及项目成本的事前、事中和事后控制。

项目成本控制的具体工作包括：监视项目的成本变动，发现项目成本控制中的偏差，采取各种纠偏措施，防止项目成本超过预算，确保实际发生的项目成本和项目变更都能够有据可查；防止不正当或未授权的项目变更所发生的费用被列入项目成本预算，以及采取相应的成本变动管理措施等。

有效控制项目成本的关键是要经常及时地分析项目成本的实际状况，尽早地发现项目成本出现的偏差和问题，以便在情况变坏之前能够及时采取纠正措施。一旦项目成本失控是很难挽回的，所以只要发现项目成本的偏差和问题就应该积极地着手去解决它，而不是寄希望于随着项目的展开一切都将会变好。项目成本控制问题越早发现和处理，对项目范围和项目进度的冲击会越小，项目越能够达到整体的目标要求。

### 二、项目成本控制的依据

项目成本控制的主要依据如下几个方面。

**1. 项目成本实效报告**

这是指项目成本管理与控制的实际绩效评价报告，它反映了项目预算的实际执行情况，其中包括哪个阶段或哪项工作的成本超出了预算，哪些未超出预算，究竟问题出在什么地方等。这种绩效报告通常要给出项目成本预算额、实际执行额和差异数额。其中，“差异数额”是评价、考核项目成本管理绩效好坏的重要标志。编制项目成本实效报告是一件细致而严肃的工作，要充分注意报告的准确性、及时性和适用性。这种项目成本实效报告是项目成本控制的主要依据之一。

2. 项目变更请求

项目的变更请求既可以是项目业主/客户提出的，也可以是项目实施者或其他方面提出的。任何项目的变更都会造成项目成本的变动，所以在项目实施过程中提出的任何变更都必须经过业主/客户同意。如果项目实施者不经过业主同意，或是仅仅获得项目业主/客户组织中的非权威人士的口头赞同，就做了项目变更和项目成本预算的变动，那么他会面临着这类变更收不到付款的风险。

3. 项目成本管理计划

这是关于如何管理项目成本的计划文件，是项目成本控制工作的一份十分重要的依据文件。特别值得注意的是，这一文件给出的内容很多是项目成本事前控制的计划和安排，这对于项目成本控制工作是很有指导意义的。

## 三、项目成本控制的方法

项目成本控制的方法包括两类：一类是分析和预测项目各要素变动与项目成本发展变化趋势的方法；另一类是如何控制各种要素的变动从而实现项目成本管理目标的方法。这两个方面的具体技术方法将构成一套项目成本管理的方法。这套方法的主要技术和工具有。

1. 项目变更控制体系

这是一种通过建立项目变更控制体系，对项目成本进行控制的方法。这包括从项目变更的请求，到变更请求批准，一直到最终变更项目成本预算的项目变更全过程控制体系。项目变更是影响项目成败的重要因素。一般可以通过两方面的工作去解决这个问题：

（1）规避。在项目定义和设计阶段通过确保项目业主/客户和全体项目相关利益者的充分参与，真正了解项目的需求；在项目定义和设计结束后通过组织评审，倾听各方面的意见；同时保持预项目业主/客户沟通渠道的畅通，及时反馈，避免项目后期发生大的变更或返工，从而规避项目成本的变动。

（2）控制。建立严格的项目变更控制系统和流程，对项目变更请求不要简单地拒绝或同意，而是先通过一系列评估确定该变更会带来的成本和时间代价，再由项目业主/客户判断是否接受这个代价。简单说就是项目可以变更的前提是项目业主/客户必须接受项目成本会发生变更的代价。在这里需要强调一点，有些项目变更是由于设计缺陷或人们不可预见的原因造成的，这样的项目变更有时是必需的。

2. 项目成本实效度量方法

这是指项目实际成本完成情况的度量方法。在项目成本管理中，“挣值”的度量方法是非常有价值的一种项目控制方法。其基本思想就是通过引进一个中间变量即“挣值”（Earned Value），以帮助项目成本管理者分析项目的成本和工期变化并给出相应的信息，从而能够使人们对项目成本的发展趋势做出科学的预测与判断。

3．附加计划法

很少有项目是按照原定计划完成的，所以可以采用附加计划法，通过新增或修订原有计划对项目成本进行有效的控制，项目成本控制也一样需要使用附加计划法。如果没有附加计划法往往会出现：当遇到意外情况时项目管理者缺少应付办法，而可能造成因实际与计划不符而形成项目成本失控的局面。所以，附加计划法是未雨绸缪、防患于未然的项目成本控制方法之一。

4．计算机软件工具

这是一种使用项目成本控制软件来控制项目成本的方法。目前市场上有大量这方面的软件可供选择。利用项目成本控制软件，用户可以进行的工作有：生成任务一览表（包括各项目任务的预计工期），建立项目工作任务之间的相互依存关系，以不同的时间尺度测量项目工作（包括工时、工日等），处理某些特定的约束条件（如某项任务在某天之前不得开始等），跟踪项目团队成员的薪金和工作，统计公司的假日、假期等，处理工人的轮班工作时间，监控和预测项目成本的发展变化，发现项目成本管理中的矛盾和问题，根据不同要求生成不同用途的成本或绩效报告，以不同方式整理项目信息，联机工作和网络数据共享，对项目进度、预算，或职员变动迅速做出反应，通过实际成本与预算成本比较分析找出项目实施情况中存在的问题并能提供各种建议措施，以供项目成本管理人员参考。

5．挣值分析方法

（1）挣值定义。挣值的定义有多种不同的表述。一般的表述为，挣值是一个表示“已完成作业量的计划价值”的变量，是一个使用“计划价格”或“预算成本”表示在给定时间内已完成实际作业量的一个变量。这一变量的计算公式如下：

EV＝实际完成的作业量 × 已完成作业的预算成本（计划价格）

（2）挣值分析方法的内涵。关于挣值分析方法，最低需要掌握其中的三个关键中间变量、三个绝对差异分析变量和三个相对差异分析变量。

1）三个关键中间变量。

A项目计划作业的预算成本

项目计划作业的预算成本（Budgeted Cost of Work Scheduled，BCWS）是按照“项目预算成本”（计划价格）乘上“项目计划工作量”而得到的项目成本中间变量。

B挣值

“挣值”是项目已完成作业的预算成本（Budgeted Cost of Work Performed，BCWP），它是按照“项目预算成本”乘上“项目实际完成工作量”而得到的一个项目成本的中间变量。

C项目实际完成作业的实际成本

项目实际完成作业的实际成本（Actual Cost of Work Performed，ACWP）是按照“项目实际成本”乘上“项目实际完成工作量”而得到的另一个项目成本的中间变量。

这些指标都是挣值分析方法中根据项目预算成本与实际成本和项目计划作业量和项目

实际完成作业量等指标计算获得的中间变量指标，这些指标都是项目成本水平指标，反映了项目成本的计划和实际水平。

2）三个差异分析变量。

A项目成本进度差异

项目成本进度差异（Cost Schedule Variance，CSV）的计算公式是：

$$CSV=BCWS-ACWP$$

这一指标反映了：项目“计划作业”的“预算成本”与项目“实际完成作业”的“实际成本”之间的绝对差异，它给出了项目实际发生的成本与项目预算成本之间的差异。这种差异是由于项目成本从“预算成本”变化到“实际成本”和项目进度从“计划作业量”变化到“实际完成作业量”这两个因素的变动综合造成的。

B项目成本差异

项目成本差异（Cost Variance，CV）的计算公式是：

$$CV=BCWP-ACWP$$

这一指标反映了：项目“实际完成作业”的“预算成本”与项目“实际完成作业”的“实际成本”之间的绝对差异。这一指标剔除了项目作业量（从计划作业量和实际作业量）变动的影响，独立地反映了由于项目“预算成本”和“实际成本”差异这一单个因素对于项目成本变动造成的影响。

C项目进度差异

项目进度差异（Schedule Variance，SV）的计算公式是：

$$SV=BCWP-BCWS$$

这一指标反映了：项目“计划作业”的“预算成本”与“挣值”（项目“实际完成作业”的“预算成本”）之间的绝对差异。这一指标剔除了项目成本（从预算成本到实际成本）变动的影响，独立地反映了由于项目“计划作业”和“实际完成作业”差异这一单个因素对于项目成本的影响（虽然指标名称是“项目进度差异”，但是反映的是成本变化）。

3）两个指数变量。

A成本绩效指数

成本绩效指数（Cost Performance Index，CPI）的计算公式如下：

$$CPI=ACWP/BCWP$$

该指标的含义是：项目“实际完成作业”的“实际成本”与项目“实际完成作业”的“预算成本”的相对数。这一指标以排除项目作业量变化的影响为基础，度量了项目成本控制工作的绩效情况，它是前面给出的“项目成本差异”指标的相对数形态。

B计划完工指数

计划完工指数（Schedule Completion Index，SCI）的计算公式如下：

$$SCI=BCWP/BCWS$$

该指标的含义是：项目“挣值”（“实际完成作业”的“预算成本”）与项目“计划作业”

的“预算成本”的相对数。这一指标以排除项目成本变动因素的影响为基础，度量了项目进度变动对于项目成本的相对影响程度，它是前面给出的“项目进度差异”指标的相对数形态。

（3）挣值分析的图解说明。

图6-4给出了有关挣值分析的图解说明。

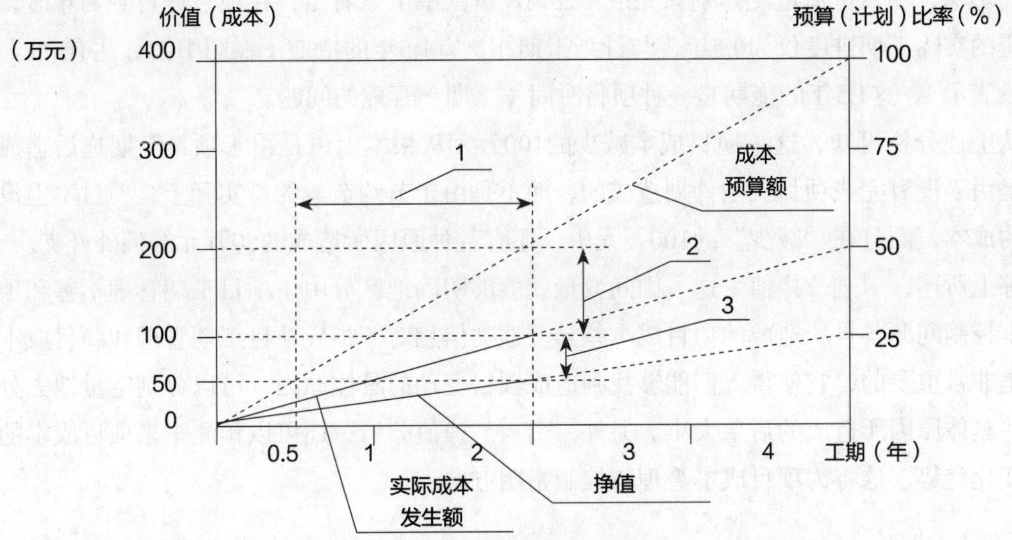


图6-4　挣值分析示意图

图6-4给出了某项目在实施之前的项目预算与项目计划安排，其中整个项目的计划工期是4年，项目总预算是400万元。在项目的实施过程中，通过对于项目成本的核算和有关项目成本与进度的记录得知，在开工后第二年年末的实际情况是：项目工期已经过半（两年），而实际项目成本发生额是100万元。与项目预算相比较可知：当工期过半时，项目的计划成本发生额应该是200万元，而实际项目成本发生额只是100万元，比预算成本少100万元。看起来，似乎项目取得了很好的业绩，但是这只是事情的一个侧面。那么，这里“减少”的100万元成本究竟是不是减少了？是什么原因造成的呢？从图中给出的信息可知：

1）项目进行到两年时：计划作业量的预算成本（BCWS）是200万元，
实际完成作业量的实际成本（ACWP）是100万元，
挣值（实际完成作业量的预算成本BCWP）仅仅是50万元。

2）项目成本差异（CV＝BCWP-ACWP）为-50万元（在图中由“2”号线段来表示），意味着项目实际成本比“挣值”多出-50万元的绝对差异（多发生了50万元）。这是在项目实施过程中由于实际消耗和占用资源的价格变动造成的，这是一种与项目成本控制有关的成本差异。

3）项目进度差异（SV＝BCWP－BCWS）为-150万元（由图中标注“2”和“3”的两条线段之和来表示），即项目成本预算与项目“挣值”之间由高达-150万元的绝对差异（多发生了150万元），这是一种与项目进度控制有关的成本差异。

4）项目成本绩效指数（CPI＝ACWP/BCWP）为2或200%，这意味着在项目完成作业量的过程中，实际花费的成本是预算成本的2倍。

5）项目计划完工指数（SCI＝BCWP/BCWS）为0.25或25%，这意味着剔除项目成本变化的影响，项目价值进度计划只完成了25%。由图中可以看出，在项目进行到两年时，相对应的实际工期进度仅为0.5年，与计划工期相比有1.5年的拖期（在图中由标注有“1”的线段表示），这1.5年的拖期是一种项目时间（工期）管理的问题。

从上述分析可知，这一项目成本减少的100万元从根本上说是由于项目工期拖后造成的，是由于没有完成项目工期计划造成的，而不是由于节约造成的。实际上，项目不但没有节约成本，而且在“减少”的100万元中，还有各种原因所造成的50万元的额外开支。

综上所述，引进“挣值”这一中间变量就能够明确地区分由于项目工期管理不善和项目成本控制问题各自所造成的项目成本差异。这类信息对于指导项目工期管理和项目成本控制是非常重要的，它使得人们能够找到造成项目变动的具体原因，可以分别定量地去分析这些具体原因所造成的后果大小。另外，引入“挣值分析”还可以预测未来项目成本的发展变化趋势，这将为项目成本管理与控制指明方向。

## 复习与思考

1. 项目资源计划编制的工具和方法有哪些？
2. 项目成本估算的步骤是什么？
3. 项目成本由哪些构成？
4. 项目成本控制的流程是什么？

实训操作 · 任务 7

# 项目风险管理

任务目的　了解项目风险管理的相关概念以及项目风险识别技术，掌握项目风险的定性和定量评估方法，明确项目风险的监督与控制的目标和内容。

实训任务内容　各项目小组对课程项目进行风险识别和评估，并完成课程项目风险管理规划。

- ❑ 子项目 1　项目风险管理
- ❑ 子项目 2　项目风险识别
- ❑ 子项目 3　项目风险度量
- ❑ 子项目 4　项目风险控制

# 子项目1 项目风险管理

项目的实现过程是一个存在着很大不确定性的过程，因为这一过程是一个复杂的、一次性的、创新性的，并涉及许多关系与变数的过程。项目的这些特性造成了在项目的实现过程中存在着各种各样的风险。如果不能很好地管理这些风险就会造成各种各样的损失，因此在项目管理中必须充分识别、度量和控制项目风险。确切地说，项目管理中最重要的任务就是对项目不确定性和风险性的管理。因为确定性和常规性的管理工作都是程序化和结构化的管理问题，它们所需的管理力度是十分有限的。

## 一、项目风险的概念

项目风险所涉及的主要概念有如下几个方面。

### 1. 项目风险的定义

一般认为：项目风险是指由于项目所处环境和条件本身的不确定性及项目业主/客户、项目组织或项目其他相关利益者主观上不能准确预见或控制的影响因素，使项目的最终结果与当事者的期望产生背离，从而给当事者带来损失的可能性。形成项目风险的根本原因是人们对于项目未来发展与变化的认识和应对等方面出现了问题。

### 2. 项目风险产生的原因

项目风险主要是由于不确定性事件造成的，而不确定事件又是由于信息的不完备性造成的，即人们无法充分认识一个项目未来的发展和变化而造成的。从理论上说，项目信息不完备的情况能够通过人们的努力而降低，但是却无法完全消除。这主要是因为：

（1）人们的认识能力有限。世界上的任何事物都有各自的属性，这些属性是由各种数据和信息加以描述的，项目也一样。人们只有通过对于项目的各种数据和信息去了解项目、认识项目并预见项目的未来发展和变化。但是由于人们认识事物的能力有限，所以在深度与广度两方面至今对于世界上许多事物属性的认识仍然存在着很大的局限性。从信息科学的角度来说，人们对事物认识的这种局限性，从根本上是人们获取数据和信息的能力的有限性和客观事物发展变化的无限性这一矛盾造成的，这使得人们无法获得事物的完备信息。人们对于项目的认识同样存在这种认识能力的限制问题，人们尚不能确切地预见项目的未来发展变化，从而形成了项目风险。

（2）信息本身的滞后性特性。从信息科学的理论出发，信息的不完备性是绝对的，而信息的完备是相对的。造成这一客观规律的根本原因是信息本身的滞后性。因为世上所有事物的属性都是由数据和信息加以描述的，但是人们只有在事物发生以后才能够获得有关该事物的真实数据，然后必须由人们对数据进行加工处理以后才能产生有用的信息，这样一个事物的信息总是在事物发生以后生成数据并经过加工以后才能产生。由于数据加工需要一定的时间，所以任一事物的信息总会比该事物本身有一个滞后，从而就形成了信息本身的滞后特性。从这个意义上说，完全确定性事件是不存在的，项目更是如此。但是任何事物随着本身的发展和数据的生成，人们对它的认识会不断深入，其信息的完备性程度会不断提高，直到事物完结描述该事物的信息才有可能成为完备的。这种信息的滞后性是信息不完备性的根本原因，也是项目风险的根本原因。

## 二、项目风险管理的概念

项目风险管理是指通过项目风险识别、风险界定和风险度量等工作去认识项目的风险，并以此为基础通过合理地使用各种风险应对措施和管理方法对项目风险实行有效的控制，以及妥善地处理项目风险事件所造成的不利结果，以最少的成本保证项目总体目标的实现等管理工作。

### 1. 项目风险管理的方法

项目风险的渐进性给人们提供了识别和控制项目风险的可能性。因为在风险渐进的过程中，人们可以设法去分析、观察和预测它，并采取相应措施对风险及其后果进行管理和控制。如果有了正确的方法，人们就可以在项目进程中识别出存在的风险和认识这些风险发展进程的主要规律和可能后果。这样人们就可以通过主观能动性的发挥，在项目风险渐进的过程中根据风险发展的客观规律开展对项目风险的有效管理与控制了。项目风险的阶段性给人们提供了认识和控制风险的可行性，项目风险的阶段性使人们可以在项目风险不同阶段去对项目风险采取不同的管理与控制措施。对于项目风险的潜在阶段、项目风险的发生阶段和风险后果阶段的主要控制方法分别如下：

（1）项目风险潜在阶段的管理方法。人们可以通过预先采取措施对项目风险的进程和后果进行适当的控制和管理。在项目风险潜在阶段都可以使用这种预先控制的方法，这类方法通常被称为风险规避的方法。一般而言，最大的项目灾难后果是由于在项目风险潜在阶段，人们对于项目风险的存在和发展一无所知。若人们在项目风险潜在阶段就能够识别各种潜在的项目风险及后果，并采取各种规避风险的办法就可以避免项目风险的发生。显而易见，如果能够通过项目风险规避措施使项目风险不进入发生阶段就不会有项目风险后果的发生了。例如，若已知某项目存在很大的技术风险（技术不成熟），就可以采取不使用该技术或不实施该项目的办法去规避这种风险。

（2）项目风险发生阶段的管理方法。在这一阶段中，人们可以采用风险转化与化解的办法对项目风险及其后果进行控制和管理，这类方法通常被称为项目风险化解的方法。人们不可能预见所有的项目风险，如果人们没能尽早识别出项目风险，或者虽然在项目风险潜在阶段识别出了项目风险，但是所采用的规避风险措施无效，这样项目风险就会进入发生阶段。在风险的发生阶段，如果人们能立即发现问题并找到解决问题的科学方法并积极解决风险问题，多数情况下可以降低、甚至防止风险后果的出现，减少项目风险后果所带来的损失。

（3）项目风险后果阶段的管理方法。在这一阶段，人们可以采取消减风险后果的措施去降低由于项目风险的发生和发展所造成的损失。人们不但很难在风险潜在阶段预见项目的全部风险，也不可能在项目风险发生阶段全面解决各种各样的项目风险问题，所以总会有一些项目风险最后进入项目风险后果阶段。在这一阶段，人们仍可以采取各种各样的措施去消减项目风险的后果和损失，消除由于项目风险后果带来的影响等。如果采取措施得当就会将项目风险的损失减到最少，将风险影响降到最小。不过到这一阶段人们能采用的风险管理措施就只有对项目风险后果的消减等被动方法了。

2. 项目风险管理主要工作和内容

项目风险管理工作的主要工作和内容包括如下几个方面：

（1）项目风险的识别。这是指识别和确定项目究竟存在哪些风险，这些风险可能影响项目的程度和可能带来的后果的一项项目风险管理工作。项目风险识别的主要任务是找出项目风险，识别引起项目风险的主要因素，并对项目风险后果作定性的估计。项目风险识别中最重要的原则是通过分析和因素分解，把比较复杂的事物分解为一系列要素，并找出这些要素对于事物的影响、风险和大小。在识别项目风险时需要将一个综合性的项目风险问题首先分解成许多具体的项目风险问题，再进一步分析找出形成项目风险的影响因素。在识别项目风险的影响因素时也需要使用分析和分解的原则，而且对于项目风险后果的识别也需要使用分析和分解的原则。在这种分析和分解的过程中，各种树形分析方法，如故障树、风险树等方法，就成了常用风险识别方法。项目风险识别在很大程度上还取决于项目决策者与风险分析者的知识与经验，因此，像德尔菲法、专家会议法、情景分析法这样一些“软科学”的方法都使用的较多。

（2）项目风险的度量。项目风险的度量是指对项目风险和项目风险后果所进行的评估和定量分析这样一项项目风险管理工作。项目风险度量的任务是对项目风险发生可能性大小和项目风险后果的严重程度等做出定量的估计或做出这种新情况的统计分布描述。项目风险是一种不确定性，即存在着会出现一定经济损失的可能性。人们之所以会冒一定风险去开展一个项目，就是因为项目风险可能发生，也可能不发生，因此，项目风险的发生概率（P）是度量风险可能性的一个主要参数。其次，项目风险的大小同其风险后果的严重程度有关，所以其项目风险后果严重程度（C，损失多少）也是度量项目风险大小的一个基本参数。因此，项目风险度量R就可看成项目发生概率P与项目风险后果严重程度C的函数，即有：

$$R=F(P,C)$$

要估计项目风险可能性P，就需要使用统计学的方法和一些主观估计等方法，因为有许多风险可能性的数据是要靠主观估计给定的。

（3）制定项目风险应对措施。确定对项目风险的应对措施也是项目风险管理中一项非常重要的工作。项目风险识别和度量的任务是确定项目风险大小及其后果，制定项目风险应对措施的任务是计划和安排对于项目风险的控制活动方案。在制定项目风险应对措施的过程中需要采用一系列的项目风险决策方法。在制定项目风险应对措施的工作中，通常用项目风险成本与效益分析、效用分析、多因素分析和集成控制等方法。在制定项目风险应对措施时必须充分考虑项目风险损失和代价的关系。这里所说的“代价”是指为应对项目风险而进行的信息收集、调查研究、分析计算、科学实验和采取措施等一系列活动所花的费用。因此，一方面，要设计好项目风险应对的措施，尽量减少风险应对措施的代价；另一方面，在制定项目风险应对措施时还必须要考虑风险应对措施可能带来的收益，并根据收益的大小决定是否需要付出一定量的代价去应对项目风险，避免出现得不偿失的情况。

（4）项目风险的控制。这是指根据项目风险识别、度量和制定的项目风险应对措施所开展的，对于整个项目全过程中各种风险的控制工作。项目风险控制工作的具体内容包括：根据项目发展与变化的情况，不断地重新识别和界定项目的风险，不断地更新项目风险应对措施，不断地决策和实施项目风险应对措施，以最终确保项目目标的成功实现。确切地说，项目风险控制工作是一个动态的工作过程，在这一过程中项目风险管理的各项作业（包括项目风险识别、界定和项目风险应对措施的制定）是相互交叉和相互重叠开展进行的。通常，在项目各个阶段都要开展项目风险控制，这种控制是以一种周而复始地、全面地开展项目风险识别、界定、应对措施制定和实施（项目风险应对措施的实施就是项目风险控制核心内容）的工作循环。

## 子项目2 项目风险识别

### 一、项目风险识别的概念

项目风险识别是一项贯穿项目实施全过程的项目风险管理工作。这项工作的目标是识别和确定出项目究竟有哪些风险，这些项目风险究竟有哪些基本特性，这些项目风险可能会影响项目哪些方面等。例如，一个项目究竟存在着项目工期风险、项目成本风险，还是项目质量风险；一项项目风险究竟属于有预警信息风险，还是无预警信息风险；这一项目风险会给项目范围、工期、成本、质量等方面带来什么影响等。

严格来说，项目风险不仅仅包括蒙受损失的可能性，还包括一些获得收益的可能性。因此在项目风险识别的过程中，还必须全面识别项目风险可能带来的威胁和机遇两个方面。通常项目风险带来的机遇是一种项目风险的正面影响，而项目风险带来的威胁是一种负面的影响。在项目风险识别中，在充分认识项目风险威胁的同时，也要识别项目风险可能带来的各种机遇，并分析项目风险的威胁与机遇的相互转化条件和影响这种转化的关键因素，以便能在制定项目风险应对措施和开展项目风险控制中，通过主观努力和正确应对，使项目风险带来的威胁得以消除，而使项目风险带来的机遇转化成组织的实际收益。

项目风险识别是项目风险管理中的首要工作，项目风险识别的主要工作内容包括如下几个方面。

**1. 识别并确定项目有哪些潜在的风险**

这是项目风险识别的第一目标。因为只有首先确定项目可能会遇到哪些风险，才能够进一步分析这些风险的性质和后果，所以在项目风险识别工作中首先要全面分析项目发展与变化中的各种可能性和风险，从而识别出项目潜在的各种风险并整理汇总成项目风险清单。

**2. 识别引起这些风险的主要影响因素**

这是项目风险识别的第二项工作目标。因为只有识别清楚各个项目风险的主要影响因素才能把握项目风险的发展变化规律，才有可能进一步对项目风险进行应对和控制。所以在项目风险识别活动中要全面分析各个项目风险的主要影响因素和它们对项目风险的影响方式、影响方向，影响力度等。然后，要运用各种方式将这些项目风险的主要影响因素同项目风险的相互关系描述清楚，使用图表的方式、文字说明或数学公式均可。

**3. 识别项目风险可能引起的后果**

这是项目风险识别的第三项任务和目标。在识别出项目风险和项目风险主要影响因素以后，还必须全面分析项目风险可能带来的后果和后果严重程度。项目风险识别的根本目的就是要缩小和消除项目风险带来的不利后果，同时争取扩大项目风险可能带来的有利后果。当然，在这一阶段对于项目风险的识别和分析主要是定性的分析，定量的项目风险分析将在项目风险度量中给出。

## 二、项目风险识别所需的信息和依据

项目风险识别依据的主要信息包括如下几个方面。

**1. 项目产出物的描述**

项目产出物的描述是项目风险识别的主要依据之一，因为项目风险识别最重要的内容是识别项目工作能否按时、按质、按量和按预算最终生成项目产出物，以实现项目的目标，所以项目风险识别首先要根据项目产出物的描述和要求，去识别出可能影响项目产出物质量的各种风险。因为在项目产出物的描述中，给出了项目产出物的数量、质量和技术特性等各个方面的要求和说明，所以项目产出物的描述是项目风险识别最重要的依据之一。

**2. 项目的计划信息**

这包括项目的集成计划和各种项目专项计划中所包含的全部信息和文件。这些信息有两方面的作用：其一是作为项目风险识别的依据；其二是作为项目风险识别的对象。例如，一个项目的成本计划（预算）信息可以是分析与识别项目质量风险的一个重要依据，因为如果项目预算缺口比较大就会出现由于资源不足或资源质量下降而造成的项目质量问题；同时项目成本计划也可以作为项目风险识别的对象，人们可以通过对项目成本计划的分析去识别出项目超预算的风险，这也是项目风险识别的一个很重要的方面。

### 3. 历史资料

这是以前完成项目实际发生的各种意外事情（风险）的历史资料，它们对于识别新项目风险是非常重要的一种信息和依据。因为“前车之鉴”在项目风险管理中总是最重要的参考和依据，所以在项目风险识别过程中首先要全面收集各种有用的历史信息，特别是各种有关历史项目的经验和教训。这些历史资料中既有有关项目风险因素的分析，又有各种风险事件发生过程的记录，还有有关项目风险带来的机遇和威胁以及实际发生的风险事件所造成的损失等方面的信息，这些对于项目风险识别是非常有用的。一般历史资料的来源包括：

（1）历史项目的各种原始记录。这可以从实施历史项目的组织之处得到，人们一般都会保留历史项目的各种原始记录，这些原始记录对于项目风险识别是非常有帮助的。在一些专业应用领域中甚至某些项目的成员也可能保存有原始记录。例如，造价工程师就会保留他所参加项目的各种相关资料。

（2）商业性历史项目信息资料。有许多项目管理咨询公司保留有大量的历史项目信息和统计资料，他们就是通过提供这些资料和开展相关经营活动而盈利的，所以可以通过这类商业性项目管理咨询公司可以获得项目风险识别所需的各种历史项目信息和资料。

（3）历史项目团队成员的经验。参与历史项目的项目团队成员可能在脑子中保留有许多历史项目所发生的事情或数据，这是一种思想型的历史项目信息。这种信息也是项目风险识别的重要依据，但是它们通常比较难收集，多数需要通过面谈的方式获得，而面谈需要很高的沟通技巧。

## 三、项目风险识别的方法

项目风险识别的方法有很多，既有结构化方法也有非结构化方法，既有经验性方法也有系统性方法，但是使用最多的是如下几种方法。

### 1. 系统分解法

项目风险识别中最常用的一种方法是利用系统分解的原理将一个复杂的项目分解成比较简单和容易认识的子系统或系统元素，从而识别各子系统或系统要素造成的风险的方法。比如，在投资建造一个化肥厂项目时，项目分析评价人员可以首先根据项目本身的特性，将项目风险分解成以下几个方面：市场风险、投资风险、经营风险、技术风险、资源及原材料供应风险、环境污染风险等。然后还可以对这些项目风险再作进一步的分解，例如，项目的市场风险又可以将其分解成三个方面：竞争风险（由于市场竞争而造成项目失败或亏损的风险）、替代风险（项目建成后可能出现替代产品而使项目蒙受损失的风险）、需求风险（项目建成后产品市场出现需求不足、需求下降和市场饱和，从而使项目蒙受损失的风险）。

### 2. 流程图法

项目流程图是给出一个项目的工作流程，项目各部分之间的相互关系等信息的图表，具体包括：项目系统流程图、项目实施流程图和项目作业流程图等各种形式的和不同详细程度的项目流程图。流程图法就是使用这些流程图去全面分析和识别项目风险的一种方法，这种方法的结构化程度比较高，所以对于识别项目的系统风险和各种风险要素是非常有用的。这种方法是使用项目流程图帮助项目风险识别人员分析和识别项目的风险，项目各个环节存在的风险，以及各个项目风险的起因和影响。运用这种方法得出的项目风险识别结果还可以为后面项目实施中的风险控制提供依据。

3. 头脑风暴法

对于风险识别来说，头脑风暴法是一种运用创造性思维、发散性思维和专家经验，通过会议的形式去分析和识别项目风险的方法。在使用这种方法识别项目风险时，要允许各方面的专家和分析人员畅所欲言，搜寻和发现项目的各种风险。使用这种方法时，组织者要善于提问并能及时整理项目风险分析的结果，并促使与会者不断发现和识别项目的各种风险和风险影响因素。一般使用这种方法可以回答下列问题：如果进行这个项目会遇到哪些风险？风险的后果危害程度如何？风险的主要成因是什么？风险事件的征兆有哪些？风险有哪些基本特性……

4. 情景分析法

情景分析法是通过对项目未来的某个状态或某种情况（情景）的详细描述并分析所描绘情景中的风险与风险要素，从而识别项目风险的一种方法。在项目风险分析与识别中，需要有这样一种能够识别各种引发风险的关键因素以及它们的影响程度等问题的方法。情景（对于项目未来某种状态或情况）的描述可以用图表或曲线给出，也可以用文字给出。对于涉及因素较多、分析计算比较复杂的项目风险识别，情景分析法可以借助于计算机完成。这种方法一般需要：先给出项目情景描述，然后变动项目某个要素，再分析变动后项目可能的变化、潜在的风险与风险产生的后果。情景分析法对下列项目风险识别工作特别有用。

（1）分析和识别项目风险的后果。通过情景描述与模拟，这种方法可以分析和识别项目风险发生后会出现的后果。这可用于提醒项目决策者注意采取风险控制措施以防止可能引出的项目风险和风险后果。

（2）分析和识别项目风险波及的范围。通过情景描述与模拟以及改变项目风险影响因素等方式，这种方法可以分析和识别项目风险发生会波及的项目范围并给出需要进行监视跟踪和控制的项目风险范围。

（3）检验项目风险识别的结果。当各种项目风险识别的结果相互矛盾时，情景分析法可用于检验各种项目风险的可能性和发展方向与程度，并通过改变项目风险变量的情景模拟和分析可以检验项目风险识别的结果。例如，可以给出两个极端情况和一个中间情况的情景模拟并通过观察这些情景中风险的发生和发展变化去检验项目风险识别的结果。

（4）研究某些关键因素对项目风险影响。情景分析法可以通过：筛选、监测和诊断三项工作，研究给出某些关键因素对于项目风险的影响。在“筛选”中，依据某种项目程序中对潜在的风险、风险因素进行分类选择排序，并筛选出项目风险。在“监测”中，通过对某些风险模拟情景进行监测并根据风险发展变化找出影响风险的关键因素。在“诊断”中，通过对项目风险和项目风险影响因素分析诊断出风险起因、症状、后果以及风险与起因的关系，最终找出项目风险的起因。

下面是一个描述筛选、检测和诊断关系的项目风险识别元素图，它们由项目风险识别情景分析法中的三个过程，即疑因估计、仔细检查和征兆鉴别的过程构成。在筛选、监测和诊断三项工作中这三个过程的具体顺序如下（图7-1）：

筛选：仔细检查→征兆鉴别→疑因估计。
监测：疑因估计→仔细检查→征兆鉴别。
诊断：征兆鉴别→疑因估计→仔细检查。

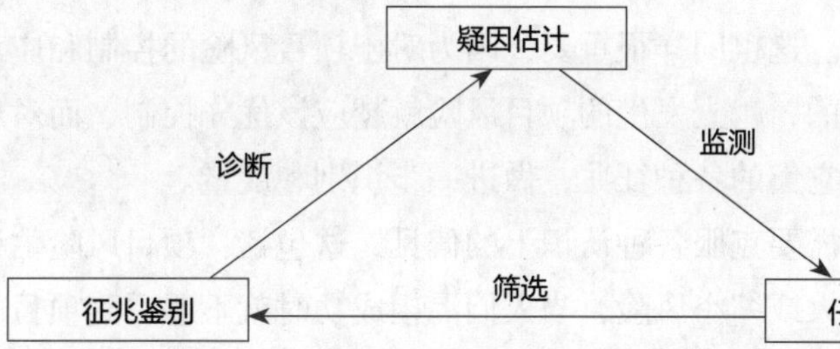


图7-1 情景分析法项目风险识别工作示意图

## 子项目3 项目风险度量

### 一、项目风险度量的内涵

项目风险度量是对于项目风险的影响和后果所进行的评价和估量。项目风险度量包括对项目风险发生可能性大小（概率大小）的评价和估量，对项目风险后果严重程度的评价和估量，对项目风险影响范围的评价和估量以及对项目风险发生时间的评价和估量等方面。项目风险度量的主要作用是根据这种度量去制定项目风险的应对措施以及开展项目风险的控制。项目风险度量的主要工作内容有。

**1. 项目风险可能性的度量**

项目风险度量的首要任务是分析和估计项目风险发生的概率，即项目风险可能性的大小。这是项目风险度量中最为重要的一项工作，因为一个项目风险的发生概率越高，造成项目损失的可能性就越大，对它的控制就应该越严格，所以在项目风险度量中首先要确定和分析项目风险可能性的大小。

**2. 项目风险后果的度量**

项目风险度量的第二项任务是分析和估计项目风险后果，即项目风险可能带来的损失大小。这也是项目风险度量中的一项非常重要的工作，因为即使是一个项目风险的发生概率不大，但如果它一旦发生则后果十分严重，那么对它的控制也需要十分严格，否则这种风险的发生会给整个项目成败造成严重的影响。

**3．项目风险影响范围的度量**

项目风险度量的第三项任务是分析和估计项目风险影响的范围，即项目风险可能影响到项目的哪些方面和工作。这也是项目风险度量中一项十分重要的工作，因为即使是一个项目风险发生概率和后果严重程度都不大，但它一旦发生会影响到项目各个方面和许多工作，则也需要对它进行严格的控制，防止因这种风险发生而搅乱项目的整个工作和活动。

**4．项目风险发生时间的度量**

项目风险度量的第四项任务是分析和估计项目风险发生的时间，即项目风险可能在项目的哪个阶段和什么时间发生。这也同样很重要，因为对于项目风险的控制和应对措施都是根据项目风险发生时间安排的，越先发生的项目风险就越应该优先控制，而对后发生的项目风险可以通过监视和观察它们的各种征兆，做进一步识别和度量。

在项目风险度量中，人们需要克服各种认识上的偏见，这包括：项目风险估计上的主观臆断（根据主观意志需要夸大或缩小风险，当人们渴望成功时就不愿看到项目的不利方面和项目风险）；对于项目风险估计的思想僵化（对原来的项目风险估计，人们不能或不愿意根据新获得的信息进行更新和修正，最初形成的风险度量会成为一种定势在脑子里驻留而不肯褪去）；缺少概率分析的能力和概念（因为概率分析本身就比较麻烦和复杂）等。

## 二、项目风险度量的常用方法

在项目风险度量过程中所使用的方法主要有。

**1．损失期望值法**

这种方法首先要分析和估计项目风险概率和项目风险可能带来的损失（或收益）大小，然后将二者相乘求出项目风险的损失（或收益）期望值，并使用项目损失期望值（或收益）去度量项目风险。在使用项目风险损失期望值作为项目风险大小的度量时，需要确定出的项目风险概率和项目风险损失大小的具体描述如下：

（1）项目风险概率。项目风险概率和概率分布是项目风险度量中最基本的内容，项目风险度量的首要工作就是确定项目风险事件的概率分布。一般说来，项目风险概率及其分布应该根据历史信息资料来确定。当项目管理者没有足够的历史信息和资料来确定项目风险概率及其分布时，也可以利用理论概率分布确定项目风险概率。由于项目的一次性和独特性，不同项目的风险彼此相差很远，所以在许多情况下人们只能根据很少的历史数据样本对项目风险概率进行估计，甚至有时完全是主观判断。因此，项目管理者在很多情况下要使用自已的经验，主观判断项目风险概率及其概率分布，这样得到的项目风险概率被称为主观判断概率。虽然主观判断概率是凭人们的经验和主观判断估算或预测出来的，但它也不是纯粹主观随意性的东西，因为项目管理者的主观判断是依照过去的经验做出的，所以它仍然具有一定的客观性。

（2）项目风险损失。项目风险造成的损失或后果大小需要从三个方面来衡量：其一是项目风险损失的性质；其二是项目风险损失的大小与影响；其三是项目风险损失的时间与分布。项目风险损失的性质是指项目风险可能造成的损失是经济性的，还是技术性的，或是其他方面的。项目风险损失的大小和分布包括项目风险可能带来的损失的严重程度和这些损失的变化幅度，它们需要分别用损失的数学期望和方差表示。项目风险影响是指项目风险会给哪些项目相关利益者造成损失，从而影响它们的利益。项目风险损失的时间分布是指项目风险是突发的，还是随时间的推移逐渐致损的，项目风险损失是在项目风险事件发生后马上就能感受到，还是需要随时间的推移而逐渐显露出来以及这些风险损失可能发生的时间等。

（3）项目风险损失期望值的计算。项目风险损失期望值的计算一般是将上述项目风险概率与项目风险损失估计相乘得到的。有关这种期望的计算请参见相关的概率统计教材或著作即可。

### 2. 模拟仿真法

模拟仿真法是用数学模拟或系统仿真模型分析和度量项目风险的方法。这种项目风险度量方法使用蒙特卡罗模拟或三角模拟等分析法。这种方法可用来度量各种能量化的项目风险，通过改变参数并多次模拟项目风险以后就能得到模拟仿真计算的统计分布结果，并可以此作为项目风险度量的结果。例如，项目工期风险和项目成本风险等的度量就可以使用这种方法。这种方法多数用在大项目或是复杂项目的风险度量上，小项目一般使用前面给出的损失期望值法。由于项目时间和成本的风险都是项目风险管理的重点，所以模拟仿真法在这些项目风险度量中的使用较为广泛。

### 3. 专家决策法

专家决策法也是在项目风险度量中经常使用的方法，它可以代替或辅助上面所讲过的数学计算和模拟仿真的方法。例如，许多项目管理专家运用他们自己的专家经验做出的项目工期风险、项目成本风险、项目质量风险等的度量通常是很准确可靠的，甚至有时比数学计算与模拟仿真确定的项目风险度量还要准确和可靠，因为这些专家的经验通常是一种比较可靠的依据。另外，在很多项目风险度量之中要求给出高、中、低三种项目风险概率和几种项目风险损失不同严重程度的数据，而且精确程度一般要求并不高，所以使用专家决策法做出的项目风险度量结果一般是足够准确和可靠的。专家决策法中用的专家经验可以从搞过类似项目的专家处获得，也可以通过查阅历史项目有关经验教训、原始资料等方法获得。

## 三、项目风险识别与风险度量的过程

项目风险识别与风险度量的具体步骤由图7–2所示的流程图给出：

图7–2中有关项目风险识别方法的各个步骤的具体内容如下。

1. 项目风险管理信息系统的开发建立

首先要根据项目风险管理的需要建立项目风险管理信息系统。这种系统既可以是以计算机为基础的信息系统，也可以是纯人工信息系统，当然也可以是整个项目管理信息系统的一个子系统。这一系统的主要功能是及时收集、处理和存储有关项目每个具体活动与过程的各种风险信息，以便为项目风险的识别、度量和控制服务。

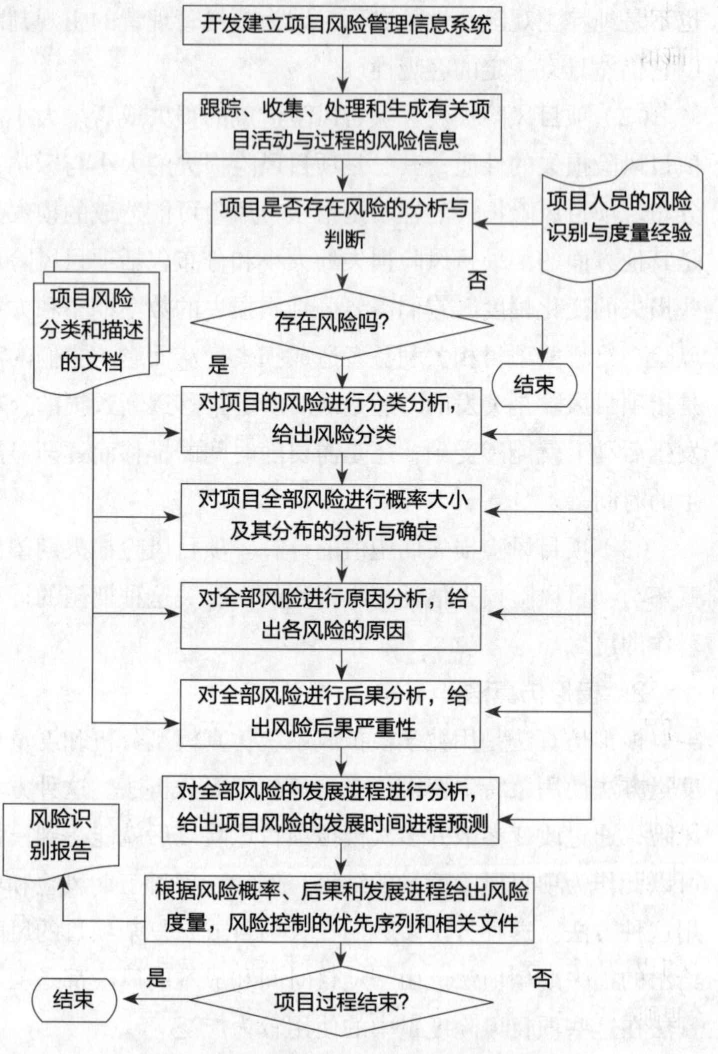

图7–2　典型项目风险识别方法流程图

2. 项目风险信息的跟踪、收集、处理和生成

这一步是使用项目风险管理信息系统去跟踪项目过程以及项目活动的发展，项目所处环境与条件的变化等信息，去收集、处理和生成有关项目全过程、项目具体活动与过程的风险信息。这是一个不断的信息收集与处理工作，是为不断开展的项目风险识别活动提供动态信息的工作。

3. 项目风险的识别

运用项目风险管理信息系统生成的信息，加上项目管理人员的风险管理经验就可以对项目的各种风险进行全面分析与识别，并找出项目面临的各种风险了。特别需要注意的是，由于存在有关项目风险的信息缺口，所以项目风险识别工作实际上是一项运用信息和经验，运用开创性思维的分析与识别活动。许多时候需要管理者运用自己的经验、判断、甚至直觉去识别出各种项目风险。

4. 项目风险的分类

根据已识别出的项目风险，使用既定的项目风险分类标志，即可对上一步识别出的项目风险进行分类，以便全面认识项目风险的各种属性。例如，既可以按照风险发生概率的高低进行分类，也可以根据项目风险的引发原因进行分类，还可以根据项目风险后果的严重程度进行分类等。项目风险分类并不是一次完成的，它是通过反复不断地分析完善而完成的。

5. 项目风险发生概率的分析与确定

这一步要对所有已识别的项目风险进行概率分布和大小的分析，以便为确定项目风险控制优先排序打下基础。这一分析需要借助现有信息、历史数据和经验等，尤其是对以前做过的类似项目或相近项目所发生的风险情况进行记录是这一步分析工作的重要信息之一。另外，也还需要依靠项目管理人员的经验判断和直觉。

6. 项目风险原因的分析与确定

这一步是运用现有项目风险信息与项目管理人员的经验，对已识别的全部项目风险进行风险原因的分析，并通过分析找出引发风险事件的主要原因。如果引发项目风险的主要原因有多个，还要进行主因素分析、多变量分析等更深一步的项目风险因素风险。

7. 项目风险后果的分析与确定

这一步是对于项目全部风险后果及其严重程度所做的全面分析。这里不但要分析风险可能造成的后果，还要分析这些具体后果的价值大小。所谓“后果价值大小”的含义是指要把项目风险造成的后果进一步转换成会用货币单位表示的项目损失。这种“后果价值大小”是确定项目风险控制优先序列的依据之一。

8. 项目风险发展时间进程的分析与确定

这是指对已识别项目风险所进行的具体项目风险发展进程时间和发展变化标志的分析。项目风险发展进程的分析是要找出风险事件何时发生以及引发它的原因何时会出现，诱发原因出现以后项目风险会如何发展等。对项目风险的发展时间进程的分析是制定项目风险控制计划的依据之一。

9. 项目风险度量与风险控制优先序列的确定

在完成上述分析与判断之后，还要综合各方面的分析结论，确定出项目风险的度量和项目风险控制的优先序列。因为在绝大多数情况下，一个项目会有许多种风险，而且这些风险可能会同时或在较短时间间隔内发生，这就需要根据项目风险的度量，确定出它们的优先序列安排。项目风险的发生概率、风险后果严重程度等度量都会影响对项目风险控制优先序列的安排。项目控制优先序列安排的基本原则是项目风险后果最严重、发生概率最高、发生时间最早的优先控制。对于已经识别出的项目全部风险都应该按照这种原则确定出其优先序列。

10. 给出项目风险识别和度量报告

每进行一次项目风险识别和度量都要在这一工作的最后给出一份项目风险识别和度量报告。该报告不但要包括项目现有风险清单，而且要有项目风险的分类、原因分析和说明，项目风险度量的表述和全部项目风险控制优先序列说明等内容。

# 子项目4　项目风险控制

## 一、项目风险控制的概念

项目风险控制是指在整个项目过程中根据项目风险管理计划和项目实际发生的风险与变化所开展的各种项目风险控制活动。项目风险控制是建立在项目风险的阶段性、渐进性和可控性基础之上的一种项目风险管理工作。对于一切事物来说，当人们认识了事物的存在、发生和发展的根本原因，以及风险发展的全部进程以后，这一事物就基本上是可控的了；而当人们认识了事物的主要原因及其发展进程的主要特性以后，那么它就是相对可控的了；只有当人们对事物一无所知时，人们对事物才会是无能为力的。对于项目的风险而言，通过项目风险的识别与度量，人们已识别出项目的绝大多数风险，这些风险多数是相对可控的。这些项目风险的可控程度取决于人们在项目风险识别和度量阶段给出的有关项目风险信息的多少。所以只要人们能够通过项目风险识别和度量得到足够的有关项目风险的信息就可以采取正确的项目风险应对措施从而实现对项目风险的有效控制了。

## 二、项目风险控制的目标和依据

### 1. 项目风险控制的目标

项目风险控制的目标主要有如下几种：

（1）努力及早识别项目的风险。项目风险控制的首要目标是通过开展持续的项目风险识别和度量工作及早地发现项目所存在的各种风险以及项目风险的各方面的特性，这是开展项目风险控制的前提。

（2）努力避免项目风险事件的发生。项目风险控制的第二个目标是在识别出项目风险后，通过采取各种风险应对措施，积极避免项目风险的实际发生，从而确保不给项目造成不必要的损失。

（3）积极消除项目风险事件的消极后果。项目的风险并不是都可以避免的，有许多项目风险会由于各种原因而最终发生，对于这种情况项目风险控制的目标是要积极采取行动，努力消减这些风险事件的消极后果。

（4）充分吸取项目风险管理中的经验与教训。项目风险控制的第四个目标是对于各种已经发生并形成最终结果的项目风险，一定要从中吸取经验和教训，从而避免同样的风险事件发生。

### 2. 项目风险控制的依据

项目风险控制的依据主要有如下几个方面：

（1）项目风险管理计划。这是项目风险控制最根本的依据，通常项目风险控制活动都是依据这一计划开展的，只有新发现或识别的项目风险控制例外。但是，在识别出新的项目风险以后就需要立即更新项目风险管理计划，因此，可以说所有的项目风险控制工作都是依据项目风险管理计划开展的。

（2）实际项目风险发展变化情况。一些项目风险最终是要发生的，而其他一些项目风险最终不会发生。这些发生或不发生的项目风险的发展变化情况也是项目风险控制工作的依据之一。

## 三、项目风险控制方法的步骤与内容

项目风险控制方法的步骤与内容如图7–3所示：

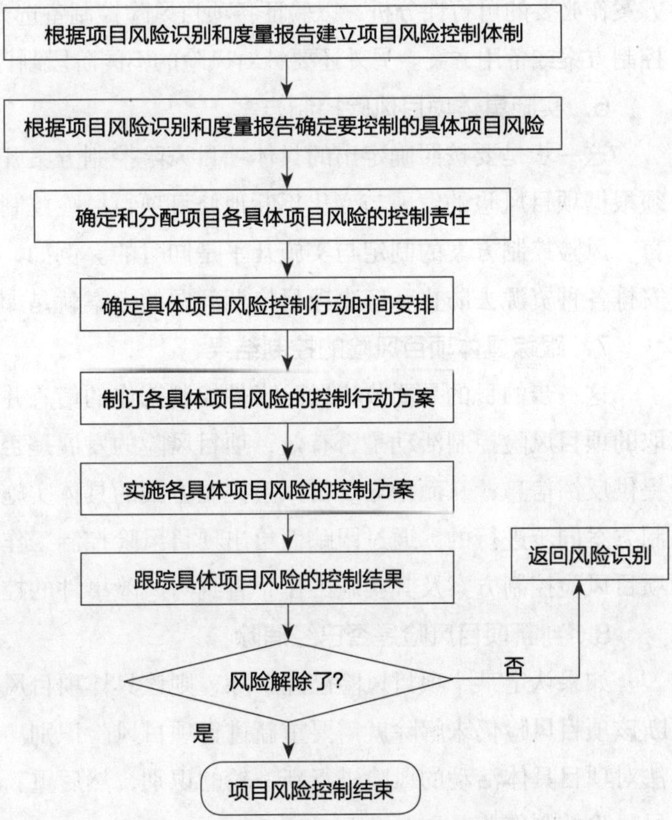


图7–3　项目风险控制方法流程图

项目风险事件控制中，各具体步骤的内容与做法分别说明如下：

### 1．建立项目风险事件控制体制

这是指在项目开始之前要根据项目风险识别和度量报告所给出的项目风险信息，制订出整个项目风险控制的大政方针、项目风险控制的程序以及项目风险控制的管理体制。这包括项目风险责任制、项目风险信息报告制，项目风险控制决策制，项目风险控制的沟通程序等。

### 2．确定要控制的具体项目风险

这一步是根据项目风险识别与度量报告所列出的各种具体项目风险确定出对哪些项目风险进行控制，对哪些风险容忍并放弃对它们的控制。通常这要按照项目具体风险后果严重程度和风险发生概率以及项目组织的风险控制资源等情况确定。

### 3．确定项目风险的控制责任

这是分配和落实项目具体风险控制责任的工作。所有需要控制的项目风险都必须落实具体负责控制的人员，同时要规定他们所负的具体责任。对于项目风险控制工作必须要由专门人去负责，不能分担，也不能由不合适的人去担负风险事件控制的责任，因为这些都会造成大量的时间与资金的浪费。

4. 确定项目风险控制的行动时间

这是指对项目风险的控制要制订相应的时间计划和安排，计划和规定出解决项目风险问题的时间表与时间限制。因为没有时间安排与限制，多数项目风险问题是不能有效地加以控制的。许多由于项目风险失控所造成的损失都是因为错过了风险控制的时机造成的，所以必须制定严格的项目风险控制时间计划。

5. 制订各具体项目风险的控制方案

这一步由负责具体项目风险控制的人员，根据项目风险的特性和时间计划去制订出各具体项目风险的控制方案。在这一步当中要找出能够控制项目风险的各种备选方案，然后要对方案作必要的可行性分析，以验证各项目风险控制备选方案的效果，最终选定要采用的风险控制方案或备用方案。另外还要针对风险的不同阶段制订不同阶段使用的风险控制方案。

6. 实施具体项目风险控制方案

这一步是要按照确定出的具体项目风险控制方案开展项目风险控制的活动。这一步必须根据项目风险的发展与变化不断地修订项目风险控制方案与办法。对于某些项目风险而言，风险控制方案的制定与实施几乎是同时的。例如，设计制定一条新的关键路径并计划安排各种资源去防止和解决项目拖期问题的方案就是如此。

7. 跟踪具体项目风险的控制结果

这一步的目的是要收集风险事件控制工作的信息并给出反馈，即利用跟踪去确认所采取的项目风险控制活动是否有效，项目风险的发展是否有新的变化等。这样就可以不断地提供反馈信息，从而指导项目风险控制方案的具体实施。这一步是与实施具体项目风险控制方案同步进行的。通过跟踪而给出项目风险控制工作信息，再根据这些信息去改进具体项目风险控制方案及其实施工作，直到对风险事件的控制完结为止。

8. 判断项目风险是否已经消除

如果认定某个项目风险已经解除，则该具体项目风险的控制作业就已经完成了。若判断该项目风险仍未解除就需要重新进行项目风险识别。这需要重新使用项目风险识别的方法对项目具体活动的风险进行新一轮的识别，然后重新按本方法的全过程开展下一步的项目风险控制作业。

## 复习与思考

1. 如何应用流程图识别项目风险?
2. 如何应用头脑风暴法识别项目风险?
3. 项目风险评估的定性评估方法和定量评估方法有哪些?
4. 举例说明项目风险监督与控制主要过程。

实训操作·任务8

## 项目综合管理

任务目的　了解项目信息沟通和合同管理的基本概念、特征、注意事项等，掌握项目沟通计划和项目合同签订。

实训任务内容　各项目小组完成课程项目相关的一份采购合同样本或编制一份招标书。

- 子项目1　项目沟通管理
- 子项目2　项目合同管理

# 子项目1 项目沟通管理

## 一、项目沟通管理概述

沟通是人与人之间的思想和信息的交换，是将信息由一个人传达给另一个人，并逐渐在更加广泛的空间领域传播的过程。在项目管理中，专门将沟通管理作为一个知识领域，PMBOK中也建议项目经理要花75%以上的时间在沟通上，可见沟通在项目管理中的重要性。多数人理解的沟通，就是善于表达，能说、会说，但是项目管理中的沟通，并不等同于人际交往的沟通技巧，更多的是对沟通的管理。

### （一）项目沟通定义

项目沟通管理，就是为了确保项目信息合理收集和传输，以及最终处理所需实施活动的一系列过程。包括为了确保项目信息及时适当的产生、收集、传播、保存和最终配置所必需的过程。

**1. 涉及的要素**

项目沟通管理为成功所必需的因素：为不同的人、想法和信息之间提供了一个桥梁或媒介。涉及项目的任何人都应准备以项目“语言”发送和接收信息，并且必须理解他们以个人身份参与的沟通会怎样影响整个项目。沟通就是信息交流。组织之间的沟通是指组织之间的信息传递。对于项目来说，要科学地组织、指挥、协调和控制项目的实施过程，就必须进行项目的信息沟通。好的信息沟通对项目的发展和人际关系的改善都有促进作用。

**2. 项目沟通特征**

项目沟通管理具有复杂和系统的特征。著名组织管理学家巴纳德认为“沟通是把一个组织中的成员联系在一起，以实现共同目标的手段”。没有沟通，就没有管理。沟通不良几乎是每个项目都存在的老毛病，项目的组织越复杂，其沟通越困难。

### （二）项目沟通的主要程

**1. 沟通计划**

项目沟通计划是对于项目全过程的沟通工作、沟通方法、沟通渠道等各个方面的计划与安排。就大多数项目而言，沟通计划的内容是作为项目初期阶段工作的一个部分。同时，项目沟通计划还需要根据计划实施的结果进行定期检查，必要时还需要加以修订。所以项目沟通计划管理工作是贯穿于项目全过程的一项工作，项目沟通计划是和项目组织计划紧密联系在一起的，因为项目的沟通直接受项目组织结构的影响并决定项目涉及人的信息和沟通需求：谁需要什么信息，什么时候需要，怎样获得。

2. 信息传播

项目资源只有通过信息的沟通才能获得扩展，信息使项目成功，缺乏沟通会导致失败。项目的资源应当有部分投入在沟通信息上，使需要的信息及时发送给项目涉及人。

3. 执行报告

收集和传播执行信息，包括状况报告、进步衡量和预测。对沟通概况、运作情况、阶段性评估、沟通活动进行全程分析。

4. 行政总结

产生、收集和传播信息，以此形成一个阶段或项目完成的成果，包括对沟通情况有评价性结论和展望性描述。

这些沟通过程之间以及与其他领域的过程之间相互作用。如果项目需要，每个流程可以由个人、多人或团体来完成。在每个项目阶段每个过程至少发生一次。虽然在这里列举的流程是分立的阶段并具有明确定义的分界面，但事实上它们互相交织、互相作用在一起（图8-1）。

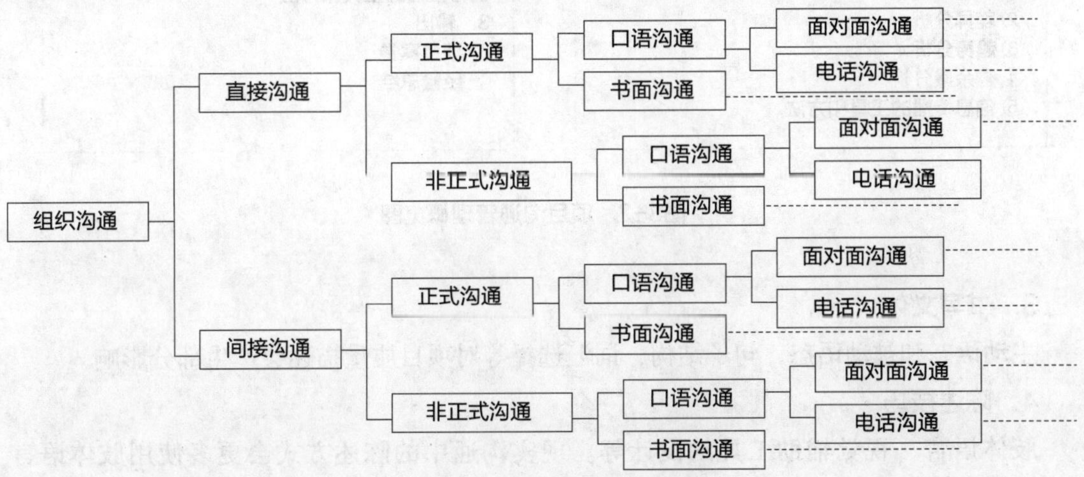


图8-1　沟通技巧关联项图解

（三）沟通技术

项目沟通（图8-2）的一般管理技术技巧跟项目沟通管理具有关联性。沟通本身也包括一些重要的知识体系，但是，并不局限适用于项目的重要知识内容。项目沟通管理主要包括以下内容。

1. 发送者

这是信息源，在项目管理活动中，只要是项目相关者都可能成为信息发送者。

2. 媒体选择

书面沟通、口头沟通。非正式的备忘录，正式的报告，还包括数字、文字、语言、声音、光、符号、图形、报表等都是信息载体及媒体。

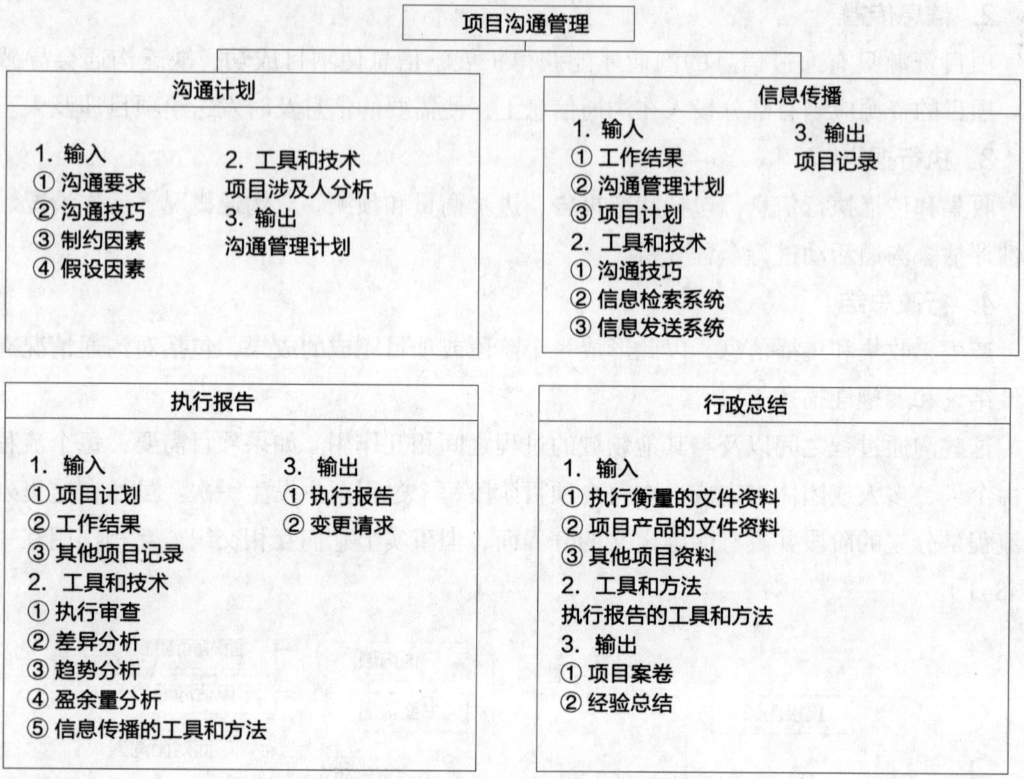


图8-2 项目沟通管理概览图

### 3. 书写文体

主动语态和被动语态，句子结构，词汇选择等对项目质量描述会产生部分影响。

### 4. 陈述技巧

肢体语言，视觉辅助工具的设计等。现实沟通中的陈述方式会更多使用肢体语言表达。

## 二、项目沟通计划

沟通计划（图8-3）包括决定项目涉及人的信息和沟通需求：谁需要什么信息、什么时候需要、怎么获得信息。虽然所有的项目都需要沟通项目信息，但信息需求和传播方式则有很大差异。确认涉及人的信息需求和决定满足需求的适当方式是项目获得成功的重要因素。

对于大多数项目，沟通计划的大部分工作作为项目前期阶段的一部分来完成。然而这过程的结果在项目进行中需要的时候应时常被复查和修订，以此方式确保计划持续的适用性。沟通计划常常与组织计划紧密联系在一起，因为项目的组织结构对项目沟通要求有重大影响。

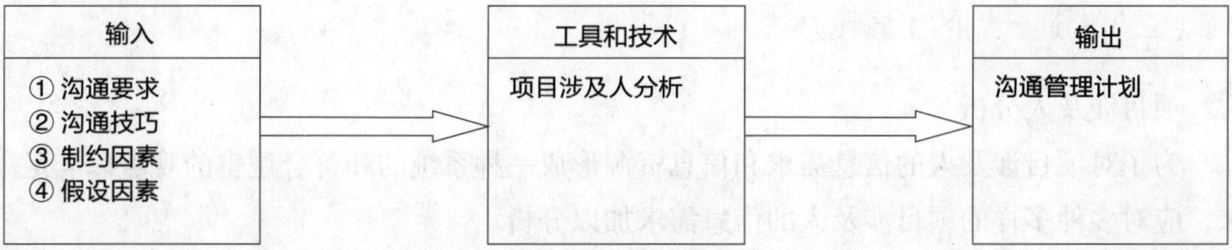


图8-3　沟通计划

（一）沟通计划输入

1. 沟通要求

沟通要求是项目涉及人信息需求的总和，需求应当结合信息类型和格式来具体定义。信息的类型和格式在信息的数值分析中必不可少。项目资源只有通过信息的沟通才能获得扩展。项目的资源应当考虑部分投入在沟通信息上。决定项目沟通通常需要的信息有以下几种：

（1）项目组织和项目涉及人的责任关系。

（2）涉及项目的纪律、行政部门、专业。

（3）项目所需人员的推算以及应分配的位置。

（4）外部信息需求，例如同媒体的沟通。

2. 沟通技巧

在项目的各层单位之间来回传递信息，所能使用的技术和方法可能差异很大。从简短的谈话到长期的会议，从简单的书面文件到即时查询的在线的进度表和数据库。可能影响项目沟通的技术因素有以下几种：

（1）信息需求的即时性。项目目的成功是取决于即时通知频繁更新的信息，还是通过定期发行的报告已足够?

（2）技术的有效性。已到位的系统运行良好吗?还是系统要做一些变动?

（3）预期的项目人员配置。计划中的沟通系统是否同项目参与方的经验和知识相兼容?还是需要大量的培训和学习?

（4）项目工期的长短。现有技术在项目结束是否已经变化以至于必须采用更新的技术?

3. 制约因素

制约因素是限制项目管理小组做出选择的因素。例如，如果需要大量的采购项目资源，那么处理合同的信息就需要更多考虑。当项目按照合同执行时，特定的合同条款也会影响沟通计划。

4. 假设因素

对于沟通计划中的目的来说，假设因素被认为是真实的确定的因素。假设通常包含一定程度的风险。它们可以在假设中确定一些活动，它们也可能是风险识别过程的输出。

（二）沟通计划的工具和方法

项目涉及人分析

为了对项目涉及人的信息需求和信息资源形成一种系统的和符合逻辑的观点以满足需求，应对多种多样的项目涉及人的信息需求加以分析。

此种分析应考虑那些适合于项目且能提供所需要信息的方法和技术。应注意避免在不需要的信息和不适合的技术上浪费资源。

（三）沟通计划的输出

沟通管理计划

项目沟通计划是项目整体计划中的一部分，它的作用非常重要，但也常常容易被忽视。很多项目中没有完整的沟通计划，导致沟通非常混乱。有的项目沟通虽然有效，但完全依靠客户关系或以往的项目经验，或者说完全靠项目经理个人能力的高低来实施。然而，严格说来，一种高效的沟通体系不应该只存在于观念中，也不应该仅仅依靠口头传授，具体落实到规范的计划编制中很有必要。因而，在项目初始阶段也应该包含沟通计划。

沟通管理计划是一个文件，它提供以下信息：

（1）收集和归档的结构，详细规定用来收集和贮存各类信息的方法。采用的过程应涵盖对以前已公布材料的更新、纠正、收集和发送。

（2）发送结构，详细的规定信息，状况报告、数据、进度、技术资料等，将流向谁那里，和使用什么方法（书面报告、会议等）来发布各类信息。此种结构必须与项目组织图表定义的责任和报告关系兼容。

（3）被发送的信息的说明，包括格式、内容、详细级别、使用的协议/定义。

（4）产品进度，显示每种类型的沟通什么时候产生。

（5）设计在排定的沟通中检索信息的方法。

（6）随着项目的进展，修订沟通管理计划。

## 三、信息发送

项目的信息发送（图8-4）是指将需要的信息及时地传送给项目涉及人，它包括实施沟通管理计划以及对突发的信息请求做出反应。

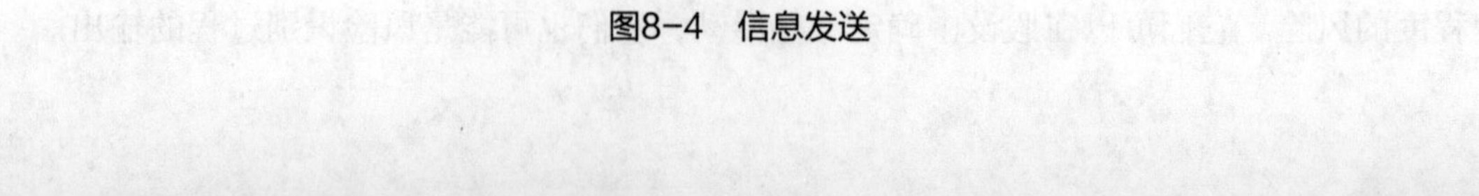


图8-4　信息发送

### （一）信息发送的输入

1. 工作结果

工作结果包括里程碑成果和各阶段工作情况记录，必须有相关问题提出，并对问题做出科学描述。

2. 沟通管理计划

完整的沟通管理计划描述了项目信息的收集和归档结构、信息的发布方式、信息的内容、每类沟通产生的进度计划、约定的沟通方式等。

3. 项目计划

项目计划是用于协调所有项目计划编制文件、指导项目执行和控制的文件。其关键组成部分包括项目简介或概览、如何组织项目的描述、用于项目的管理和技术过程，描写所要完成的工作的部分、进度信息和预算信息。

### （二）信息发送的工具和技术

1. 沟通技巧

沟通技巧用来保证交换信息的有效性。发送者有责任使信息清晰、没有歧义和完整，以便接收者能正确地接收。发送者也有责任确保信息被正确地理解。接收者有责任确保完整接收和正确地理解信息。沟通有很多种类型：书面的和口头的；内部的（项目内）和外部的（与客户、媒体、公众的沟通）；正式的（报告，指示等）和非正式的（备忘录，特别安排的谈话等）；垂直的（组织内上下级之间）和水平的（与同级别之间）。

2. 信息检索系统

项目小组成员可通过各种方法共享信息，这些方法包括手工案卷系统、电子文本数据库、项目管理软件，以及可以检索技术文件资料的系统（例如工程制图）。

3. 信息发送系统

项目信息可使用多种方法发送，包括项目会议，复印文件发送，共享的网络电子数据库，传真，电子邮件，声音邮件，以及电视会议。

### （三）信息发送的输出

项目记录

项目记录包括以信函、备忘录、报告和项目说明等形式存在的文件。应保证组织对这些信息的有效维护。项目小组成员应经常在项目笔记本中保留个人对项目活动信息的记录。

## 四、行政总结

项目在实现阶段性目标或因其他原因而终止后需要提供一个行政总结。行政总结（图

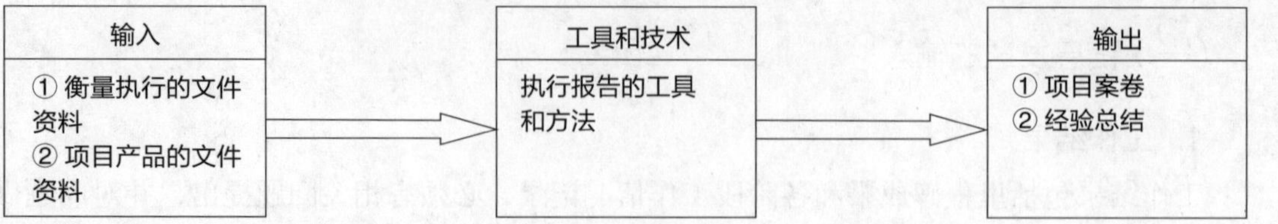


图8-5 行政总结

8-5）包括对项目结果的鉴定和记录，以便由发起人、委托人或顾客正式接受项目的产品。行政总结包括项目记录的收集、确保项目记录反映最终的设计书、项目成功和效益的分析以及对此类信息的立卷，以备将来之用。

行政总结在项目进行中不应被拖延，项目的每一阶段应以适当的方式结束，以确保重要和有用的信息不会被丢失。

## （一）行政总结的输入

### 1. 衡量执行结果的文件资料

为记录和分析项目的执行而产生的所有文件资料，包括为衡量执行情况而确立的框架及计划文件，这些在行政总结期间都需要进行复查。

### 2. 项目产品的文件资料

为说明项目产品包括计划、设计书、技术文件、图纸、电子文件等，这些所用术语因为使用的领域而有所差异，由此产生的文件也属于行政文件之列，在行政总结期间都需进行复查。

### 3. 其他项目记录

其他项目相关方的资料也应该整理在内，包括政府政策、社区情况、金融组织等。

## （二）行政总结的工具和技术

执行报告的工具和方法

执行报告的工具和方法包括执行复查、差异分析、趋势分析、盈余量分析等，就是对收集的信息进行组织和总结并且提出分析结果。执行报告按照沟通管理计划的规定提供各类项目涉及人所需求的详细的信息。这些信息的收集方式成为总结的工具和方法。项目总结必须有大量的数据和图标，对数字信息有很大的依赖性，所以，定量分析方法的实用性较强。

## （三）行政总结的输出

### 1. 项目案卷

项目索引记录的完整汇总材料应由合适的参与者准备好以完成立卷。与项目有关的历史数据库都要被更新，当项目在合同下完成或项目涉及重大的采购之时，对金融记录的立卷必须特别注意。

**2. 经验总结**

经验总结包括对项目过程的历史回顾，对以往工作活动的经验与失误的分析，策略以及方向的趋势性判断。

## 五、项目沟通效果

许多项目沟通中会出现以下情况：业主在检查项目阶段成果时，指出曾经提出的某个要求没有包含在其中，而这个要求早就以口头的方式告知过项目组的成员，但项目经理却无所知，而那位成员解释说把这点忘记了；或者，工程项目组的行动和业主的需求发生了偏差，造成了返工；或者，设计中使用了已经过时的标准；或者，由于分包方照图施工，造成项目缺陷；或者，由于设计、采购、设备、安装各专业组之间的配合不好，导致工期拖延等。这些问题产生的原因都与缺乏有效的沟通有关。

### （一）影响项目沟通效果的因素

以下是可能影响沟通效果的核心因素。

**1. 项目组主要成员的素质和能力**

项目组主要成员的素质和能力包括知识、经验、沟通能力、组织能力、团结协作精神、技术业务能力、责任心和果断决策的能力。项目组成员的素质越高，能力越强，在项目实施过程中沟通就越顺畅，项目按时、按质完成的可能性就越大。

**2. 项目经理的素质和能力**

项目经理发挥的作用往往对项目的成败起决定性作用，如果项目经理有良好的素质，尤其是有良好的沟通能力，他可以在和项目组成员交流、检查工作、召开会议等沟通过程中获取足够的信息，发现潜在的问题，控制好项目的各个方面，从而使项目顺利完成。

**3. 项目组成员对信息的态度**

项目组成员对沟通信息的态度是影响沟通的重要因素，如果项目组成员重视信息，不仅关心与本身工作有关的信息，而且关心项目目标、项目进度、业主要求等方面的信息的接收和发送，必然沟通效果就好；反之，则结果亦相反。

**4. 项目组成员的相互信任程度**

沟通是发送者与接收者之间“给”与“受”的过程。信息传递不是单向性的，而是双向性的，因此，沟通双方的诚意和相互信任至关重要。在项目沟通中，当面对来源不同的信息时，项目组成员最可能相信他们认为的最值得信任的那个来源的信息。

沟通的准确性与沟通双方间的相似性也有着直接的关系。项目组成员在性别、年龄、智力、种族、社会地位、兴趣、价值观、能力等方面相似性越大，沟通的效果就会越好。

**5. 信息传递层次的多少**

沟通信息传递过程中如果中间层次过多，那么，信息在传递过程中就容易产生失真或丢失。一项研究表明，项目发起人的决定通过五个等级后，信息损失达80%。

这是因为，在信息传递时，各个层次都会花时间把接收到的信息进行甄别，一层一层的过滤，在过滤的过程中还掺杂了大量的主观因素，尤其是当发送的信息涉及传递者本身时，往往会由于心理方面的原因造成信息失真。

6. 工程项目各接口协调情况

工程项目的接口主要包括：总承包方与业主、总承包方与分包方、总承包方与监理公司以及总承包方内部各专业组之间的协调问题，如果各接口之间的任务与责任明确，接口之间的相互推诿减少，沟通的效果就好；反之，沟通的效果就差。

7. 沟通计划的完备性

沟通计划是否详细而全面地描述了项目信息的收集和归档结构、信息的发布方式、信息的内容、每类沟通产生的进度计划、约定的沟通方式等；是否做好了各利益关系人信息沟通的需求分析，他们各自需要什么信息、如何传递等工作，对提高信息沟通效果影响较大。

（二）提供项目沟通效果的措施

1. 组建一个好的项目组

在组建项目部时，应当根据项目的复杂程度，结合知识、专业、能力、性格等要素优势互补的原则选配项目组的主要成员。高效的项目组织能形成良好的“团队精神”，减少不必要的交流和合作，以提高项目组的沟通效果。一个好的项目组应当具备完成项目任务，实现预期目标的能力，即使在项目遇到困难时，项目组也能发挥集体的力量去克服各种困难，使项目始终良好运行，这是一种系统能力，是通过项目组成员间的良好沟通和协作而体现出来的。

2. 建立完善的项目沟通管理体系

项目组因开展项目而成立，因项目完成而解散，各类项目一次性的特点决定了项目组成员为该项目协同工作的临时性。由于项目组的成员来自于不同的利益关系方，即使总承包方内部也有来自于不同职能部门的成员，成员间并不完全了解，如果不进行有效的沟通，成员间就根本无法协作，因此只有形成有效的沟通体系，成员间才能充分交流，分享信息，相互信任，互相支持。

建立良好的项目沟通管理体系首先应构建项目组的沟通网络，决定项目各关系人的信息沟通需求；明确网络沟通中各关系人的职责和权限；建立沟通反馈机制，信息发送出去并接收到之后，双方必须对理解情况作检查和反馈，确保沟通的正确性；建立定期检查项目沟通情况制度，保持信息沟通的顺畅和有效；做好沟通计划的编制、信息分发、绩效报告和管理收尾工作。

3. 正确处理工程项目各接口协调关系

（1）正确处理总承包方与业主的关系。总包方要正确理解业主的设计意图和要求，在设计中定期向业主汇报设计进展，交换意见。如果业主有好的建议，在不违反设计标准规范、设计初衷的情况下，尽量满足业主的设计变更要求，以创造良好的合作氛围。

（2）处理好与分包商的沟通协调关系。总包方应主动、积极、详细地向分包方介绍工程概况，技术要点和工程进度，并对分包方的工程进度和质量进行全程的跟踪控制，对各分包方项目运行中的各方面进行综合协调；各分包方作为项目的建设者，在项目运行中遇到困难，例如场地、材料、机具、人员、专利、技术等问题，要加强与总包方的沟通，通过总包方的及时沟通解决项目中出现的各种问题。

（3）正确处理总承包方内部的协调关系。作为项目管理者，项目内部是否协调一致尤为重要，由于项目涉及设计、采购、施工、设备安装、现场控制、资金筹集等，各项工作各专业组之间的协调也相当重要，总承包方要加强内部的协调沟通，形成全面统筹、信息畅通的内部管理格局。如设计组凭借技术优势，不但要对整个项目的技术负责，同时要对材料组订货提供技术支持，解决现场出现的各种技术问题；设备组要积极主动地与设计沟通，了解设计人员的意图，并随时与施工组保持联系，根据施工项目工期的要求，积极组织货源，保证工程按进度顺利进行；施工组要借助与设计人员的交流，保证项目质量，满足设计要求，同时将项目进度及时反馈给职能组，以保证资源能及时组织到位。

## 子项目2　项目合同管理

合同，是一个约束双方的协议，使卖方有义务提供规定的产品，并使买方有义务付款。合同是一种受承诺约束的法律关系。合同协议可简可繁，通常（但不总是）反映产品的简单性或复杂性。合同也可以称为协议、分包合同、采购订单。多数组织单位有成文的政策和程序指定能够签订这种协议的组织代表，一般称为采购当局的授权。

虽然所有项目文档都经过一定形式的审查和批准，但合同的法律约束性质常常意味着合同可能需要经过更广泛的批准过程。总之，审查和批准过程的重点是应保证合同文本的说明，能够满足指定需求的产品和服务。对于公众机构执行的重要项目，审查过程甚至包括协议的公众审查。

合同管理是确保卖方履行合同要求的过程。对于具有多个产品和服务承包商的大型项目，由合同关系的法律属性决定，项目队伍应强烈地意识到在管理合同中所采取行为的法律含义。

合同管理包括在合同关系中应用适当的项目管理过程，并把这些过程的输出集成到项目的整体管理中。当涉及多个承包商和多种产品时，这种集成和协调经常在多个层次上发生。必须执行的项目管理过程包括：

（1）项目计划的实施，用以授权承包商在适当时间进行工作。

（2）绩效报告，用以监控承包商成本、进度计划和技术绩效。

（3）质量控制，用以检查和核实分包商产品的充分性。

（4）变更控制，用以保证变更能得到适当的批准，并保证所有应该知情的人员获知变更。

合同管理也有财务管理的成分。付款条款应在合同中定义，并应建立卖方执行进度和费用支付的联系。

## 一、项目合同管理概述

### （一）物流项目合同管理概述

项目合同管理是指以《合同法》为依据，更新合同管理观念，做到“机构、人员、制度”三落实，运用科学理论和现代科学技术，诚实信用，提高企业效益，以服务企业根本利益为目的，依法进行订立、变更、解除、转让、履行、终止，以及审查、监督、控制等一系列行为的总称。

### （二）物流项目合同管理的特征

**1. 物流项目合同管理是现代管理观念和现代管理手段相结合的管理**

今天的企业与企业之间既相互竞争又相互依赖，因此合同管理的重大作用凸显。物流项目合同管理是现代企业管理不可或缺的部分，贯穿于企业经、技、贸交往，合资、联营、兼并和承包经营、租赁经营以及劳动分工之中。物流项目合同管理内容更具有广泛性，包括合同订立、履行、变更、解除、处理争议等各项内容，与企业计划、原材料采购、质量、技术、物流及成本核算等管理相融合。所以，企业必须树立科学的现代管理观念，同时，管理手段必须日益现代化，否则企业将难以驾驭和适应腾飞的经济建设、激烈的市场竞争和巨大的社会进步。

**2. 物流项目合同管理是物流企业发展的自我管理**

物流项目合同管理是物流企业集经济手段、行政手段、法律手段于一体，对企业自身订立合同和签订合同进行的自我审查、自我监督、自我控制，以达到自我约束、自我保护、自我发展的目的。

### （三）物流项目合同签订的注意事项

项目团队在签订物流项目合同时应注意以下几点。

**1. 所签合同要合理**

物流项目合同中要考虑双方的利益，达到双赢的目标，这点很重要。如果只考虑一方赚钱，而使另一方无利可图，这样的合同即使签下来，履约中也会出现各种问题。实践证明，如果双方的理念一致，且所签合同的目标相同，履约中一般就不会产生什么问题，即使有问题也较容易解决。

2. 所签合同要完善

物流商与客户签订合同是一种非常复杂的过程，任何一方如果在签约前考虑不周或者准备不足，都有可能在未来执行合同的过程中出现问题。此外，合同的执行标准及衡量标准是客户与物流商在签约时首先应协商解决的问题，但在实践中，大量的合同根本未对此做出规定，导致双方在执行合同时对所提供的服务方面产生争议。许多合同只规定双方交易的主要条款，却忽略了双方各自应尽的责任和义务，特别是违约应承担的责任。这样，无形中等于为双方解除了应负的责任，架空了合同或削减了合同的约束力。

3. 明确双方当事人的签约资格

物流项目合同是具有法律效力的法律文件。因此，要求签订物流项目合同的双方都必须具有签约资格。否则，即使签订合同，也是无效的合同。在签约时，要调查对方的资信情况，应该要求当事人相互提供有关法律文件，证明其合法资格。一般来讲，重要的谈判签约人应是董事长或总经理。有时，虽在具体业务谈判中出现签约的不是上述人员，但也要检查签约人的资格，如了解对方提交的由法人开具的正式书面授权证明，常见的有授权书、委托书等。了解对方的合法身份和权限范围能保证合同的合法性和有效性。

4. 明确服务范围、条款

许多人往往忽视了服务范围的重要性。在与客户第一次签订合作合同时，一定要对“服务范围”给予一个明确的界定，包括如何为客户提供长期的服务、服务的具体内容、服务到何种程度及服务的期限，总之，要对服务好到何种程度有一些具体的规定。合同中的条款应明确无误，不能重复，更不能出现前后矛盾的情况。

5. 不要误导客户

项目团队不要为了争取客户而使其产生误解，将提供的服务视为灵丹妙药，认为项目可将客户所有的毛病都连根治愈。应让客户认识到，没有一个方案能十全十美地解决企业的全部问题；即使要解决某一方面的问题，也需要有详尽的策划、充足的时间，以及付诸实施这样一个过程，最终才能见效。

6. 避免操之过急

许多企业在尚未做好任何准备的情况下就去寻求项目团队的帮助，并对项目团队寄予过高的期望匆匆签约，或许他们有太多的、迫在眉睫需要解决的问题，但这样做的结果往往会带来忙中出错的后果。

7. 确保合同具有可行性

专业性较强的企业在签约前应向有关专家咨询，甚至请他们参与谈判，分析企业生产、管理的特殊性、特殊要求及需要特别注意的问题，避免留下难以弥补的后患。而对于项目组经过努力仍无法做到的，千万不要轻易承诺。

8. 合同文字不要含糊不清，模棱两可

有些物流项目合同条款写得含糊不清，模棱两可，导致在执行过程中往往争议纷纷，甚至遗祸无穷。例如，某一合同中有这样一条：“合同生效后不得超过45天，乙方应向甲方缴纳××万美元的履约保证金……超过两个月未能如期缴纳，则合同自动失效。”这里“两个月”究竟从哪一天开始算起，是合同生效之日开始算起还是合同生效45天以后算起，写得不明确。

9．必须考虑经济性

项目团队接受和签订的协议影响最终能产生效益的项目，而适当水平的物流成本开支必然与所期望的服务表现有关。要获得企业的领导地位，关键是要掌握使自己的能力与关键客户的期望和需求相匹配的艺术，对客户的承诺是形成战略的核心。一个完善战略的形成需要具有对未实现所选方案的服务水平所需成本的估算能力。

## 二、项目采购管理

### （一）采购规划概述

1．采购的定义

采购是从系统外部获得货物、土建工程和服务（以下统称商品）的完整的采办过程。货物采购是指购买项目建设所需的投入物（如机械、设备、材料等）及与之相关的服务；工程采购是指选择工程承包单位及其相关的服务。咨询服务采购主要指聘请咨询公司或咨询专家。

项目缺少不了采购。项目的采购工作是项目执行中的重要一环。如要做好企业中长期的战略规划，“采购”（聘请）专业公司咨询服务是完全必要的：建设一个现代化的物流配送中心必须慎重地选择工程的承包商；而立体自动化物流仓库还需要大量地采购可调整货架、专用（带有起重平台）装卸货小车、辊式输送机、条码印表机、信息采集机RF（Radar Frequency）传输设备等；企业物流业务的“外包”更需要挑选理想的战略合作伙伴。这些都属于采购规划要解决的问题。因此，在项目实施过程中，就有必要选择适当的采购方式。如果采购的产品不符合项目设计预订的要求，将直接影响项目质量，严重时会导致项目的失败。因此，规范项目采购可以有效地降低物流项目成本，促进项目的顺利实施和按期完成。

2．采购方式

采购按方式可以分为招标采购和非招标采购。

（1）招标采购。由需方提出招标条件和合同条件，由许多供应商同时投标报价。通过招标，需方能多获得价格更为合理、条件更为优惠的供应。对受客观条件限制和不易形成竞争的项目则可以采取协商议标的方式。

（2）非招标采购。需方直接与某供应商按协议价格采购。它可以分为询价采购和直接采购等。

1）询价采购。即比价方式，一般习惯称作“货比三家”。先收集来自几家供应商（至少3家）所提供的报价，然后将各个报价进行比较，其目的是确保价格的竞争性。这种方式无须正式的招标文件，具体做法同一般的对外采购区别不大，只不过是要向几个供应商询价来进行比较，最后确定采购的厂家。它适用于项目采购时即可直接取得的现货采购，或价值较小的、属于标准规格的产品采购。

2）直接采购。直接采购是指在特定的采购环境下不进行竞争而直接签订合同的采购方法。它主要适用于不能或不便进行竞争性招标或竞争性招标优势性不存在的情况。例如，有些货物或服务具有专卖性质，只能从一家制造商或承包商处获得；在重新招标时没有家承包商愿意投标等。

### 3. 物流项目采购规划的内容

物流项目采购计划是在考虑了买卖双方的关系之后，从采购者（买者）的角度考虑物流项目的哪些需要可以通过从物流项目实施组织外部采购产品和设备来得到满足。物流项目采购规划一般要对下列事项之一做出决策。

（1）通过一家总承包商采购所有或大部分所需要的货物和服务。

例如，某企业可以选择一家系统集成公司来构架公司的计算机网络和开发管理信息系统软件。在这种情况下，从询价到合同终止的各个过程，采购只需要实施一次。

（2）不采购货物和设备。对于研究型、科技开发项目（如企业内部管理体制改革、作业流程优化等），从询价到合同终止的各个过程采购都不必实施。

（3）向多家承包商采购需用的货物和服务。对于配送中心建设的工程类项目，需要在实施过程中不断向不同供应商采购材料和电器等设备。此时，在从询价直至合同终止的各个采购过程中，每一个采购活动都实施次。对于采购量大的项目，需要引入一定的订货策略或咨询采购专家。

## （二）咨询 / 服务项目采购

### 1. 咨询服务的内容

（1）物流项目投资前研究。对于投资规模较大的项目（如工程类建设项目），在项目确定之前必须进行必要的市场调查与项目可行性研究。将项目委托给专业性的咨询公司有利于减少外界的不良影响，依靠科学的分析方法和手段，从实际出发，对项目进行全面的、客观的、公正的评价，以减少可能的投资失误或项目失败。

（2）项目准备性服务。指为了充分明确项目内容和准备实施项目所需的技术、经济和其他方面的工作，如项日建议书拟定、工程项目设计（包括投资概算与运营费估算）、物流中心的配送方案策划、招投标代理等。有时还包括与编制采购文件有关的服务，如确定保险要求、预审专利人和承包人的资格、分析投标书，提出投标建议等。

（3）执行项目采购。指工程监理和项目管理，包括检查和督促工作，审核承包商和供货商出具的发票以及与合同文件的解释有关的技术性服务。还可以包括协助采购并且协调同一项目的不同承包商和供货商的投入，以及在开始和营运阶段的各种设施。

（4）技术援助。指其他支持投资人或业主项目管理方面的咨询服务。例如，产品开发计划、企业重组规划、人员技术培训等。

**2. 咨询/服务采购与工程采购的区别**

（1）业主提出的任务范围不同。咨询/服务采购的业主在邀请之初提出的任务范围不是已确定的合同条件，只是合同谈判的一项内容，咨询公司和供应商可以，而且往往会对其提出改进建议；而工程项目采购的内容则是正式的合同条件，投标者无权更改，只能在必要时按规定予以澄清。

（2）选聘的条件不同。咨询/服务采购项目的选聘应当以技术方面的评审为主，选择最佳的被委托人，有时不以价格最低为主要标准；而工程项目采购一般是以技术达到标准为前提，通常将合同投授予报价最低的投标者。

（3）对业主的投标书的处理方式不同。咨询/服务采购项目中，被委托人可以对业主的任务大纲提出修改意见；而工程项目采购的投标书必须以招标书规定的采购内容和技术要求为标准，达不到标准的即为废标。

（4）公布结果的方式不同。对于咨询服务项目承包商的选聘可以不进行公开招标，不宣布应聘者的报价。对于晚于规定期限送到的建议书，也不一定宣布无效而退回；而工程项目采购则要求公开招标，宣布所有投标者的报价，迟到的投标书作为废标。

### （三）项目采购规划技术

项目实施组织对需要采购的产品拥有一定的选择权，对于项目所涉及的货物（产品或设备）的采购，通常运用以下技术进行选择。

**1. 自购还是外租分析**

对于项目中需要的一些独立的设备（如可移动式机械、车辆等），既可以采取自我购置长期使用，也可以针对项目一次性、临时性的特点，采用短期租借的方式，以节省项目资源使用成本。如一家第三方物流企业在承揽一项配送合同（项目）时，车辆运力不足或车辆种类不符带来的是运力补充或调剂的问题。管理技术中常用的平衡点分析法可解决自购或外租的决策问题。

【例8-1】A物流企业承接了某配送项目。根据3年的合同要求，必须用4辆冷藏货车送货，而企业尚未配置此类货车。若为此项目购置冷藏车，购置费为25万元辆，年营成本为3.5万元（辆·年）若考虑到项目合同期的长短，采用租车方案，年租车开销约8.5万元/（辆·年）。试问：该企业如何根据项目的寿命期进行决策？

解：单纯从成本有利的角度，两者的项目寿命平衡点分析如下：

设m为项目寿命期的年份数；就单个冷藏货车而言，若存在寿命平衡点n则有 $25+3.5n=8.5n$

解得：$n=5$（年）。

如图8-6所示，由平衡点可得出以下两点结论：

（1）当项目寿命期n<7时，宜采用租车方案，以减少投资的风险。由题意，A企业首

次进入冷藏货运市场，经验不足。当签订的合同仅为3年，而且合同执行中达不到客户的要求时，随时可能中止合同的执行。因此采用保守的决策，即租车方案。

（2）当项目寿命期n7>n时，可采用购车方案，为企业的发展奠定基础。当前A企业正在积极努力改制，以适应物流市场发展。以此为契机，通过改善项目的运作体制与机制，为客户提供满意的服务，很有可能续签合同。因此，从发展和竞争的角度，可选择购车方案。

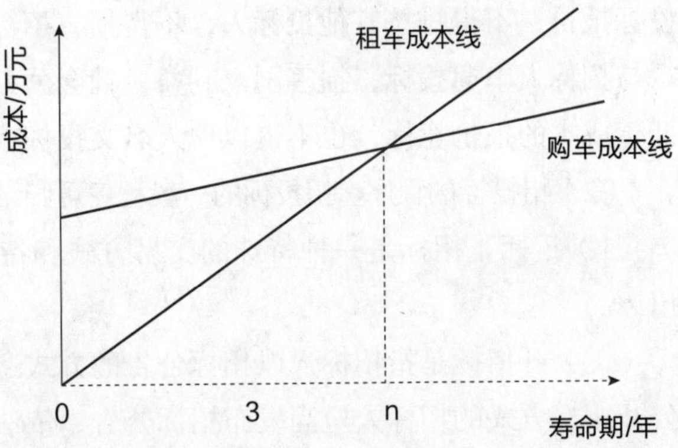


图8-6 平衡点分析图

2. 短期租赁或长期租赁分析

当某些项目需要短期用到某特种设备时，专门购置会造成浪费，因此可从市场上去租赁。至于是短期租赁还是长期租赁，通常取决于财务上的考虑。根据项目对某租赁品的预计使用时间、租金大小来分析短期租赁与长期租赁的成本平衡点。

【例8-2】某项目因外租某台特殊设备，若短期租赁，租金为每天150元；也可以长期租用，租金为每天90元，但须额外交纳固定手续费用6000元。问如何选择？

解：设预计租期为X天时，长短期租赁费用相等，则有90X＋6000＝150X。解得：X＝100（天）。

建议：从节约租赁成本考虑，若预计租用设备不超过100天，应选择短期租赁：若预计租用设备超过100天，则选择长期租赁更经济。

## 三、项目招投标

招投标是市场竞争的重要方式之一。当前，越来越多地使用招投标方式进行，而且招标、投标已从企业扩展到政府、非营利单位。企业应充分运用招投标方式获取项目。

招投标概述

1. 招投标的定义

招投标是在市场经济条件下进行大宗货物的买卖、工程建设项目的发包与承包以及服务项目的采购与提供时所采用的一种交易方式。

2. 招投标的原则和程序

（1）招投标的原则。招标投标活动应当遵循公平、公正、公开和诚实信用的原则。招标人不得向他人透露已获取招标文件的潜在投标人的名称、数量以及可能影响公平竞争的有关招标投标的其他情况。对于招标人设有标底的，标底必须保密。投标人不得相互串通投标报价，不得排挤其他投标人，不得损害招标人或者其他投标人的合法权益。投标人不得与招标人串通投标，损害国家利益、社会公共利益或者他人的合法权益。投标人不得以低于成本的报价竞标，也不得以他人名义投标或者以其他方式弄虚作假，骗取中标。

（2）招投标的程序。招投标的一般程序可归结为招标、投标、开标、评标、中标、签约。

1）招标。招标是一种特殊的交易方式和特殊的订立合同程序，分为公开招标和邀请招标。

①公开招标是指招标人以招标公告的方式邀请不特定的法人或者其他组织投标。采用公开招标方式的招标人应当发布招标公告，依法进行招标项目的招标公告，应当通过国家指定的报刊、信息网络或者其他媒介发布。

②邀请招标是指招标人以投标邀请书的方式邀请特定的法人或者其他组织投标。招标人采用邀请招标方式的，应当向3个以上具备承担招标项目的能力、资信良好的特定的法人或者其他组织发出投标邀请书。邀请书应当载明招标人的名称和地址、招标项目的性质、数量、实施地点和时间以及获取招标文件的办法等事项。招标人应当根据招标项目的特点和需要编制招标文件。

2）投标。投标是指投标人（指响应招标、参加投标竞争的法人或者其他组织）接到招标通知后，根据招标通知的要求填写招标文件（也称标书），并将其送交给招标人的行为。投标人应当按照招标文件的规定编制投标文件。投标文件通常可分为商务文件、技术文件和价格文件。

①商务文件。这类文件是用以证明投标人履行了合法手续及招标人了解投标人商业资信、合法性的文件。一般包括投标保函、投标人的授权书及证明文件、联合体投标人提供的联合协议、投标人所代表的公司的资信证明等，如有分包商，还应出具资信文件供招标人审查。

②技术文件。如果是建设项目，则包括全部施工组织设计内容，用以评价投标人的技术实力和经验。技术复杂的项目对技术文件的编写内容及格式均有详细要求，投标人应当认真按照规定填写。

③价格文件。这是投标文件的核心，全部价格文件必须完全按照招标文件的规定格式编制，不允许有任何改动，如有漏填，则视为其已经包含在其他价格报价中。

3）开标。开标应当按照招标文件规定的时间、地点和程序以公开方式进行。

开标由招标人或者招投标中介机构主持，邀请评标委员会成员、投标人代表和有关单位代表参加。投标人检查确认投标文件密封后，由有关工作人员当众拆封、验证投标资格，并宣读投标人名称、投标价格以及其他主要内容。投标人可以对唱标作必要的解释，但所做的解释不得超过投标文件记载的范围或改变投标文件的实质性内容。开标应当作记录，存档备查。

4）评标与中标。评标应当按照招标文件的规定进行。

招标人或者招投标中介机构负责组建评标委员会。评标委员会由招标人的代表及其聘请的技术、经济、法律等方面的专家组成，总人数一般为5人以上单数，其中受聘的专家不得少于总人数的2/3。与投标人有利害关系的人员不得进入评标委员会。评标委员会负责评标。评标委员会对所有投标文件进行审查，对与招标文件规定有实质性不符的投标文件，应当决定其无效。评标委员会可以要求投标人对投标文件中含义不明确之处进行必要的澄清，但澄清不得超过投标文件记载的范围或改变投标文件的实质性内容。评标委员会应当按照招标文件的规定对投标文件进行评审和比较，并向招标人推荐1～3个中标候选人。招标人应当从评标委员会推荐的中标候选人中确定中标人。中选的投标者应当符合下列条件之一：满足招标文件的各项要求，并考虑各种优惠及税收等因素所报投标价格最低的；最大满足招标文件中规定的综合评价标准的。

5）签约。招标人或者招投标中介机构将中标结果书面通知所有投标人，招标人与中标人按照招标文件的规定和中标结果签订书面合同。

### 3. 招投标中有关文书的基本格式和要求

（1）招标邀请通知书。招标邀请通知书一般由以下几个部分组成：

1）标题。即“招标邀请通知书”。

2）称谓。抬头顶格写邀请单位名称。

3）正文。用以说明招标目的的依据以及招标具体事项。如果另有招标公告或招标启示，则不需要就招标事项进行详细说明，只需声明随函邮寄即可。如果没有招标公告或招标启示，则应将其内容列入招标邀请通知书。

4）署名署时。写明招标单位全称、地址、联系人、电话、时间等。

（2）招标申请书。招标申请书是招标单位在发布招标公告之前，向招投标主要部门报送进行招标的请求文件。

（3）招标公告。向社会公开招标可以采用招标公告方式。招标公告由招标人设立的招标委员会发布，其内容主要包括：招标委员会的名称，招标采购产品或服务项目的主要性能、规格、数量、方式，投标人资格预审要求，索取招标书的时间、地点、手续。招标通告必须经招标委员会主席签字方予以公布。

（4）投标预审资格申请书。在招标过程中，凡愿参加投标的单位必须领取或购买资格预审文件，以提供相关资料供招标委员会或招标单位审核，同时应呈交申请书，而资格预审文件清单也应一起附上。

（5）投标申请书。投标申请书是投标单位按照招标公告在规定的时间内递交的要求参加投标的申请书，以供各招标单位审定招标资格用。通常，只有在投标申请获准后才能拟写投标书。

（6）投标书。投标书（简称标书）是投标者按照招标的要求向招标单位报送的文书。标书应按一定次序装订成册，装订成册的标书应配以封皮。封皮应有招标单位的名称，附以简要文字如“现送上××××投标书正本一份，请审核”、投标单位名称和负责人、投标日期等。

## 复习与思考

1. 项目沟通管理的含义与内容是什么?
2. 有效沟通的障碍是什么?
3. 项目冲突一般包括哪些类型?
4. 项目招投标的程序是怎样安排的?

实训操作·任务9

# 项目结束管理

**任务目的** 了解项目终止的4种主要形式、项目正式收尾的7个关键步骤、项目提前终止的关键原因和项目最终报告的任务和组成部分。

**实训任务内容** 各小组完成课程项目的最终报告，在课堂展示课程项目的报告和最终交付成果。

- ❑ 一、项目终止的类别
- ❑ 二、自然终止：项目收尾过程
- ❑ 三、项目的提前终止
- ❑ 四、项目终期报告
- ❑ 结论

## 一、项目终止的类别

项目收尾代表项目已经成功完成，并且需要一套系统的收尾方法论，尽管如此，项目因为多种原因而终止的情况还是比较常见的。项目终止的类型主要有四种。

### 1. 绝对式终止

这个过程发生在项目得出成功或者不成功结论的时候。在成功的情况下，项目交付给目标用户，并且所有收尾活动也已经分阶段完成。项目的最终预算要接受审核，项目团队开始转向新的任务，项目使用的主要资产要根据公司政策或合同条款进行疏散或转交。

### 2. 附加式终止

这种方法结束项目的方式就是使项目正式成为总公司的一部分。例如，假设苹果电脑出色地完成了一个硬件设计项目，公司并没有解散项目团队，而是将其作为项目组织之外的一个独立运作团队。实质上，这个项目被“提升”到公司正式的、分层级的地位。它的确终止了，但是它的成功却令该项目团队成为公司结构新的组成部分。

### 3. 集成式终止

集成是处理成功项目的一种普遍方法，但它相当复杂。随着项目的结束，项目资源，包括项目团队在内，被重新整合到组织的现有机构。在矩阵型和项目型组织中，完成项目任务的人员回到各自的职能部门，或者等待新的项目任务。在这个过程中，流失关键组织成员的现象并不少见。他们可能十分喜欢项目团队的氛围和成就，对组织的重新整合毫无兴趣，因而会离开公司，寻找新的项目挑战。例如，一名项目经理领导了一个项目，这个项目是为美国缅因州波特兰市开发和引进的一套地理信息系统（GIS），项目完工后，他并没有接受系统管理员的职位，而是马上离开了。因为他认为管理项目比维持项目更富有挑战性。

### 4. 自灭式终止

自灭式终止的发生有许多原因。可能是政治因素要求项目正式地“载入史册”，即使组织无意成功实施项目，或者并没有料到项目的成功。项目可能有一个强大的赞助者，该赞助者需要为其青睐的项目筹措资金，也有可能是由于预算削减，组织不得不将多个项目记录存档，等待经济状况改善时再恢复。麦瑞蒂斯（Meredith）和曼特尔（Mantel）认为自灭式终止并不是一种直接的终止行为，而是逐渐削减预算直至项目无法实施，是一种故意的忽略行为。

## 二、自然终止：项目收尾过程

当项目接近自然终止阶段时，项目团队有必要采取一系列的收尾活动。图9–1列举了一个识别项目团队和经理的最后义务和责任的简单模型。如果水平线代表时间，可以看出这些活动既有按顺序发生的，也有并发的。例如，有些活动，像完成工作、交付产品、验收产品，它们是连续发生的，从上一个活动到下一个活动。这些活动完成的同时，其他活动并发进行，像完成项目文档、记录存档、解散项目团队。所以，项目收尾过程仍然比较复杂，需要多个活动在限定的时间内完成。下面将按照顺序讲解这些活动和步骤。

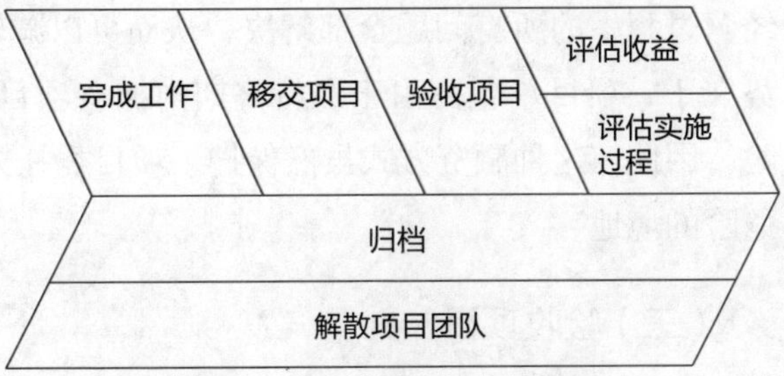


图9-1 项目收尾管理的要素

（一）完成工作

项目即将结束时，仍然有许多工作等待最后的完善或“修饰”，例如软件包的最终调试。同时，项目人员有失去工作重心的自然倾向，他们开始思考新的项目任务或即将发生的团队解散。项目经理的任务就是保证团队成员集中精力完成最后的活动，尤其是在项目的主要部分完成之后。完成最后工作要求使用检查表作为控制策略。例如，建筑完工后，承包商会带领新业主将建筑从头到尾看一遍，以便在项目完工之前确定剩余的工作清单。

对项目经理而言，完成最后的工作就像技术或管理问题一样，是一项富有刺激性的挑战。检查表及其他简单的控制策略是最后工作的重要组成部分，它提醒项目团队，尽管大部分工作已完成，但项目仍然尚未完工。使用剩余工作清单也表明，即使是最成功的项目，也有必要在客户验收之前采取修改和调整措施。

（二）交付项目

将项目交付给目标用户既是一个直接的过程，也是一个高度复杂的过程，它取决于合同条款、委托人（组织内部或外部的）、环境条件及其他间接因素。它本身就是一个正式的项目所有权移交的过程，涉及所有的交付条款和条件。项目交付的过程要求编制计划，并采取具体的步骤和措施。它不仅要实现项目所有权的转移，还要为用户建立培训计划，转让和共享技术方案和特色，使所有的设计和制造的详细说明清晰有效等。由于所有权转移过程相当复杂，所以项目交付需要周密的计划。

在大型项目中，交付项目是一个常见的风险管理过程，特别是对那些拒绝初次接受项目的国外客户来说，他们多在项目承包商证明了项目的生存能力之后才肯接受项目。在英国，这个过程通常被称为私人主动融资（Private Finance Initiatives, PFI），用于解决项目协议机构过于暴露的财政问题。例如，假设某公司刚以15亿美元的成本在博茨瓦纳（Botswana）修建了一所铁矿石熔炼厂。对博茨瓦纳来说，这种投资极具风险，它会首先要求熔炼厂试运行一段时间，以证明技术上的合格性。这种理念就是建设—经营—转让（Build, Operate, and Transfer, BOT），它适用于大型项目，能够在短期内减轻项目的最终所有者的风险。BOT的优化就是BOOT，即建设—拥有—经营—转让（Build, Own, operate, and Transfer）。在BOOT合同下，项目承包商最先在特许期内拥有项目的所有权，直到将经营过程中的所有问题全部解决，从而可以减轻委托方的财务风险。采取BOOT合同的劣势在于，项目承包商由于在特许期内拥有项目的所有权，所以不得不承担较大的财务风险。因此，这种融资方式虽然保护了项目委托方，但是，倘若项目失败，承包商就会陷入危险的境地。

（三）验收项目

对项目关键成功因素的一项研究表明，客户验收是项目成功与否的重要决定因素。客户验收代表这样一个认知过程：简单地把项目移交给客户，不足以证明客户对它的满意程度，也不能证明它的用途和客户从中获得的收益。但是，根据经验来看，获得客户的验收与认可是相当棘手和复杂的，因为客户对自身的能力和掌握的技术不是十分有把握。例如，在交付IT项目的过程中，客户在初次面对最终产品时，通常要经历一个迷惑和模糊的阶段。有些客户会故意毫无理由地拒绝接受项目，因为他们害怕一旦接受项目，就会失去要求修改和纠正明显错误的权力。因此客户是否能快速接受该项目，要取决于项目团队在项目实施过程中与客户的沟通程度，如果出现客户拒绝接受项目的情况，那么最终产品一般来说不是客户所实际期望的产品。

因为获得客户的验收认可是一个复杂的过程，所以，项目团队有必要提前编制计划，既方便最终产品的交付，也减少了项目所有权转移的程序。这个过程说明，在编制项目实施计划的时候，也要制定项目的交付和使用计划。项目团队应该对自己提出一些尖锐的问题，比如，“客户对项目提出了什么目标，何时完成?”“如何消除客户对项目的商业和技术价值的顾虑?”

（四）评估收益

启动项目是为了解决问题，抓住市场机遇，或者实现某个目标或目标集。因此，项目完工的收益应该很容易判断；事实上，实施项目的真正目的是为总公司获得收益。收益评估这一思想表明，无论是对外部客户还是对项目组织内部，项目团队都要对项目创造的价值进行评估。当然，收益有多种形式，而且都与项目有关。例如，在建筑项目中，收益可能产生于公众从审美或使用角度对项目的称赞。对一个软件项目而言，收益有可能提高运营效率，如果项目是针对商业市场的话，还有可能提高利润和扩大市场份额。收益评估的要点是项目组织应该认识到项目完工的积极成果。

当然，在实际情况下，准确评估项目收益可能相当困难，尤其是评估短期收益。例如，在一个安装和修改企业资源规划（ERP）软件包的项目中，只有当软件包能够在计划、采购、库存和生产资料的使用上节约资金时，收益才会发生。在消除软件包中所有的程序缺陷之前，ERP系统的真正收益在几年时间内可能都不明显。还有一种情况，一个运营良好而成本低廉的项目，由于没有预见到竞争对手的技术飞跃，导致项目在市场上没有立足之地。这样，无论项目运营得多么完善，其结果都是失败的。

例如，有人认为，艾美加（Iomega）如果继续采用Zip驱动存储技术实施新项目，那么它将不可能在20世纪90年代末期处于本行业的市场领导地位。它采用了性能更强、价值更高的微电子存储技术，这种创新手段事实上已经导致上一代基于Zip驱动技术的磁媒体陈旧过时。

开始评估项目收益的关键一点是，首先开发一个有效实用的测量系统，以确定项目的目标、时间框架、项目运行过程中的职责和评估的价值额度。例如，一个项目评估系统至少应该包含以下几项：

（1）衡量产品或服务收益的标准。

（2）测量或评估发生的时间点。

（3）按照协议方式和协议时间进行测量和评估的责任人。

最后，这些问题必须提前弄清楚，或在项目范围说明书中说明，或在实施过程中解决。

（五）评审实施过程

项目收尾最重要的工作之一就是深入分析“经验教训”，这个分析以项目评审为基础——项目进展过程中的成功与不足、无法预见的困难以及对未来项目的建议。在这个阶段，即使是在那些正在总结经验教训的组织，也仍然会有错误发生，包括：

（1）没有正确识别系统错误。一般人倾向于把失败和错误归咎于外因，而不是内因。例如，“客户更改规范书”这种理由就比坦白地承认“没有尽力了解客户的需求”来得容易。与这种错误紧密相关的就是把错误看成偶然的或一次性的事件。许多项目管理人员偏向于简单的解决方式，认为错误是无法预见的原因造成的，并且仅此一次，不可能在未来再次出现，他们并没有去调查错误是否是由项目管理系统的潜在问题导致的。

（2）误用或误解基于事件的经验教训。当项目团队或项目评审人员错误地认知问题起源的时候，误解就发生了。有时候还会出现这样的情况，从一个已终止项目中得出的正确教训，要么被忽视，要么被歪曲，以迎合大众的观点。例如，一个电脑制造商自信地认为他们的技术优于竞争对手，因而无论是在公司内部，还是在与潜在顾客交流的会议中，他们都固执地对任何反对意见熟视无睹。当项目在市场上宣告失败时，公司员工大多还认为是市场无力支持新产品，而没有去考虑几个月前就出现的误导项目的数据。

（3）没有吸取以前项目的经验教训。毫无疑问，组织的项目是不连续的、一次性的任务，但是，项目之间仍然有重叠的部分，特别是在一个公司内部，这使得吸取的经验教训非常有用。这些经验教训是组织学习颇有价值的形式，项目管理初学者可以学习这些经验教训，借鉴其他管理人员提供的有关过去项目的信息。成功的经验教训学习高度依赖于高层管理者对关键历史信息归档过程的强制执行。从某种程度上来说，所有的项目都是独一无二的。但是，独一无二不能作为不汲取教训的借口。例如，美国军队就把过去项目的教训做成电子文档并保存下来。所有的项目管理人员都被要求根据他们开展项目的类型，对以前的记录进行学习，以提前对可能出现的问题制定详细的应对措施。

要从经验教训学习会议中获得最大的收益，项目团队应该遵循下面3条重要的指导方针：

一是为会议的参与方制定明确的行为规则。所有人必须了解，有效的沟通是从教训学习会议中获得持续收益的关键。整个气氛应该是促进交流的，而不是抑制交流。

二是尽可能客观地描述发生的事情。一般人习惯对项目的突发事件冠以“混乱”的头衔，尤其是在这些事情使他们无力招架的时候。经验教训学习会议的目的就是尽可能从不同的角度，客观地概括一系列的事件，以重新整理事件发生的顺序、问题的触发源以及无法沟通和误解之处等。

三是把重点放在问题上，而不是过失上。把重点放在要解决的问题上，经验教训学习会议才能发生作用。一方面，如果会议被高层管理者用来寻找失败项目的替罪羊，就会失去价值；另一方面，如果项目人员发现会议是思考关键事件，以更好地指导实践的机会，那么，任何对过失的掩盖都会消失，所有的人都将致力于解决问题。

（六）归档

项目的终结需要大量的书面工作，包括评论、记录、结束资源账目，如果有必要，还需跟踪合同协议和已履行的条款。归档阶段的要素包括：

（1）文档。所有相关的项目记录都应该归档，并保存于中心储存库中，以方便他人查阅。这些记录包括所有的进度和计划文档、监督和控制文件、材料和资源的使用记录、顾客的订单变更请求、规范变更批准书等。

（2）合法。所有合同文件必须记录和归档。包括合同条款和条件、依法追索权、惩罚或奖励条款，以及其他相关的法律记录。

（3）成本。必须谨慎结清所有的核算账目，包括成本核算记录、材料或资源清单、主要采购单、折扣单以及其他的预算科目。同时，和项目相关的所有账户必须结清，项目账户中未使用的资金和预算也要返还到总公司的预算中。

（4）人员。项目团队成员的成本和费用必须明确核算，包括他们在公司的投入和已核定的日常费用。而且，项目的任何非薪职人员，像承包人和顾问，必须根据协议在项目结束后解散，与他们相关的账目也应该清楚核算并终止。

一个详细的项目签收文档最重要的是一系列的项目评审，包括：

（1）总体项目规划和项目管理确认——评估项目的总体规划、计划、资源、成本和风险。

（2）商业确认——确定推进项目的“商业环境”依然有效。

（3）市场和销售确认——基于定价策略、销售预测、顾客反馈。

（4）产品质量确认——核实所有的设计评审和相关的变更请求。

（5）制造确认——确认制造质量、生产能力和生产过程。

（6）物流供应链确认——保证项目的供应链、配送和供应质量达到可接受的标准。

（7）售后服务确认——分析产品移交阶段的配送、客户期望和项目支持问题。

（8）健康、安全和环境确认——保证所有的健康、安全和环境影响已得到核实和记录。

（七）解散项目团队

最初组建项目团队是为了共同的任务——支持项目，所以项目的终结就意味着项目团队关系的结束。解散项目团队可以是一个非常不正式的过程（如举行一个解散派对），也可以是一个高度结构化的过程（如对所有成员进行详细的工作评估和绩效考核）。解散方式在很大程度上取决于项目的规模、管理人员的权力、组织对项目的承诺等因素。

在有些项目中，由于团队成员对自己在公司的未来地位不确定，因此，解散团队的过程常常伴随着一定的压力。在大多数情况下，团队成员是被调回原职能部门，等待新的项目任务。研究表明，当项目团队成员从项目中得到了积极的“社会心理结果”时，他们就会在以后的工作中更愿意合作，对以后的项目持有更乐观的态度，会以更大的热情投入到项目中。所以，解散项目团队绝不能草草了事。对于刚刚完工的项目，虽然团队成员不会对刚刚完工的项日产生影响，但是，如果他们的绩效得到赞同，他们就会对以后的项目抱有更高的积极性。

（八）阻碍有效项目收尾的因素

制定一个从已完工的项目中总结知识的体系，这种做法非常重要，实际早已有所应用。研究表明，许多组织的项目收尾活动开展得不是十分有效，真正的项目收尾应该系统地收集并保存从过去项目中得到的教训，以利于以后的学习。然而在很多企业，项目收尾过于随便或者没有成效，其原因有以下几点：

（1）项目签收阻碍了其他的收尾活动。一旦项目被客户验收，项目团队就会出现松懈的倾向。这个最终的“验收盖章”如果出现得太早，就会对其他活动产生消极的影响。团队成员会认为最后的活动是可有可无的，因而拖延或忽视这些活动。

（2）紧急情况迫使项目团队在收尾阶段走捷径。当一个企业同时运作多个项目时，管理资源通常十分紧张，就会出现这样的情况：如为了新项目的启动而延误已完工项目的收尾活动。也就是说，这些企业通常认为由于工作过于繁多，因而难以充分完成项目。

（3）收尾活动的优先级较低，而且容易被忽视。有时候，企业会把最后的收尾活动分配给非项目团队成员，例如那些缺乏项目实战经验的初级管理者或会计。这样一来，他们的分析通常会比较粗略，缺乏对项目的目标、问题和解决方案的充分理解。

（4）经验教训分析被视为简单的簿记过程。许多组织只要求将经验教训列入文档，最后却很快遗忘。他们一般认为这种分析并不是为了广泛地传播经验教训，所以，他们不会严肃对待，不会主动查阅过去的记录，工作表现也不够积极。

（5）由于项目是独一无二的，人们可能认为项目之间的重叠面很小。这种想法忽略了一个事实，项目虽然是独一无二的，它们之间依然可能存在共同点。例如，如果项目拥有同样的客户，采用相似的技术，签订同一个承包商或顾问，或者在扩展期内雇用类似的人员，这样的共同点其实还有很多。项目确实是独一无二的，但这并不意味着项目管理环境也是独一无二的，更何况知识是可以转移的。

项目的自然收尾过程为项目组织带来很多好处。首先，它允许管理人员建立一个经验教训分析知识库，这个知识库对有效地开展以后的项目非常有用。其次，它提供一个收尾结构，把草率的收尾过程变成井然有序的收尾过程。再次，如果处理得当，项目收尾就会成为团队成员的重要信息来源和动力。通过经验教训分析，项目人员能够判断项目进展的好坏，预测将来的问题。最后，如果解散方式恰当，团队成员心理上的满足将成为以后项目的强大动力。所以，系统的收尾才能使项目收尾过程卓有成效。

## 三、项目的提前终止

在什么情况下项目组织会合理地做出项目提前终止（Early Termination）的决策呢？事实上，影响这种决策的因素有很多，麦瑞蒂斯总结了6类动态项目因素，他认为项目人员应该定期监控这些因素，以观察它们是否发生了变化。如果答案是肯定的，那么接下来的问题就是确定这些因素的变化程度，以决定项目是继续还是终止。表9–1列出了这些动态项目因素，以及发生在每个因素下的相关问题。静态项目因素与项目本身的特征相关，也与项目经历的显著变更相关，它是项目提前终止的重要信息来源，而与任务本身或项目团队的结构相关的因素也是解答项目终止原因的另一重要信息来源。其他因素包括：项目发起人状况改变，经济条件或影响项目运转的组织环境改变，用户提出改变请求。比如说，由于外部环境的改变，客户对项目的最初要求可能作废。例如，豪富（Goodrich）公司在收购天和（TRW）的过程中，取消了本公司的几个航空项目，因为天和公司刚好提供了他们需要的技术。

表9–1　　动态项目因素

| | |
|---|---|
| 1．评审静态因素 | 2．任务团队因素 |
| a．以前的经验 | a．达到一定技术高度的困难 |
| b．企业形象 | b．解决技术／制造问题的困难 |
| c．政策影响 | c．延长完工时间 |
| d．高昂的沉没成本 | d．错过项目时间或绩效里程碑 |
| e．断断续续的奖励 | e．团队创新能力不足 |
| f．残值和终止成本 | f．团队成员或项目经理的热情丧失 |
| g．完工收益 | |

续表

| | |
|---|---|
| 3．发起人因素<br>a．项目目标和组织目标不统一<br>b．同其他项目的关联程度低<br>c．对公司的影响力不够<br>d．对公司的重要性不高<br>e．缺少机会<br>f．高级管理层对项目的投入不足<br>g．项目支持者流失<br>4．经济因素<br>a．项目的投资回报、市场份额的利润较低<br>b．高昂的完工成本<br>c．资金缺乏<br>d．项目回报期过长<br>e．项目回报姗姗来迟<br>f．错过项目成本里程碑 | 5．环境因素<br>a．存在更好的选择<br>b．竞争加剧<br>c．很难达到项目结果<br>d．政府约束<br>6．用户因素<br>a．市场需求消失<br>b．市场要素改变<br>c．市场接受能力减弱<br>d．备选终端用户的数量下降<br>e．成功商业化的可能性很小<br>f．项目成功扩展或继续的概率很低 |

目前，很多人正在对取消项目的决策做深入研究，试图找到组织不再继续项目的关键决策规则。研究人员调查了36家终止了研发项目的公司，发现难以达到技术或商业成功是终止这些项目的首要原因。其他的原因还包括：获得投资回报的可能性很低，市场潜力不足，缺乏继续维持项目的费用，技术问题难以克服。在类似的情形下，还有一些关键因素对是否取消项目的决策造成影响，其中重要的几点是：①项目管理的效果。②高级管理层的支持。③员工的投入。④项目领导者的拥护。在做出决策之前，项目提前终止的警告信号有可能出现，对此，研究人员也进行了调查。他们在4年时间内调查了82个项目，最终发现，在项目生命周期的最初6个月里，如果出现以下情况，团队成员就认为项目有终止的迹象，这些情况包括：难以达到商业目标，没有赋予团队成员充分的决策权，项目定位于相对固定的市场，被研发高层管理者赋予较低的优先次序等。尽管这些项目可能开展得十分有效，也得到高级管理层的有力支持，但是，这些因素足以使团队成员对项目的失败或提前终止确信不疑（表9–2）。

表9–2　　项目终止的早期警告信号

| |
|---|
| ①商业目标——缺乏可行的商业目标<br>②权力——缺乏及时做出决策的充分权力<br>③市场波动——开发的新产品定位于很少有新产品的市场，而且在这个市场竞争者众多<br>④优先次序——研发管理的优先次序较低 |

## （一）制定提前终止决策

项目管理者在考虑是否终止项目时，通常都是模棱两可的。团队成员在这方面存在严重的分歧，有的认为项目能够获得成功，有的认为项目不再可行。项目终止的首要任务往往是将这些不同的观点分类，以找出对项目最正确、最客观的看法。值得一提的是，项目的可行性并不是一个纯粹的内部问题；换句话说，一个项目进展状况良好，并不意味着它必须继续得到支持。因为外部因素的影响可能致使项目在完工之前就已经毫无意义。例如项目技术过时，或者市场因素迫使项目目标尚待讨论，在这些情况下，项目最好立刻终止。反之，一个有市场前景的项目则可能由于超时或超支而遭到组织的扼杀。项目中途终止，还有一个最普遍的原因，就是项目不符合公司的产品组合战略。例如，组织的产品供应战略改变，致使几个正在运行的项目不再可行，因为它们未能满足产品开发需求。所以，项目终止可能是外部原因（运作环境改变），也可能是内部原因（成本管理不善或者不符合公司的战略）。

在决定是否终止项目时，有一些重要的决策规则，其中包括如下几条：

（1）当成本超过收入时。管理层应该把清除投资回报的障碍作为选择和启动项目的首要标准。对期望的成本和收益定期进行分析，就有可能暴露项目在财务上不可行的事实。这可能是因为完工时成本比预期的高，也可能是因为市场机遇比企业最初期望的要低。如果一个进行中的项目的净现值暴露了它的财务问题，最好的决策就是终止项目。

（2）当项目与企业的战略不一致时。企业经常对产品组合战略进行评估，以确定它们供应的产品是否互补，或者组合是否平衡。当公司采取新的战略时，产品组合经常会发生明显变化，例如淘汰不满足新目标的产品线。通用电气（GE）前任首席执行官杰克·韦尔奇发表了著名的“要么第一，要么第二，要么出局”的言论，他主张GE只支持在本行业排名第一或第二的事业部。结果，几个事业部被取消，因为它们不符合的新战略。

（3）当项目完工期限不明确时。连续错过关键里程碑的日期，或完工日期不明确，这些信号都表明项目遇到了麻烦。第一次错过里程碑，人们也许还可以忍受，但如果项目完工日期长时间不确定，就会导致项目组织对延误原因展开调查，是由于项目管理能力薄弱，还是初始目标不切实际，抑或是技术的开发跟不上速度？里根总统在任职期间就曾发起“星球大战计划”（SDI）。多年后的今天，开发防御导弹系统的技术问题依然存在。许多专家不得不承认，部署这个系统的日期依然是个未知数。

（4）当技术演变超过了项目的范围时。在许多行业，例如IT业，技术更新换代非常迅速。所以，IT人员经常遭遇项目完工时技术却发生变迁的情况。他们一般都担心向客户交付项目时，由于技术变化太快，以至于项目不再具有实用价值。对任何IT项目来说，最基本的任务就是在项目范围和不断变化的技术规格之间找到一个平衡点。显然，项目的范围必须界定，否则项目永远无法完工；另一方面，过早地界定项目范围则可能导致项目在投放市场之前就已经过时。

## （二）停止项目

假设在分析了项目的困境和可行性之后，项目经理最终决定终止项目。终止项目的过程非常复杂。特别是在项目提前终结的前后，有一系列的问题尚待解决。终止决策可分为两类：感性决策和理性决策。在每个类别下还有相关的因素需要考虑。图9-2是一个修正的工作分解结构，它涵盖了项目终止的关键决策因素。

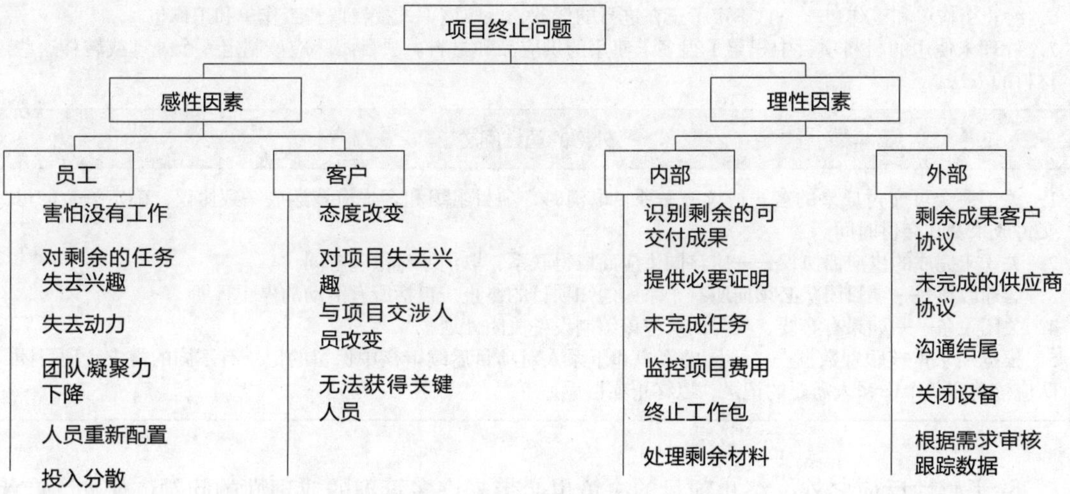


图9-2 项目终止问题的工作分解

终止决策会引起项目经理和团队的反应，也给他们带来新的任务（表9-3）。另外，项目干系人也会产生严重的情绪反应。在项目组织内部，团队成员丧失动力、凝聚力降低、害怕将来没有工作、工作投入减弱、注意力分散等，这些都是正常的现象。项目的目标客户也开始同项目脱离关系，也就是远离项目团队和项目。

表9-3 停止项目的相关问题

| 项目团队的感性问题 |
| --- |
| 1. 害怕将来没有工作——项目一旦停止，团队成员就会担心失去工作<br>2. 对剩余的任务失去兴趣——认为项目终止后不再需要做任何工作<br>3. 失去从项目中获得的动力——丧失认真努力工作使项目获得成功的动力<br>4. 团队凝聚力降低——项目解散就意味着团队的解散<br>5. 人员重新配置——团队成员开始从更好的项目中谋取职位<br>6. 投入分散——随着项目的停止，其他的工作享有更高的优先权 |
| **客户的感性问题** |
| 1. 态度改变——既然项目取消，客户的态度可能变得非常不友好<br>2. 对项目失去兴趣——项目团队失去兴趣的同时，客户也对项目失去了兴趣<br>3. 与项目交涉人员的改变——客户将派遣没有经验的新人来处理项目，因为关键人员已调配给新的任务<br>4. 无法获得关键人员——客户方具备技能的人力资源不再对终止的项目努力 |

续表

| 内部的理性问题 |
| --- |
| 1. 识别剩余的可交付成果——项目团队必须区分完成的和未完成的任务<br>2. 提供必要的证明，提供符合环境或规则标准的项目收尾证明<br>3. 识别未完成的任务——项目团队必须识别未完成的供应品配送、未实现的里程碑等<br>4. 监控项目费用——项目收尾时，部门员工都了解项目的账目。项目团队应该迅速终止这些账目，以防止其他部门的费用隐藏于本项目中<br>5. 放弃部分完成的任务——如果最后的任务不再支持项目，项目团队就应该放弃这些工作<br>6. 终止工作单和工作包——旦确定了正在进行的任务，就应该正式授权取消工作单和工作包<br>7. 处理未使用的材料项目中积累了很多未使用的供应品和材料。项目团队应该制定一个处理或转移这些材料的方法 |
| **外部的理性问题** |
| 1. 关于剩余可交付成果的客户协议——项目取消时，项目组织和客户应该达成一致协议，确定剩余的可交付成果及其交付时间<br>2. 关于未完成的供应商协议——应该同供应商取得联系，取消原料供应合同<br>3. 沟通收尾——项目团队必须向所有干系人通知项目的终止，包括所有活动的停止日期<br>4. 关闭设备——如果有必要，项目团队应该编制设备关闭计划<br>5. 根据需求审核跟踪数据——不同的客户和干系人对项目后续审核中保留的记录有不同的需求。项目团队应该确定每个干系人需要的记录，以终止项目 |

除了感性反应之外，终止项目的决策也会带来许多管理的或理性的问题。例如，在组织内部，终止项目要求对所有的可交付成果进行详细审核、结束工作包、处理未使用的设备或材料等。对于客户，则需要终止所有与可交付成果和供应商相关的协议、合同，有必要的话，还需要封存设备。项目终止的关键是制定一个系统的过程，既要制定决策的步骤，还要编制合理的计划，以便能在决策后有效地停止项目。

### （三）索赔和争议

在许多项目中，终止决策会造成同客户的法律争议。最常见的是客户或供应商对项目提前终止的索赔问题。这里不详述法律问题，但是，不能忽视项目终止所带来的一系列合同争议和解决方案。索赔和争议（Disputes）问题在制定项目终止决策时就应该予以考虑。例如，一家公司由于未能送达产品而缴纳大量罚款，这时公司才发现，比起继续项目，马上终止的费用要少得多。

项目终止阶段一般有两种索赔方式：

（1）特惠索赔（Ex-gratia Claims）。在这种索赔方式下，客户没有赔偿协议，但遭遇无法预料的事件（如提前终止），项目组织因要承担道德或商业责任而支付赔偿金。例如，假设客户提出一条新产品线，产品线要采用合同中声明的技术。如果组织取消了这个项目，客户就可以借助于特惠索赔的方式，因为他们的产品线采用的新技术在合同中声明过。

（2）依据项目合同的默认索赔（Default Claims）方式。当合同中有项目失败的默认赔偿条款时，客户就可以获得合法赔偿，以收回成本或弥补损失。例如，承包商由于未能准时交付项目而受到经济惩罚，这个过程就是违约赔偿。如果项目不符合客户要求或提前终止，客户就可以引用违约赔偿条款，以弥补项目投资的损失。

项目组织也可以采取措施避免提前终止的索赔问题，具体方式如下：

（1）在签订合同和编制计划之前就考虑可能的赔偿，而不要等到它们发生才考虑。

（2）确保项目干系人了解并接受可能存在的风险领域，以避免无事实根据的索赔。

（3）从订立合同开始，坚持及时而明确地记录项目进展。如果项目在后续过程中发生致命错误，一个符合事实的日志有助于解决问题。

（4）确保项目和客户之间的沟通记录已保存并归档。

当项目组织决定终止项目时，除了利益干系人的索赔问题之外，组织也许还要面对诸如合同条款、采购的材料或供应品以及与客户或供应商的长期协议之类的法律争议。这些争议要借助于法律手段来解决，一般是通过仲裁的方式。仲裁（Arbitration）是一种为争议双方解决纠纷和维护司法公正的法律体系。对项目而言，如果多方对合同条款或条件不满意，需要法庭指定的第三方来解决争议，仲裁就是最合法的方式。仲裁作为无偏见的第三方，可以提出公正的争议解决方案。由于争议各方都承认仲裁机构的地位，所以，仲裁已成为解决未完成合同的索赔和争议问题的固定方式。当然，争议方也可以不使用仲裁方式，在这种情况下，法官可以提供解决争议的建议或途径，但不强迫执行。在实际中，仲裁是有风险的：法官或仲裁人可能站在争议的另一方，并裁定项目组织要付出昂贵的代价。所以，仲裁具有通过诉讼快速解决赔偿问题的优点，但同时，它也可能延长争议期，导致争议的一方转而求助于非仲裁机构。

并非所有的项目索赔都没有事实根据，当发生诉讼或客户索赔时，项目组织就开始反复考虑终止决议。在这个时候，项目组织应该仔细权衡。如果项目即将失败，并且终止是唯一最实际的选择，那么，公司应该把赔偿问题也作为决策因素之一，并在项目终止后着手解决这个问题。

## 四、项目终期报告

项目终期报告是项目完工的管理记录，它包括了项目的所有功能和技术组成部分，以及其他重要的项目记录。项目终期报告对组织非常有价值，项目团队和关键组织成员可以在它的辅助下，系统地识别利害关系和确定经验教训，并在组织内部传递。值得一提的是，项目终期报告不仅仅是一个简单的项目历史记录，它也是一个对项目实施过程中的优势和劣势进行评估的文件。同样，它也对项目生命周期中的对错进行公正的判断。项目终期报告中包括对项目组织的多种因素的评估。

### （一）项目绩效

项目绩效就是根据项目计划对项目成绩做出的公正评价。按照进度和预算基准计划，项目的进展如何？项目达到了事先设定的技术标准吗？项目满足了干系人，尤其是客户的需求吗？是否有确实的数据来支持对项目的评价？项目终期报告是一个对项目绩效提出公正合理评价的文件，如果项目绩效不合格，最终报告还会分析它的原因，并提出纠正建议，以防止今后发生同样的错误。

（二）管理绩效

项目的管理绩效是指组织内部标准的管理实践过程，以及项目实施过程中的优势和劣势。例如，在某个组织中，所有项目变更请求要经过5个管理层审核才能生效，导致从客户发起变更请求到请求批准之间的延误。经过分析，组织提出了一个简便易行的变更请求处理程序，以便在以后的项目中，能够对客户的变更请求做出快速的反应。

（三）组织结构

最终报告应该对组织的运作结构予以评价，以判断它是有利于还是阻碍了项目团队和团队成员的努力。例如，如果要对市场机遇做出快速反应，职能式结构可能是一个障碍；同样，职能部门之间的沟通也是一个问题。一个项目的失败通常不会促使企业改变组织结构，但是，如果项目反复失败，并且矛头直指组织结构，那么，企业最终会做出或大或小的改变，使组织结构更能满足项目运行的要求。

（四）团队绩效

最终报告也能够反映项目团队的效率，不仅包括他们在项目中的实际表现，还包括团队组建和人员配置政策、培训或指导，以及对所有团队成员的绩效评估。简而言之，团队绩效评估应该涉及项目的人员配置效力（我们是否为项目找到了最适合的人选），团队组建和培训活动（如何确定对团队成员的培训是否充分、是否需要培训？有没有相应的培训计划），以及项目后评估政策（项目经理是否有评估团队成员绩效的能力？他的评估对下属部门的年度审查是否有影响）。

（五）项目管理技术

估算活动历时和成本的方法，编制进度计划的技术，这些对组织都非常有用。例如，通过对项目管理技术的审核，发现组织经常低估活动的必要完成时间，或低估了它的成本。这些信息对今后的项目估算大有帮助。而且，组织应该对其他的项目管理技术进行评审（例如软件进度计划编制、规则、程序等），以便为今后项目的实施提出改进建议。

（六）对组织和客户的好处

项目都有一个目标，或者是一系列不连续的目标，这些目标作为项目实施的结果，能够为项目发起组织和客户带来好处。最终报告应该分析项目达成目标和带来预期收益的程度。

此外，在有些情况下，预期收益不会立刻出现，而是随着时间逐渐出现。例如，一家公司如果希望它建造的一座大楼能够带来高额利润，可能要等上几个月甚至几年的时间，直到卖出所有的楼盘为止。所以，项目团队总是试图在收益评估和时间之间找到一个平衡点。

注意，编写项目终期报告的目的是为今后项目的成功奠定基础。尽管最终报告是用来评论当前项目的好坏，但是，它也是一个为将来做准备的文件，它能够提高组织的效率，促进今后项目的成功，使项目活动更有成效，丰富项目人员的知识。学习型组织就非常善于运用过去的经验教训。正如一名高级项目经理所言："一名经理人有10年的经验，而另一名只有1年的经验，这就是不同！"项目经理从最终报告等文件中学习的经验教训越多，他成为一名知识丰富的专业人士的可能性就越大，因为他能避免在以后的工作中犯同样的错误，而10个具有1年经验的项目经理都可能无法避免这样的错误！

## 结论

"项目终止的过程是一个项目"，这句话表明，在收尾过程中，项目团队是否系统的、有计划的投入，决定了项目是否能以最少的工作和时间实现有效的收尾。一方面，在自然终止的项目中，项目团队应该提前思考终止步骤，并井然有序地实施终止；另一方面，在由于不可避免的因素而提前终止的项目中，收尾过程通常是短暂的、临时的，也就是说，以一种不系统的方式完成。本章重点讲述了项目自然终止和非自然终止的过程。在这个阶段，项目团队面临的最大挑战是以最大的精力和动力"触碰终点线"。项目即将结束时，团队成员开始寻找新的项目挑战，这是正常现象。然而，作为项目经理，首先要认识到团队成员丧失热情是正常现象，然后，提前编制项目收尾计划，以尽可能有效的方式完成收尾。把项目终止看成是一个项目，这其实是提醒项目团队成员，终止项目的目的不是抱怨，而是以积极的态度结束项目。

### 复习与思考

1. 为什么终止项目的决策既是一个理性问题，也是一个感性问题？
2. 评估项目终止的不同方式，根据你的学习或工作经验，你在实践中见过这些方式吗？
3. 为什么很多项目由于缺乏资金而终止？讨论自灭式终止中项目本身、上级以及政策的影响作用。
4. 在项目收尾管理的7要素中，你认为哪一个最重要？为什么？
5. 为什么经验教训计划经常不能捕捉到对今后项目有价值的信息？

# 参考文献


[1] 邓田生. 项目管理 [M]. 上海：上海交通大学出版社，2010.

[2] 毛洪涛，刘明. 项目管理 [M]. 武汉：湖南师范大学出版社. 2015.

[3] 刘常宝. 项目管理理论与实务 [M]. 北京：机械工业出版社，2012.

[4] 宋伟. 项目管理概论 [M]. 北京：机械工业出版社，2013.

[5] 周晓晔. 物流项目管理 [M]. 北京：北京大学出版社，2011.

[6] 殷焕武. 项目管理导论 [M]. 北京：机械工业出版社，2008.

[7] 卢有杰. 现代项目管理学 [M]. 北京：首都经济贸易大学出版社，2004.

[8] 郭波，龚时雨. 项目风险管理 [M]. 北京：电子工业出版社，2008.

[9] 戚安邦，张连营. 项目管理概论 [M]. 北京：清华大学出版社，2008.

[10] http://www.cnki.net.

[11] http://wenku.baidu.com.